U0816424

CME TEXTBOOKS NATIONAL PROJECT

国家级继续医学教育项目教材

医疗鉴定工作手册

医疗鉴定基础理论与实务

李国红 主编

中华医学会医疗事故技术鉴定工作办公室 编著

中華醫學電子音像出版社

CHINESE MEDICAL MULTIMEDIA PRESS

北 京

图书在版编目（CIP）数据

医疗鉴定基础理论与实务 / 李国红主编；中华医学会医疗事故技术鉴定工作办公室编著．—北京：中华医学电子音像出版社，2022.11
ISBN 978-7-83005-347-5

Ⅰ．①医…　Ⅱ．①李…　②中…　Ⅲ．①医疗事故—鉴定—研究—中国
Ⅳ．① D922.164

中国版本图书馆 CIP 数据核字（2022）第 196873 号

医疗鉴定基础理论与实务
YILIAO JIANDING JICHU LILUN YU SHIWU

主　　编：李国红
策划编辑：史仲静
责任编辑：裴　燕
责任校对：李文静
责任印刷：李振坤
出版发行：中华医学电子音像出版社
通信地址：北京市西城区东河沿街 69 号中华医学会 610 室
邮　　编：100052
E - mail：cma-cmc@cma.org.cn
购书热线：010-51322677
经　　销：新华书店
印　　制：廊坊市祥丰印刷有限公司
开　　本：880 mm×1230 mm　1/32
印　　张：10
字　　数：274千字
版　　次：2022 年 11 月第 1 版　2024 年 3 月第 9 次印刷
定　　价：60.00 元

内容简介

本书是关于医疗鉴定理论、技术与管理方面的简明读物，由部分著名专家和医学会医疗鉴定岗位工作多年的同志共同倾力编撰。书中吸收借鉴了医学会开展医疗鉴定工作以来各种培训资料的经验，将技术鉴定活动与组织管理工作相结合，力求全面反映医疗鉴定工作整体情况和研究成果。本书分为七章，分别从医学会医疗鉴定基本情况、医疗事故与医疗损害鉴定的异同、专家库的建设、鉴定程序的把握、鉴定相关的理论和方法、鉴定文书书写技巧和鉴定的综合管理工作等方面进行了阐述，搭建了医疗鉴定工作的整体框架，就各地反映需要明确的问题进行了系统分析和解释。全书内容丰富、简洁实用，可以作为鉴定专家和医疗鉴定工作人员系统理解掌握医疗鉴定相关法律、理论和方法的学习研究资料，也可供关注医疗鉴定工作的专家和各界人士参考。

编　委　会

主　　编： 李国红

副 主 编： 张　坚　薛晓芳　蒋士浩　齐瑞瑞

参编人员（按姓氏汉语拼音排序）

柏巍巍　江苏省医学会
方志德　台州市医学会
高　觉　常州市医学会
何颂跃　北京法源司法科学证据鉴定中心
蒋士浩　江苏省医学会
李　卫　郑州市医学会
李　星　甘肃省医学会
李国红　中华医学会
李永丰　广东省医学会
陆　泓　湖北省医学会
齐瑞瑞　中华医学会
施晓玲　苏州同济司法鉴定所
司徒薇薇　上海市医学会
宋红章　中华医学会
万里涛　上海市卫生健康委员会监督所
王　飞　辽宁省医学会
王聪灵　河南省医学会
王松涛　安徽省医学会
王秀华　杭州市医学会
文立平　吉林省医学会
吴勋仓　陕西省医学会
辛洪权　宁波市医学会

徐　琳　重庆市医学会
薛晓芳　上海市医学会
于　香　浙江省医学会
原晓景　厦门市医学会
张　坚　浙江省医学会
张　璐　四川省医学会
张琦龙　新疆医学会
褚建欣　天津市医学会
邹艳艳　浙江省医学会

审校专家（按姓氏汉语拼音排序）

白　松　北京市第二中级人民法院
高新强　国家卫生健康委员会医政医管局
冷婷婷　国家卫生健康委员会医政医管局
刘　鑫　中国政法大学医药法律与伦理研究中心
刘瑞爽　北京大学医学人文学院
童云洪　北京市华卫律师事务所
王　岳　北京大学医学人文学院
王北京　中国卫生法制杂志社
夏文涛　司法鉴定科学研究院

序

为预防和妥善处理医疗事故和纠纷，维护医患双方的合法权益，国务院于2002年和2018年分别颁布了《医疗事故处理条例》和《医疗纠纷预防和处理条例》，赋予医学会开展医疗事故和医疗损害鉴定（以下简称“医疗鉴定”）的职能，也为做好医疗鉴定工作指明了方向。

医疗鉴定工作直接关系到是否能客观、公正地处理医疗事故、医疗纠纷，还涉及改进医疗服务的安全和质量管理。20年来，医学会高度重视医疗鉴定工作，认真学习贯彻法律法规，在上级部门的关心指导下，在广大医学、管理、法律专家的大力支持下，在新老医疗鉴定工作者的共同努力下，鉴定工作从零起步、迎难而上、开拓进取，在接续奋斗中日趋成熟。进入新时代后，中华医学会和各地医学会深入学习贯彻习近平新时代中国特色社会主义思想，坚持以人民为中心，牢固树立服务政府、服务社会、服务医学的发展理念，组建了学科齐备、权威众多的鉴定专家库，充分发挥专家的专业优势和高度社会责任感，不断完善工作制度，提升鉴定质量，将鉴定案例研究转化为医疗纠纷及医疗风险防范警钟，扎实推进医疗鉴定工作，做到了不负重托、不辱使命，赢得各方的广泛认可和尊重，用实际行动维护了医学会良好的社会形象，擦亮了“金字招牌”。

医疗鉴定工作具有很强的专业性，《中华人民共和国民法典》《中华人民共和国医师法》《医疗纠纷预防和处理条例》以及司法解释和鉴定相关的规定相继出台，对鉴定工作提出了新的、更高的要求。为帮助鉴定专家和医疗鉴定工作人员把握鉴定规律，提升鉴定能力，中华医学会和各地医学会曾多次就医疗鉴定相关的理论、方法等问题编写、出版培训手册。此次在既往工作的基础上，再次组织专家结合法律、政策的新变化和鉴定工作实践经验编写本书，相信会对今后鉴定工作高质量发展发挥有力的促进作用。

成绩来之不易，前路山高水长。今年是医学会开展医疗事故技术鉴定工作的第20年，感谢社会各界对医学会以及医疗鉴定工作的关心、关怀、信任和支持。借本书出版发行之机，感谢各地医学会和鉴定专家的不懈努力和辛勤付出。衷心祝愿医疗鉴定事业取得新的、更大的进步！

中华医学会会长 赵玉沛

中国科学院院士

北京协和医院名誉院长

二〇二二年九月

前 言

自2002年《医疗事故处理条例》颁布以来，医学会全面开展医疗鉴定工作已经20年。为规范鉴定程序、提升鉴定质量，国家卫生行政部门先后出台部门规章和多个规范性文件，各地也推出了相应的制度或规定。中华医学会高度重视鉴定工作，为促进鉴定质量提高，编印了多种培训资料。

近几年，《中华人民共和国民法典》《医疗纠纷预防和处理条例》等法律法规相继颁布实施，中华医学会也印发了《医学会医疗损害鉴定规则（试行）》，鉴定工作环境发生了新的变化，各地普遍反映既往的培训资料已经不能满足工作需要，希望能够针对鉴定工作发展态势和最新研究成果，编写一本符合现阶段需求的工具书。

为此，2022年年初我们邀请了一些多年从事医疗鉴定工作的专家和工作人员组成编写组。大家高度重视，积极参与，群策群力，通过讨论逐渐明确了本书的功能定位和编写人员分工，提出了编写基本原则：立足系统性，搭建起医疗鉴定工作的整体框架，做到层次清晰、重点突出，体现鉴定和鉴定管理的专业性；立足准确性，深入理解现行法律法规和有关文件的要求，掌握精髓，解读正确，做到依法有据；立足实践性，坚持以问题为导向，总结20年来取得的经验，鼓励有所创新，力求可操作性。

本书以简洁明快的风格，分别就各地普遍关注的医疗鉴定工作现状、鉴定相关的基本概念、鉴定组织管理工作方法、鉴定思维的培养等内容进行论述，梳理了实际工作中的常见问题，提供了解决问题的方法和思路，展示出医疗鉴定工作是一项需要多方参与的兼具理论性和实践性的系统工程，相信会对鉴定专家、医疗鉴定工作者深入理解鉴定工作有所帮助，也为今后进一步研究和发展鉴定工作提供了参考。

尽管医学会的鉴定工作和相关的理论研究已经有了一定基础，各地在实践中也积累了大量经验，但系统地总结、凝练和升华并不容易，大家普遍反映编写工作远比当初想象的困难许多。本书编写过程中得到老一辈医疗鉴定工作者和各地医学会的关心和支持，将多年经验倾囊相授，各地医学会也提供了丰富的素材和案例，为本书编写出谋划策。各位编委查阅大量文献，进行深入分析和讨论，为做到内容完整、思路清晰、表述准确付出了辛勤的努力，几易其稿方予提交。随后，我们邀请部分国内知名专家进行全面审校，他们提出的宝贵意见对完善书稿和指导工作具有重要的意义。在大家的共同努力下，本书最终得以顺利完成，在此一并表示感谢。

出于定位考虑，书中仅就鉴定工作中常见问题进行了归纳、梳理，但在理论和方法的研究方面还不够深入，有些内容尚未找到“标准答案”，只能求同存异，或以经验介绍的方式呈现给大家。由于时间仓促、水平所限，书中难免存在疏漏或偏颇之处，敬请读者批评指正。

编委会

二〇二二年九月

目　录

第一章 概　述

中华医学会成立一百余年来，始终秉持“爱国为民、崇尚学术、弘扬医德、竭诚服务”的办会理念，充分发挥党和政府联系广大医学科技工作者的桥梁和纽带作用，逐渐发展成为集学术交流、科学普及、继续教育、对外联络、科技奖励、期刊出版等功能为一体的全国最大的医学领域学术团体，并承接了大量政府转移的职能和任务，为促进医学发展和维护人民健康作出重要贡献。2002年，国务院颁布的《医疗事故处理条例》规定由医学会组织医疗事故技术鉴定工作，体现了党和政府对医学会的信任，社会和人民群众对医学会的厚望，使命光荣，责任重大，在中华医学会和各地医学会发展历史上具有里程碑式的意义。此后，医学会又陆续接受了“预防接种异常反应鉴定”“医疗损害鉴定”“职业病鉴定”“计划生育手术并发症鉴定”等多项工作任务。在这些技术性、科学性、政策性都很强的医学鉴定工作中，医疗事故技术鉴定与医疗损害鉴定社会影响面最广，医学会投入的精力相对较大，取得的成绩和积累的经验也较多，考虑其鉴定内容、鉴定理论、鉴定程序、鉴定方法及鉴定标准等相近度较高，为避免重复冗长，本书统称为“医疗鉴定”。

本章阐述了医疗鉴定工作的意义、法律依据、工作原则，同时也介绍了医学会医疗鉴定体系建设情况、主要优势和面临的困难。

第一节　医疗鉴定工作的意义

随着人民群众健康需求的不断增长，我国医疗服务量持续增长，医疗技术和医疗质量持续提升。医疗活动关乎生命健康，医疗纠纷是社会矛盾在医疗领域的具体体现，由于医学本身具有局限性、未知性、风险性、复杂性等特点，医疗质量管理和医疗纠纷的处理备受社会关注，医疗鉴定工作对妥善处理医疗事故、医疗纠纷有很大影响，对提升医疗安全也有积极意义。

一、医疗鉴定工作的必要性

在临床工作中，患者出现与医疗相关的非预期不良损害后果按其性质大致可以分为3种原因：疾病自然转归、医疗意外和医疗过错。其中因医疗过错导致患者损害的，医疗机构或者其医务人员应当承担相应的责任（民事、行政、刑事责任等）。正确区分3种情况，尤其是有无医疗过错及其发生原因，对正确处理医疗纠纷、提升医疗质量和维护医患双方合法权益均十分重要。

判定医疗行为有无过错、过错与患者损害后果有无因果关系并不容易，需要相关专业的专家在资料相对齐全的条件下，综合运用医学知识、经验，实事求是地进行分析。医疗机构建立的病例、案例讨论制度可以解决一部分问题，但其性质属于医院内部医疗安全质量管理；医疗事故、医疗纠纷调处过程中组织的专家咨询（评价）也可以解决一部分问题，虽然在专业性、中立性和工作效率方面有一定保障，但在专家资质、程序设置和判定意见表达方式等方面的要求各地情况不一，目前还没有全国统一的操作规范。

无论是对医疗纠纷的和解、调解，还是行政处理和诉讼，对证明力更强的证据均有需求。《中华人民共和国刑事诉讼法》《中华人民共和国民事诉讼法》《中华人民共和国行政诉讼法》均将鉴定意见作为法定证据之一，因此，在处理涉及诊疗活动的案件时，建立程序更严谨、权威性更强、法律地位更高的医疗鉴定制度成为必然。由国家授权开展医疗鉴定的鉴定机构和鉴定人，其专业能力和鉴定程序会得到保证，并有相对完善的监督管理制度做保障，社会公信力和法院采信度超出一般意义的专家讨论和咨询意见。

二、医疗鉴定工作的分类

在医疗鉴定中，能够开展医疗事故技术鉴定工作的唯一法定机构是医学会，而医疗损害鉴定工作医学会和社会司法鉴定机构均可以开展。2005年《全国人民代表大会常务委员会关于司法鉴定管理问题的决定》指出：司法鉴定是指在诉讼活动中鉴定人运用科学技术或者专门知识对诉讼涉及的专门性问题进行鉴别和判断并提供鉴定意见的活动。因此，医学会受理诉讼活动中人民法院委托的医疗鉴定亦属于司法鉴定。医疗鉴定工作内容可以分为以下三类。

（一）技术性工作

技术性工作是指由临床医学、法医学、卫生管理学等专业的专家，运用专业理论知识和经验，按照一定的程序，对诊疗行为有无过错、与患者损害后果有无因果关系、损害程度等进行鉴别和判断的过程。主要包括：材料审查，现场调查（含体格检查），发表意见并合议，鉴定书书写和鉴定意见的质证等。

（二）鉴定组织工作

鉴定组织工作是医学会及其工作人员围绕鉴定总体目标，为保证鉴定工作有序进行而开展的沟通、协调、办理等具体活动的统称。鉴定组织工作的重点是鉴定程序管理，主要包括：对鉴定委托的审查，收取鉴定材料，组织抽取鉴定专家组，组织召开鉴定会，制作鉴定书，处理鉴定会后事宜等。

（三）日常事务性工作

日常事务性工作是医学会及其工作人员围绕技术性工作和鉴定组织工作，提供的保障、辅助等服务或基础性工作。日常事务性工作具有长期重复的特点，而非一次性的任务，主要包括：工作体系及制度建设，专家库的组建与维护，鉴定专家、鉴定工作人员的培训、交流，档案建立与使用，信息化建设以及其他日常办公工作。

上述三类工作各有侧重，均不可或缺。其中鉴定组织工作和日常事务性工作贯穿鉴定工作的始终，是鉴定工作依法顺利开展的基础与保障，技术性工作是实现鉴定科学、公正目标的核心。

三、医疗鉴定工作的重要性

许多学者曾就医疗鉴定的重要性或意义从不同角度进行过分析，虽然划分方式和表述侧重点有一定差异，但归纳起来主要是强调了鉴定的证据属性及衍生的价值。

（一）医疗纠纷处理方面

医疗纠纷的处理通常有医患双方和解、第三方调解、诉讼等方式，其中必然会涉及对医疗行为的评价。法官受所学知识限制，对于很多医学专业问题难以作出正确判断，以致其在审理这类案件时有些力不从心，甚至难以进行，医疗事故处理的行政官员、纠纷调解人员也存在类似的短板，这时就需要借助外力（专业鉴定机构或鉴定人员）对双方当事人争议的专门性问题进行专业评判。医疗鉴定工作则通过组织临床、法医、卫生管理等专业的人员，按照一定程序向委托人提供具有科学性和法律性高度统一特点的、处理医疗纠纷的法定依据，对回归理性、查明事实、判定责任、正确适用法律至关重要，为妥善处理医疗纠纷、维护公平正义和社会和谐稳定发挥了积极作用。

（二）医疗过错行政处罚方面

医疗过错行政处罚相比民事责任对执业的影响更大，医疗机构和医务人员更为忌惮。卫生行政部门对医疗机构和医务人员具有监督管理的职责。如果有因诊疗行为存在过错而造成患者损害事件发生，确定是否追究医疗机构或医务人员行政责任时，医疗鉴定常常成为卫生行政部门依法行政的必要条件或前置程序，鉴定结论是行政处罚的重要参考依据。

（三）提升医疗质量、推动医学发展方面

医疗工作是一项高风险的工作，医疗过程中的每一个环节都可能存在不安全因素。医疗鉴定是对诊治过程的全面分析，也是对诊疗规范、诊疗常规的一种解读，鉴定的权威性无疑会对医务人员心理和此后的医疗行为构成影响。正确的鉴定可以促使医疗机构完善工作制度，改进医疗服务；而鉴定一旦出现偏差，会让医疗机构无所适从，甚至会采取防御性医疗，最终损害的必然是更多患者的健康和利益。通过医疗鉴定发现的医疗及管理中的风险隐患，收集整理后可以作为医疗安全培训资料，能够让医疗机构和医务人员总结经验、吸取教训，也可以作为完善相关政策的依据，从源头上减少或杜绝不良医疗事件的发生，使医疗服务更加安全，医患双方都更加满意，卫生健康事业得到发展。

（四）促进医学会发展方面

尽管医疗鉴定工作的公益属性和矛盾尖锐性对医学会工作有一定不利影响，曾有学者称其为“烫手的山芋”，但如何发挥优势、完成好政府交办的任务则是医学会更为注重的事情。在贯彻落实医疗鉴定有关政策的过程中，医学会健全了组织机构，丰富了工作职能，加强了干部队伍建设，同时也展现了医学会的价值理念和工作能力，树立了良好的社会形象。

（李国红）

第二节　医学会开展医疗鉴定工作的法律依据

医学会医疗鉴定工作是一项法定工作。多个行政法规、部门规章、规范性文件分别对医学会医疗事故技术鉴定、医疗损害鉴定予以授权，其中有对鉴定机构、鉴定专家资质方面的规定，有规范鉴定程序方面的规定，有明确鉴定标准方面的规定，也有针对鉴定监督管理方面的规定，侧重点有所不同。

一、医疗事故技术鉴定方面

从1987年施行《医疗事故处理办法》开始，医疗事故技术鉴定已经走过三十余年，为解决医疗纠纷这一社会矛盾作出了巨大的贡献。2002年，《医疗事故处理条例》第二十条规定：卫生行政部门接到医疗机构关于重大医疗过失行为的报告或者医疗事故争议当事人要求处理医疗事故争议的申请后，对需要进行医疗事故技术鉴定的，应当交由负责医疗事故技术鉴定工作的医学会组织鉴定；医患双方协商解决医疗事故争议，需要进行医疗事故技术鉴定的，由双方当事人共同委托负责医疗事故技术鉴定工作的医学会组织鉴定。这是国务院第一次以行政法规的形式赋予医学会医疗鉴定工作的职责。为规范医疗事故技术鉴定工作，卫生部的部门规章《医疗事故技术鉴定暂行办法》和规范性文件《医疗事故分级标准（试行）》分别对鉴定程序和患者损害程度做了详细规定。在工作过程中，卫生部还多次针对各地反映较多、需要统一规范的问题给予了批复，如《卫生部关于医疗事故技术鉴定有关问题的批复》《卫生部关于医疗争议经人民法院裁定再审案件重新启动医疗事故鉴定的批复》《卫生部关于法医参加医疗事故技术鉴定有关问题的批复》等。

《医疗事故处理条例》施行后，2003年《最高人民法院关于参照〈医疗事故处理条例〉审理医疗纠纷民事案件的通知》进一步明确医疗事故技术鉴定在审理医疗纠纷案件中的适用范围，规定：人民法院在民事审判中，根据当事人的申请或者依职权决定进行医疗事故司法鉴定的，交由条例所规定的医学会组织鉴定。因此，一直以来医疗事故技术鉴定被司法机关广泛采信。

2018年的《医疗纠纷预防和处理条例》第五十五条规定：对诊疗活动中医疗事故的行政调查处理，依照《医疗事故处理条例》的相关规定执行。可见，对诊疗活动中医疗事故的行政调查处理，医疗事故技术鉴定依然有效。

二、医疗损害鉴定方面

2010年《中华人民共和国侵权责任法》颁布施行，在立法层面引入医疗损害的概念。关于医疗损害的鉴定问题，2010年6月28日，卫生部印发的《卫生部关于做好〈侵权责任法〉贯彻实施工作的通知》(卫医管发［2010］61号)要求“对于司法机关或医患双方共同委托的医疗损害责任技术鉴定，医学会应当受理”；2010年6月30日，最高人民法院出台了《关于适用〈中华人民共和国侵权责任法〉若干问题的通知》，要求涉及医疗损害侵权诉讼的鉴定委托“按照《全国人民代表大会常务委员会关于司法鉴定管理问题的决定》《人民法院对外委托司法鉴定管理规定》及国家有关部门的规定组织鉴定”，充分认可了卫生部文件中对医学会开展医疗损害鉴定的规定。此后，部分省市进行积极探索，法院与卫生行政部门先后单独或联合出台的地方性文件，例如，浙江省高级人民法院出台的《关于规范委托医疗损害鉴定的通知》(2010年9月)，江苏省高级人民法院、江苏省卫生厅联合出台的《关于医疗损害鉴定工作的若干意见（试行）》(2010年10月)，上海市高级人民法院出台的《关于委托医疗损害司法鉴定若干问题的暂行规定》(2011年1月)，广东省高级人民法院出台的《关于人民法院委托医疗损害鉴定若干问题的意见（试行）》(2011年）等，对医学会和司法鉴定机构如何开展医疗损害鉴定进行规定，当地医学会积极响应，相继开展医疗损害鉴定。

2017年最高人民法院出台的《关于审理医疗损害责任纠纷案件适用法律若干问题的解释》(2021年进行修订，以下简称《解释》)对鉴定的提起与委托、鉴定人的标准与选择方式、鉴定材料的收集、鉴定书内容、原因力大小划分等重要内容进行了明确。《解释》对医疗损害鉴定的“双轨制”给予积极回应，认为法律上对司法鉴定机构和医学会开展医疗损害鉴定并未采取否定态度。针对实践中鉴定人的资质要求不规范以及当事人是选择鉴定机构还是鉴定专家等问题，明确医疗损害鉴定的根本在于借助专家的专门知识、技能和经验，辅助法官对专门性事实问题作出判断，以保证案件裁判的公正。因此，《解释》依据民事诉讼法的有关规定，明确鉴定人应当从具备相应的鉴定能力、符合鉴定要求的专家中选择的基本要求。当然这并不影响当事人通过先选择鉴定机构，再确定鉴定专家的实践做法。人民法院应当根据案件具体情况对鉴定专家做必要审查，确保鉴定专家具备相应鉴定能力。涉及临床医学方面专门性问题的鉴定，鉴定专家应当具备临床医学鉴定方面的资质要求；涉及法医学方面专门性问题的鉴定，鉴定专家应当具备法医学方面的资质要求。

2018年的《医疗纠纷预防和处理条例》是又一部国务院明确授权医学会开展医疗鉴定的行政法规，其第三十四条规定：医疗纠纷人民调解委员会调解医疗纠纷时，需要进行医疗损害鉴定以明确责任的，由医患双方共同委托医学会或者司法鉴定机构进行鉴定，也可以经医患双方同意，由医疗纠纷人民调解委员会委托鉴定。《医疗纠纷预防和处理条例》还对医学会和司法鉴定机构开展医疗损害鉴定中专业人员的使用、鉴定书内容、鉴定收费等进行规定，明确医疗损害鉴定科学、公正、同行评议等鉴定原则，提出了卫生、司法行政部门共同设立医疗损害鉴定专家库的制度。另外，《医疗纠纷预防和处理条例》授权国务院卫生、司法行政部门共同制定医疗损害鉴定的具体管理办法。遗憾的是，尽管2018年国家卫生健康委员会（以下简称“国家卫生健康委”）、司法部曾就《医疗损害鉴定管理办法》向社会广泛征求意见，各地也有积极回应，但至今没有出台。尽管如此，各地为推动医疗损害鉴定的有效开展，陆续出台了一些地方性的管理规定，涉及专家库的组建、鉴定的委托、鉴定的组织实施、鉴定人出庭等问题，为医疗损害鉴定提供了有力的政策支持。

2021年中华医学会根据《中华人民共和国民法典》《医疗纠纷预防和处理条例》和《国家卫生健康委关于加强医疗损害鉴定管理工作的通知》等有关法律、法规、规范性文件的规定，制定了《医学会医疗损害鉴定规则（试行）》，对医学会开展医疗损害鉴定的内容、专家库建设、委托受理及鉴定实施的程序、鉴定书书写制作等方面作了详细的规定，成为现阶段医学会开展医疗损害鉴定的重要依据。

（张 坚）

第三节 医疗鉴定工作基本原则

医学会医疗鉴定工作基本原则是贯穿鉴定工作始终，集中体现在鉴定工作制度与程序中的价值和理念，是规范鉴定各项工作的准则。学者对医疗鉴定工作基本原则的研究和表述方式较多，因侧重点不同而各具特色，其中最为重要的是合法性原则、科学性原则和公正性原则。

一、合法性原则

医疗鉴定以其严谨的科学性、高度的专业性、明确的指向性在医疗纠纷处理中发挥着巨大的作用。医疗鉴定活动必须严格遵守国家法律，做到鉴定材料合法、鉴定程序合法等。从实体到程序、从形式到内容、从技术手段到各项标准必须严格执行法律的规定。

（一）鉴定主体合法

1. 医疗事故技术鉴定主体合法　医学会是根据《医疗事故处理条例》规定，负责组织医疗事故技术鉴定的法定机构。设区的市级地方医学会和省、自治区、直辖市直接管辖的县（市）地方医学会负责组织首次医疗事故技术鉴定工作。省、自治区、直辖市地方医学会负责组织再次鉴定工作。必要时，中华医学会可以组织疑难、复杂并在全国有重大影响的医疗事故争议的技术鉴定工作。依据《医疗事故处理条例》的相关规定，医学会遴选符合条件的医学、法医学专家组建专家库，鉴定书是遵照法定程序产生的专家组独立作出的。

2. 医疗损害责任鉴定主体合法　《中华人民共和国侵权责任法》实施后，卫生部印发了《卫生部关于做好〈侵权责任法〉贯彻实施工作的通知》，对医学会开展医疗损害鉴定作出明确要求：在继续做好医疗事故技术鉴定工作的同时，对于司法机关或医患双方共同委托的医疗损害责任技术鉴定，医学会应当受理，同时要求医学会参照《医疗事故技术鉴定暂行办法》等有关规定，依法组织鉴定。最高人民法院也就涉及医疗损害侵权诉讼的鉴定委托发出《关于适用〈中华人民共和国侵权责任法〉若干问题的通知》，要求“按照《全国人民代表大会常务委员会关于司法鉴定管理问题的决定》和国家有关部门的规定组织鉴定”。经过多年司法实践和面对医疗鉴定“双轨制”的局面，2017年12月14日实施的《最高人民法院关于审理医疗损害责任纠纷案件适用法律若干问题的解释》第九条规定，鉴定人应当从具备相应鉴定能力、符合鉴定要求的专家中确定。在法律层面承认医学会组织专家鉴定的鉴定模式符合法律程序要求。2018年实施的《医疗纠纷预防和处理条例》第三十四条也明确了鉴定机构为医学会或者司法鉴定机构。2021年中华医学会制定《医学会医疗损害鉴定规则（试行）》，规范医学会医疗损害鉴定工作，保证鉴定工作有序进行，提高鉴定质量。

（二）鉴定事项合法

医疗事故技术鉴定的事项是对医疗机构及其医务人员在医疗活动中是否违反法律、法规、规章及诊疗护理规范、常规进行评价，对医疗机构及其医务人员是否存在疏忽大意或者过于自信，以及过错行为与患者的损害后果是否存在因果关系进行判断，最终得出是否构成医疗事故，医疗事故等级和医疗过错行为在损害后果中的责任程度。

2017年12月14日起施行的最高人民法院《关于审理医疗损害责任纠纷案件适用法律若干问题的解释》第十一条规定：委托鉴定书，应当有明确的鉴定事项和鉴定要求。鉴定人应当按照委托鉴定的事项和要求进行鉴定。2021年中华医学会出台《医学会医疗损害鉴定规则（试行）》，明确医疗损害鉴定事项。医疗损害鉴定的内容是对医疗机构或者其医务人员的诊疗行为有无过错、过错行为与患者损害后果之间是否存在因果关系、损害后果及程度、过错行为在损害后果中的责任程度（原因力大小），以及因医疗损害发生的护理期、休息期、营养期等专门性问题。

（三）鉴定材料合法

医疗鉴定中，鉴定专家基于鉴定材料，运用科学技术或者专门知识对医疗纠纷争议涉及的专门性问题进行鉴别和判断，并提供相应的鉴定意见（医疗事故鉴定称为“鉴定结论”，下同）。鉴定意见是“对其他证据资料进行现实加工之后的结果”，鉴定所依据的鉴定材料直接影响着鉴定意见的准确性。

《中华人民共和国民事诉讼法》规定，当事人对自己提出的主张，有责任提供证据。《最高人民法院关于民事诉讼证据的若干规定》规定，人民法院应当向当事人说明举证的要求及法律后果，促使当事人在合理期限内积极、全面、正确、诚实地完成举证。因此，委托鉴定时，当事人有义务及时提供鉴定所需的鉴定材料。对此，《医疗事故处理条例》也规定，医患双方应当依照本条例的规定提交相关材料。医疗机构无正当理由未依照本条例的规定如实提供相关材料，导致医疗事故技术鉴定不能进行的，应当承担责任。最高人民法院《关于审理医疗损害责任纠纷案件适用法律若干问题的解释》规定，委托医疗损害鉴定的，当事人应当按照要求提交真实、完整、充分的鉴定材料。提交的鉴定材料不符合要求的，人民法院应当通知当事人更换或者补充相应材料。在委托鉴定前，人民法院应当组织当事人对鉴定材料进行质证。另外，《医学会医疗损害鉴定规则（试行）》规定，医学会收到医疗损害鉴定委托，应当要求委托人出具医疗损害鉴定委托书，并提供与委托鉴定事项相关的合法、真实、完整、充分的鉴定材料。医患双方提交的材料，经委托人确认后可以作为鉴定材料。

医学会在组织医疗鉴定过程中，委托（交由）人提交的资料应当完整、真实、充分，一般应对鉴定材料进行书面确认或质证，以避免因鉴定双方对材料的异议而导致对鉴定合法性产生质疑。

（四）鉴定程序合法

医疗鉴定工作程序包括3个环节：医疗鉴定前程序、医疗鉴定实施程序、医疗鉴定后程序。

1. 医疗鉴定前程序　医疗鉴定前程序包括医疗鉴定机构对委托（交由）案件的审查以决定是否受理，鉴定材料审查确认等。

2. 医疗鉴定实施程序　医疗鉴定实施程序包括鉴定专家组学科组成、人员构成，回避因素，调查取证，召开鉴定会，制作发放鉴定书，鉴定时限（工作效率）等。

3. 医疗鉴定后程序　医疗鉴定后程序包括鉴定书咨询、补充鉴定、重新鉴定及鉴定人出庭作证等。

鉴定程序合法，能够最大限度地保障鉴定工作的有效性、科学性、公正性，有利于最终实现医疗鉴定的实体正义，从而使其更好地为医疗纠纷解决、处理、司法判决等活动服务。

二、科学性原则

医疗鉴定本身是专业性极强的鉴定，尊重科学是医疗鉴定最根本的原则。医疗鉴定必须以医学科学原理和专业理论知识为依据，在技术上对诊疗活动中的是非问题作出科学鉴别和实事求是的判断，最终提供的鉴定意见必须具有科学性。

（一）科学鉴定

医疗鉴定是要以清楚明确的事实为根据，以法律法规、诊疗规范常规所规范的相应、合理诊疗义务为准绳，科学运用医学原理和专业理论知识，实事求是地综合分析医疗行为是否存在违法违规、未尽相应诊疗义务的过错，以及与患者人身损害结果的因果关系，给出事实清楚、定性准确、责任明确的鉴定意见。

（二）同行评议

医疗鉴定是针对争议的医疗行为所作的技术评价，涉及极强的临床医学理论、知识和经验。只有具备相应学科知识和经验的相关专业人员，使用科学、可靠的技术和方法进行分析、判断，其所提出的鉴定意见才具有科学性。因此，医疗鉴定实行同行评议极其重要。鉴定事项所涉专业的临床医学、法医学等专业鉴定人员，相关专业最好能精确到亚专业，确保纠纷涉及专业学科全覆盖。

（三）合议制

医疗鉴定一般比较复杂，涉及医疗过错、因果关系、参与度等问题，且有的医疗操作甚至没有形成业界专业共识，对这些问题的判断往往见仁见智，专业看法因人而异，因此，医疗鉴定实行合议制。鉴定专家通过集体讨论、评议，在列举事实、技术标准和科学证据的基础上，对医疗行为是否存在过失、过错及过失、过错的程度作出判断，确定是否有因果关系及责任程度（原因力大小）。专家鉴定组在合议中分歧在所难免，即使经过充分的讨论和分析，仍然可能无法达到一致共识，在此种情况下，应该坚持少数服从多数的原则，以专家鉴定组成员过半数的意见作为最终鉴定意见，同时将少数专家的意见记录在案，存档备查。

三、公正性原则

公正性原则是指医疗鉴定必须遵循程序公正和实体公正两个方面。第一，程序上的公正，这是保证实体公正的前提。例如，《医疗事故处理条例》《医疗事故技术鉴定暂行办法》《医学会医疗损害鉴定规则（试行）》规定鉴定专家应当从专家库中抽取，目的是保证专家可以不受外部干扰，客观地进行鉴定。通过抽取专家这种程序机制，达到公正鉴定的目的。第二，实体上的公正，包含证据适用和法律适用的公正两个方面。以事实为根据，以法律为准绳是重要的法治原则。在医疗鉴定时，必须按照法律的规定收集证据，并在证据的基础上适用法律法规规定的相应条款。只有如此，才能保证医疗鉴定的公平、公正。

（一）独立鉴定

鉴定专家应独立、客观、公正地进行医疗鉴定，不受其他任何机构和其他任何人的干扰。医疗鉴定的独立性主要表现在3个方面：一是医疗鉴定机构相对独立。医学会各鉴定机构之间是平等、独立的，相互间无隶属及经济关系，医疗鉴定意见无相互制约、相互影响和可比性。二是医疗鉴定实行专家鉴定组负责制，专家鉴定组对鉴定意见独立承担法律责任。从形式上，鉴定专家所承担的法律责任基本包括不得随意拒绝参加鉴定、个人意见要详细记录在案、依法出席法庭质询等。医学会作为组织者，在鉴定书上加盖鉴定专用章，对鉴定意见也负有一定法律责任。三是专家鉴定组不受外界干扰和其他人观点的左右，独立运用专业知识和临床经验进行医疗鉴定。为了保证专家独立、公正鉴定，任何单位或者个人不得威胁、利诱、辱骂和殴打鉴定专家组成员。同时，这种“独立鉴定”也不是不受任何监督的，对医疗鉴定要建立起完善的监督和审核机制，作为鉴定组织机构的上级行政指导部门也有此方面的规定，以确保医疗鉴定工作健康有序、科学公正地进行。

（二）回避制度

回避制度是保证鉴定人独立、中立地实施鉴定活动的重要程序制度，是满足证据形式的要求、实现司法公正的有效保障。《医疗事故处理条例》《医疗事故技术鉴定暂行办法》《医学会医疗损害鉴定规则（试行）》规定鉴定专家、鉴定工作人员与医患双方当事人有利害关系或者其他关系，可能影响鉴定公正的，应当自行提出回避或者依照委托人或者医患双方要求回避的应当回避。回避制度对于消除医患双方当事人的疑虑，提高医疗鉴定的公正性和可信度有重要意义。

另外，《医学会医疗损害鉴定规则（试行）》还规定了鉴定意见签名和盖章制度、鉴定专家出庭质证等制度，亦在不同维度上保障了医疗鉴定制度的公正性。

（张　坚）

第四节　医学会医疗鉴定工作体系

医学会医疗鉴定工作体系既包括鉴定工作所需要的机构、人员，也包括维持鉴定工作有效运行的各种管理制度和标准。医疗鉴定工作体系，不仅是医学会开展医疗鉴定的组织架构，更是保障医学会医疗鉴定合法性、科学性、公正性的管理基石。

一、医疗鉴定工作体系的发展过程

医疗鉴定工作体系，与医疗鉴定类型有直接关系。如前所述，医疗事故技术鉴定和医疗损害鉴定的法律依据不同，故两者工作体系的发展过程也有明显差异。

医学会开展医疗事故技术鉴定，是源于2002年《医疗事故处理条例》《医疗事故技术鉴定暂行办法》及《医疗事故分级标准（试行）》等一系列法规或部门规章的颁布实施。而医疗损害鉴定工作的开展则不同，纵观医学会医疗损害鉴定工作到目前为止的发展过程，可大致分为3个阶段，具体如下。

第一阶段为初始积累阶段（2010—2017年），依据《卫生部关于做好〈侵权责任法〉贯彻实施工作的通知》，部分省市医学会与本地高级人民法院沟通协作，积极开展了医疗损害鉴定工作，如上海、江苏、浙江、山东等省市医学会，制定了关于医学会医疗损害鉴定办法，并率先对医疗争议事件进行医疗损害鉴定，其地市级医学会也纷纷加入医疗损害鉴定的行列。经过多年的努力，全国各地一些医学会都积累了丰富的医疗损害鉴定实践经验。

第二阶段为积极探索阶段（2018—2020年），国务院《医疗纠纷预防和处理条例》规定，医学会或者司法鉴定机构开展医疗损害鉴定，医疗损害鉴定的具体管理办法由国务院卫生、司法行政部门共同制定。医疗损害鉴定专家库由设区的市级以上人民政府卫生、司法行政部门共同设立。目前卫生、司法行政部门共同制定的医疗损害鉴定的具体管理办法及医疗损害鉴定专家库均未正式颁布或设立。但全国各地医学会在中华医学会的指导下，为医疗损害鉴定的开展做了大量的准备工作，如拟定医疗损害鉴定管理办法、医疗损害鉴定专家库管理办法，对医疗损害致人身损害鉴定分级标准征求意见等。

第三阶段为统一规范阶段（2021年至今），依据《国家卫生健康委关于加强医疗损害鉴定管理工作的通知》，中华医学会制定的《医学会医疗损害鉴定规则（试行）》自2021年4月1日起实施，进一步规范医学会医疗损害鉴定工作，保证鉴定工作有序进行。全国各地医学会积极行动起来，在进行医疗损害鉴定工作时更加有法可依、有章可循。

二、医疗鉴定工作体系构成情况

虽然医疗事故技术鉴定和医疗损害鉴定的发展不尽相同，但医学会在两者的鉴定工作体系建设方面并无明显差别。医疗鉴定工作体系由鉴定机构、专家库、工作人员、鉴定管理制度及工作职能等构成。

（一）鉴定机构

1. 医疗事故鉴定机构　医疗事故技术鉴定工作办公室是医学会具体负责有关鉴定组织和日常工作的机构。《医疗事故处理条例》规定，设区的市级地方医学会和省、自治区、直辖市直接管辖的县（市）地方医学会负责组织首次医疗事故技术鉴定工作。省、自治区、直辖市地方医学会负责组织再次鉴定工作。必要时，中华医学会可以组织疑难、复杂并在全国有重大影响的医疗事故争议的技术鉴定工作。《医疗事故技术鉴定暂行办法》第三条规定，负责组织医疗事故技术鉴定工作的医学会可以设立医疗事故技术鉴定工作办公室，具体负责有关医疗事故技术鉴定的组织和日常工作。目前医学会的医疗事故技术鉴定机构约有470个，采用三级结构的模式，在设区的市医学会和省、自治区、直辖市直接管辖的县（市）地方医学会设立市级医疗事故技术鉴定工作办公室，负责组织首次医疗事故技术鉴定工作；省、自治区、直辖市医学会设立省级医疗事故技术鉴定工作办公室，负责组织再次鉴定工作；中华医学会的医疗事故技术鉴定工作办公室，如有当事人对再次医疗事故技术鉴定结论不服的，在必要时经省级卫生行政部门商请可以负责组织医疗事故技术鉴定。

军队医学会也设有医疗事故技术鉴定工作办公室，负责有关医疗事故技术鉴定的日常工作。《军队医疗事故处理办法》规定，军队医疗事故技术鉴定分为首次鉴定和再次鉴定。当事人对首次医疗事故技术鉴定结论不服的，可以在收到首次鉴定结论之日起15日内，向原受理医疗事故争议处理申请的军队有关卫生部门提出再次鉴定的申请。中国人民解放军医学会承担疑难、复杂医疗事故争议的技术鉴定工作。因此，军队医学会的医疗事故鉴定机构也是采用三级结构的模式。

2. 医疗损害鉴定机构 《医疗纠纷预防和处理条例》规定医学会和司法鉴定机构可以开展医疗损害鉴定，中华医学会《关于印发〈医学会医疗损害鉴定规则（试行）〉的通知》中明确医疗损害相关工作由其医疗事故技术鉴定工作办公室具体负责。相对应地，各地医学会的医疗事故技术鉴定工作办公室具体负责本学会的医疗损害相关工作。由此可见，绝大多数医学会医疗鉴定职能部门既负责医疗事故技术鉴定工作，也负责医疗损害鉴定工作。

（二）专家库

专家库以各学科专业为单位，由每个具体学科专业下预先遴选一定数量的鉴定专家组成。关于专业组名录，2002年卫生部、国家中医药管理局发布《医疗事故技术鉴定专家库学科专业组名录（试行）》，医疗事故技术鉴定专家库下设26个学科专业组及其亚专业；2021年中华医学会发布《医疗损害鉴定学科专业组名录》，专家库下设一级学科专业组40个、二级185个、三级65个，共计290个学科专业组，医学会根据当地实际情况设置专家库中的学科专业组。医学会在实际工作中可以根据本地区医疗工作和鉴定实际情况，对本学会专家库学科专业组设立予以适当增减。

专家库有中华医学会、省级、市级三级模式，绝大多数医学会独自建立专家库，也有少数医学会采取联合建立鉴定专家库的方式，如青海省医学会建立的六州医疗鉴定专家库。

《医疗纠纷预防和处理条例》第三十五条规定，医疗损害鉴定专家库由设区的市级以上人民政府卫生、司法行政部门共同设立。一些地区（如江苏省）交由医学会组建和管理，目前此类专家库建成的不多。

（三）医疗鉴定工作人员

自2002年以来，医疗鉴定案件不断增多，医疗鉴定工作人员队伍日益壮大。据统计，2018年全国医学会医疗鉴定工作人员约1500人，绝大部分有医学专业背景，也有部分为卫生法学或卫生管理专业，他们在多年实践中积累了丰富经验，成为鉴定组织工作的行家里手。

医学会医疗鉴定工作人员有专职和兼职之分，各地情况亦有所不同。医疗鉴定工作人员主要负责鉴定的组织和日常工作，如对具体案件的审查、受理，组织选取专家及召开鉴定会，制作鉴定文书，分析汇总等，也包括专家库管理等相关工作。另外，医疗鉴定工作人员有调查取证和参与质量控制的职能。

（四）制度

为统一医疗鉴定的管理和要求，国务院、各级卫生行政部门以及医学会等建立了多种制度，为医学会医疗鉴定工作顺利开展建立了制度保障体系。主要包括以下几个方面。

1. 国务院　如《医疗事故处理条例》（2002年）、《医疗纠纷预防和处理条例》（2018年）。

2. 国家卫生健康主管部门　例如，《医疗事故技术鉴定暂行办法》（2002年），《医疗事故分级标准（试行）》（2002年），《卫生部关于做好〈侵权责任法〉贯彻实施工作的通知》（2010年），国家卫生健康委、国家中医药管理局《关于做好〈医疗纠纷预防和处理条例〉贯彻实施工作的通知》(2018年),国家卫生健康委《关于加强医疗损害鉴定管理工作的通知》(2021年),还有涉及医疗事故技术鉴定的十余个批复。

3. 中华医学会 《医学会医疗损害鉴定规则(试行)》(2021年)。

4. 各省及有关部门 如《江苏省医疗纠纷预防与处理条例》(2017年)、《江苏省医疗损害鉴定管理办法》(2017年)。

5. 各级医学会 一些医学会制定了鉴定实施细则、工作管理制度等,如浙江省医学会《医疗损害鉴定办法(试行)》(2010年)、江苏省医学会《医疗损害鉴定专家管理暂行办法》(2011年)。

(于 香)

第五节 医学会医疗鉴定的工作优势与面临的困难

自2002年开展医疗事故技术鉴定以来,医学会鉴定工作已历经整整20年。20年来,在全国各地医学会不断总结、努力探索实践的基础上,医学会医疗鉴定工作的优势日益凸显,一定程度上得到法院、患方、社会的肯定和认可,当然也出现了一些横亘在医学会面前的困难。充分认识医学会医疗鉴定工作的优势及面临的困难,有助于进一步发现和提出医学会医疗鉴定的努力方向及目标。

一、医学会医疗鉴定工作的优势

(一)学科专业齐全

医疗技术发展日新月异,各临床医学专业日趋细化,而医疗鉴定正是针对医疗专业技术进行是非判断,只有真正了解和掌握该学科相关理论和技术的人,才能作出客观、公正和科学的评价。从2002年《医疗事故技术鉴定专家库学科专业组名录(试行)》明确规定的26个学科专业组及其亚专业，至2021年《医疗损害鉴定学科专业组名录》明确将学科专业组分为一级、二级、三级共计290个，医学会医疗鉴定的学科专业始终保持齐全且细化。对于医疗鉴定来说，同行评议才能够把握各专业领域的新情况、新进展，才能够全面评定诊疗措施的过错与否，进而更好地推动医疗卫生事业的发展。例如，三级学科的呼吸内科介入治疗组、肝移植组、产前超声组等的临床专家均来自各大医疗机构的临床一线，对其所从事的专科领域动态了如指掌，故专业的精准划分为同行评议奠定了基础；而民族医学、法医学、卫生事业管理学、法学等又进一步增加了专业的广度。因此，学科专业齐全正是医学会医疗鉴定工作的核心优势。

（二）鉴定专家权威

医疗鉴定中鉴定专家的作用无疑是至关重要的，中华医学会已经成立89个专科分会，各地医学会的专科分会、专业委员会也有迅猛的发展，在医学学科专业和权威专家的供给方面存在得天独厚的优势。对于医学会专家库的专家入库条件，《医疗事故技术鉴定暂行办法》《医学会医疗损害鉴定规则（试行）》都有明确规定，也设计了相应的遴选程序，如《医疗事故技术鉴定暂行办法》第七条规定，医疗卫生机构或医学教学、科研机构、同级的医药卫生专业学会应当按照医学会要求，推荐专家库成员候选人；符合条件的个人经所在单位同意后也可以直接向组建专家库的医学会申请。医学会对专家库成员候选人进行审核。审核合格的予以聘任，并授予中华医学会统一格式的聘书。《国家卫生健康委关于加强医疗损害鉴定管理工作的通知》（国卫医函〔2021〕1 号）指出，医疗机构应当向专家库推荐优质专家资源。由于专家入库条件及双重遴选程序（包括医疗机构推荐或同意、医学会审核）的存在，能够最大限度地保障医学会医疗鉴定专家的权威性，进而保障鉴定意见的科学性。

（三）鉴定程序严格

针对医学会鉴定前、鉴定中、鉴定后这3个部分，《医疗事故技术鉴定暂行办法》《医学会医疗损害鉴定规则（试行）》都设计了相应的程序规定。医学会的医疗鉴定工作正是严格按照相应的鉴定程序规则进行的，鉴定程序明确而具体，不仅有利于鉴定的管理和质量控制，更有助于鉴定质量的提升。如鉴定会上，鉴定专家组先听取双方陈述并提问，再分析评议表决，最后撰写鉴定意见，这3个环节前后紧密相连，整个过程用时几个小时。这种鉴定会各环节高度集中的程序设计，在保证鉴定公正性方面能够发挥不小的作用。

（四）鉴定的公益性

作为医学科学技术工作者自愿组成并依法登记成立的学术性、非营利性社会组织，虽各地医学会的体制不尽相同，但公益性仍是其基本属性之一。在鉴定收费方面，医疗事故鉴定费均属于行政事业性收费，本身收费标准就很低，常常不足以支付鉴定会场租用、专家劳务、交通、邮寄等直接费用；医疗损害鉴定收费标准制定中也将公益性作为重要的考虑因素，有的地区仍参照医疗事故的收费标准，有的地区虽进行成本核算后有所提高，但总体上相较于司法鉴定机构的收费低出很多。另外，专家们参加鉴定主要出于社会责任感，考虑的是如何维护医患双方合法权益，如何从案件中总结积累经验教训，通过鉴定工作为促进医学科技发展的公益事业服务。而医学会鉴定的公益性，与司法鉴定机构的商业运作模式完全不同，从另一个的角度来说，也是其鉴定公正性的有力保障。

（五）鉴定成果转化

医学会基于自身的学术性特征，主动积极对医疗鉴定案例开展学术研究，分析总结并反馈给医疗机构，让医务人员在案例剖析中得到警示，总结经验教训，改进工作不足，防止类似事件发生。有的在学术期刊发表数篇专业文章；有的以案例警讯的期刊形式在当地内部定期发行；有的以书籍正式出版的方式体现系统性。不少医学会多年来坚持开展医疗风险或医疗安全专科培训。《关于做好〈医疗纠纷预防和处理条例〉贯彻实施工作的通知》（国卫办医函〔2018〕798号）明确规定，有条件的医学会可以成立有关鉴定的专科分会，开展医学学术交流，提升医疗安全水平。一些医学会组织成立关于医疗鉴定的专科分会，召开专科分会的学术年会等，将医疗鉴定成果转化再向前推进了一大步。《国家卫生健康委关于加强医疗损害鉴定管理工作的通知》（国卫医函〔2021〕1号）指出，医学会应当梳理分析医疗损害鉴定情况，开展基于案例分析的医疗纠纷预防对策研究，组织本地区医疗损害相关责任单位或责任人进行培训，有条件的地区可以扩大培训范围。在上级部门的支持和鼓励下，医学会今后将在鉴定成果转化方面走得更深更远。

二、医学会医疗鉴定面临的困难

（一）相关法规或部门规章等不够完善

医学会进行医疗事故技术鉴定，依据的是2002年颁布实施的《医疗事故处理条例》《医疗事故技术鉴定暂行办法》《医疗事故分级标准（试行）》，上述法规或部门规章目前尚未修订过。虽然2018年《医疗纠纷预防和处理条例》规定，医疗损害鉴定的具体管理办法由国务院卫生、司法行政部门共同制定，医疗损害鉴定专家库由设区的市级以上人民政府卫生、司法行政部门共同设立。但迄今为止，该医疗损害鉴定管理办法及医疗损害鉴定专家库均未正式颁布或设立。2021年中华医学会制定的《医学会医疗损害鉴定规则（试行）》经国家卫生健康委同意后印发，但仍然存在无上位法的问题。进一步完善相关法规或部门规章，将对医学会鉴定工作发展大有裨益。

（二）医学会发展医疗鉴定工作存在难处

全国各地省市医学会体制存在差异，属于事业单位的医学会则实行鉴定收费和支出两条线，目前医学会在医疗鉴定工作方面往往存在经费不足、行政支持欠有力等情况；由于医疗鉴定工作本身的特殊性，容易因医疗纠纷引发鉴定纠纷，投诉、信访等事件难以避免，确实存在鉴定案例越多，投诉或信访越多，工作难度和麻烦相应越多的情况；医疗鉴定对工作人员的要求偏高，不仅要具备医学专业背景的基础，也要有法学相关知识储备，还要有较强的逻辑思维和较好的文字能力，而医疗鉴定工作在待遇和职称晋升方面的吸引力远不如医疗机构，故存在工作人员不稳定、人手不足等情形。上述诸多困难在一定程度上影响了医学会医疗鉴定工作的可持续发展。

（三）鉴定专家参加鉴定活动受到一定制约

医学会鉴定专家库的临床专家，自身都是各大医院的临床一线人员，身为兼职鉴定专家，难免有鉴定活动与专家的诊疗行为、学术活动、科研工作等在时间上相冲突的状况；在鉴定实行专家签名、鉴定后有可能作为鉴定人出庭的情况下，专家时常对于是否参与鉴定心存顾虑和压力；由于医学会鉴定的公益性，鉴定专家的劳务报酬较低（一些地区只有几十元），也缺少对积极参与鉴定的专家予以其他形式奖励的机制。上述因素在一定程度上制约了鉴定专家参与鉴定活动的积极性。所以目前鉴定专家参加鉴定更多地取决于他们自己的主观意愿和责任担当，也与医学会在当地的影响力有一定关系，但是，长远来看，只有建立健全对鉴定专家的鼓励机制，才能促进医学会鉴定工作的持续发展。

（四）社会公众对医学会医疗鉴定认识不足

医学会是一个临床医学的学术性机构，市级、省级、国家级等不同层面的医务人员在其组织下进行学术交流，共同促进本专业学科发展。由此，一些人认为医学会医疗鉴定中的鉴定专家，大部分都与被鉴定医院的当事医师熟知，从而推定由医学专家作出的鉴定意见有失公允，并对医学会的鉴定持有怀疑态度。尤其是当鉴定意见不利于患者一方时，少数当事人会宣扬医学会医疗鉴定不公正以博取同情，进一步误导了公众认识。实际上，司法实践中是以司法程序的公正性来保障实体公正性，而医学会不仅对入库的鉴定专家严格遴选，而且对于具体案件也有严格的鉴定程序保障，可以说是以鉴定程序的公正性来促进鉴定实体公正。目前全国各地医学会开展医疗鉴定的情况有较大差异，不同省份和地区对于医学会医疗鉴定的认识和认可度也存在差别。从实际工作的角度来看，各地医学会积极开展医疗鉴定工作，在全国范围较难开展异地鉴定常态化的情况下，探索常规进行省内异地鉴定，同时努力做一些对医学会医疗鉴定工作的正面宣传，都有助于提高社会对医学会医疗鉴定的认识。

（于　香）

第二章 医疗事故和医疗损害

因涉及医疗关系产生的纠纷名称繁多，且各种名称的内涵和外延多有重叠，在理论和实践中造成了混乱。其中，“医疗事故”和“医疗损害”目前使用最为广泛，作为法律专有名词受到各方重视，开展的研究也较多。尽管二者有相通之处，联系非常紧密，但它们出现的时间有先后之分，法律依据和适用范围有所不同，内容上也存在一定差异，在一定时期内无法相互取代。本章介绍了医疗事故与医疗损害的法律溯源、构成要件和不属于医疗事故（医疗损害）的情形，也对医学会的医疗事故技术鉴定和医疗损害鉴定的异同点进行了比较，以便加深对医疗鉴定工作的理解。

第一节 医疗事故与医疗损害的法律溯源

随着社会、经济发展和医学科技的进步，人类对生命健康的期望越来越高，对医疗服务的要求不断提升，医患之间的纠纷逐渐增多，医患矛盾也不断加剧，由医疗纠纷引发的严重事件也时有发生，不仅不利于我国医疗卫生事业的良性发展，也影响社会的稳定和谐。为提高医疗质量，保障医疗安全，解决医疗活动中产生的医疗纠纷，更好地保障医患双方的权益，促进医学发展，我国先后制定了相关医疗事故和医疗损害的法律法规，形成了较为完善的医疗纠纷处理的法律体系。

一、医疗事故法律溯源

1978年5月，卫生部发布了《关于预防和处理医疗事故的暂行规定（草案）》。同期卫生部就一些相关基本问题，如医疗事故的概念、定性、分级、鉴定程序及处理原则等，在全国范围内组织了广泛的研究与讨论，开展立法调研，供行政立法参考。1987年6月29日，国务院发布《医疗事故处理办法》。1988年，卫生部发布了《关于〈医疗事故处理办法〉的若干问题的说明》。《医疗事故处理办法》是在特定的历史时期，我国颁布的第一部处理医疗事故的系统规范性文件，实施后在一定程度上保护了医患双方的合法权益。

1996年在总结10年工作经验的基础上，经过广泛征求意见，卫生部起草了《医疗事故处理办法（修订稿）》（送审稿）。国务院法制办在多次征求全国人大教科文卫委员会及法工委、最高人民法院、卫生部等有关单位和部分地方政府以及法律、医学等相关专家意见后，最终形成了《医疗事故处理条例》，于2002年4月4日公布，成为我国处理医疗事故与医疗纠纷的主要法律依据。《医疗事故处理办法》主要是解决医疗事故的行政处理依据，故明确医疗事故的责任主体是医务人员，而不是医疗机构；由于《医疗事故处理办法》中并没有解决医疗纠纷的民事赔偿问题，实践中难以保护患者的合法权益，故《医疗事故处理条例》不仅要解决医疗事故的行政法律责任，还要解决赔偿等民事法律责任，根据医务人员的行为是职务行为而应由医疗机构对职务行为的过错承担民事替代责任的规定，为保障患者的合法权益，妥善处理医患纠纷，对医疗事故的责任主体、构成要件、民事赔偿责任、行政责任均进行了明确的规定。同时，《医疗事故处理办法》概况性规定，因医务人员诊疗护理过失，直接造成病员死亡、残废、组织器官损伤导致功能障碍，用“民事上的过失”作为评价行政违法的标准，法理上欠妥，而且“诊疗护理过失”的判断标准缺如，实践操作性不强，难以把握。对此《医疗事故处理条例》指明违反医疗卫生管理法律、行政法规、部门规章和诊疗护理规范、常规，明确了承担医疗事故行政责任的前提是“违反相关规定”，明确了医疗事故的评价标准，也便于医疗事故鉴定处理时操作。另外，《医疗事故处理办法》把造成非严重损害结果的医疗过失行为排除在医疗事故之外，导致在实践中将医疗过失行为人为地划分为医疗事故和医疗差错，从而出现卫生行政部门不能处理“医疗差错”人身伤害过失行为，向人民法院起诉反而可以得到民事赔偿的情况。故此，《医疗事故处理条例》也予以了修正，规定了“造成患者人身损害”，将非严重损害后果的情况也纳入医疗事故的调整，保护了患方的合法权益，规范了医疗事故民事赔偿。

2003年《最高人民法院关于参照〈医疗事故处理条例〉审理医疗纠纷民事案件的通知》（注：已于2013年废止）中进一步明确了医疗事故技术鉴定在审理医疗纠纷案件中的适用范围：人民法院在民事审判中，根据当事人的申请或者依职权决定进行医疗事故司法鉴定的，交由《医疗事故处理条例》所规定的医学会组织鉴定。同时，最高人民法院公布施行的《关于民事诉讼证据的若干规定》（以下简称《民事证据规定》），对有关医患纠纷的举证责任进行了分配，该司法解释规定因医疗行为引起的侵权诉讼实行举证责任倒置，即在因诊疗护理行为引起的侵权诉讼中，由医疗机构就医疗行为与损害后果之间不存在因果关系及医疗行为没有过错承担举证责任。《医疗事故处理条例》和《民事证据规定》等的出台，对医疗事故与医患纠纷问题上的处理，符合当时的经济和文化水平，其颁布与实施是我国卫生法治建设的重大进步，有利于我国医患法律关系的调整，乃至整个社会秩序的稳定。

2010年《中华人民共和国侵权责任法》实施后，包括医疗事故在内的各种医疗纠纷的民事赔偿适用民事法律规定处理，不再按照《医疗事故处理条例》医疗事故民事赔偿标准，故医疗事故概念中的民事处理目的已没有实际意义，人们普遍关心《医疗事故处理条例》是否继续适用。对此，2018年的《医疗纠纷预防和处理条例》规定，对诊疗活动中医疗事故的行政调查处理，依照《医疗事故处理条例》的相关规定执行。2022年3月1日起施行的《中华人民共和国医师法》第五十五条规定，违反法律、法规、规章或者执业规范，造成医疗事故或者其他严重后果的，由县级以上人民政府卫生健康主管部门责令改正、给予警告，情节严重的，责令暂停六个月以上一年以下执业活动直至吊销医师执业证书的处罚。可见，医疗事故作为行政调查处理的依据，依然有其存在的意义，且也有法律依据支持。

二、医疗损害法律溯源

2009年12月26日，《中华人民共和国侵权责任法》（以下简称《侵权责任法》）经十一届全国人大常委会第十二次会议审议通过，于2010年7月1日起实施。该法是为保护民事主体的合法权益，明确侵权责任，预防并制裁侵权行为，促进社会和谐稳定而制定的法律。《侵权责任法》第七章首次确立的医疗损害责任制度，体现了平等保护医患双方合法权益的立法精神，该法使用"医疗损害责任"的概念体现了民事权利保护法和救济法的性质。医疗损害责任制度中确立的构建归责原则体系，有利于公正、合理地裁判各种医疗损害纠纷案件。医疗损害责任制度的确立推动我国最高司法机关修订了《民事案件案由规定》，从而明确了第376条"医疗损害责任纠纷的案由"，对有效解决医疗损害责任的赔偿范围和标准的法律适用等问题产生了积极的意义，标志着我国的卫生立法和司法又大大前进了一步。但对医疗损害鉴定，该法中未有提及。

医疗损害责任纠纷案件数量在整个民商事案件中占比不大，但是审理难度大、审理周期长、案件调撤率低，其中有关举证证明责任、鉴定程序规范、责任构成、责任承担等法律适用中的争点、难点问题多，亟需统一裁判尺度。为正确审理医疗损害责任纠纷案件，依法维护当事人的合法权益，推动构建和谐医患关系，促进卫生健康事业发展，2011年《最高人民法院关于审理医疗损害责任纠纷案件适用法律若干问题的解释》（以下简称《解释》）立项。《解释》起草工作历时6年，前后修改20余稿，根据《侵权责任法》

《中华人民共和国民事诉讼法》等法律规定，结合审判实践，最终于2017年12月13日正式发布，并于2021年进行了修订。《解释》对医疗损害责任纠纷的法律适用和鉴定等问题作出了明确详细的规定。

为预防和妥善处理医疗纠纷，2018年7月31日国务院发布了《医疗纠纷预防和处理条例》，对医疗纠纷预防处置、医疗纠纷解决处理等方面进行了详细规定，并提出可以通过医疗损害鉴定明确责任，同时也对医疗损害鉴定进行了相关规定。

2021年1月1日实施的《中华人民共和国民法典》侵权责任编，是对《侵权责任法》精细化、科学化和体系化的完善，保留了医疗损害责任一章，对医疗侵权方面的条款修改不大，但是体现了对医患双方各自权利的保护和时代特色。这里的医疗损害指的是依照《中华人民共和国民法典》规定医疗机构应当承担侵权责任的患者损害，不包括实施正常的医疗行为无法避免的患者机体损伤或者功能障碍。

通过对医疗事故和医疗损害的法律进行溯源可以发现，医疗纠纷的法律责任从行政责任到民事责任混同，向两种法律责任各自独立的方向发展，其中民事责任以“医疗损害”的概念逐渐由民事法律规范调整，行政责任以“医疗事故”的概念作为行政部门进行管理的重要措施，从而厘清了法律责任体系，实践中实操性更强。

（万里涛，薛晓芳）

第二节　医疗事故和医疗损害的构成要件

要谈医疗事故和医疗损害鉴定的构成要件，首先需明确两者的概念。2002年颁布的《医疗事故处理条例》第二条规定，本条例所称医疗事故，是指医疗机构及其医务人员在医疗活动中，违反医疗卫生管理法律、行政法规、部门规章和诊疗护理规范、常规，过失造成患者人身损害的事故。2021年颁布的《中华人民共和国民法典》

第一千二百一十八条规定，医疗损害的概念为：患者在诊疗活动中受到损害，医疗机构或者其医务人员有过错的，由医疗机构承担赔偿责任。从这些规定中可看出，医疗事故的概念受当时解决民事赔偿目的的需要，与医疗损害的概念构成要件基本一致，但医疗事故的概念更偏向于行政违规，而医疗损害责任的概念主要体现民事过错。针对医疗事故或医疗损害的要件，有“三要件”“四要件”“五要件”等多种学说或观点，其中“五要件”说或许更能反映医疗侵权的特点。

一、要件之一：主体

关于诊疗行为的实施主体，从前述两者法律规定的概念上看，医疗事故和医疗损害的行为主体都是医疗机构及/或其医务人员，但是根据《医疗事故处理条例》第五十二条“医疗事故赔偿费用，实行一次性结算，由承担医疗事故责任的医疗机构支付”的规定，与医疗损害概念中的“由医疗机构承担赔偿责任”是一致的，故医疗事故和医疗损害的民事责任主体是医疗机构。关于行政责任的责任主体，医疗损害是解决民事赔偿问题，不能以此进行行政处罚或行政处分，故只有医疗事故才有行政责任的主体，对此根据《医疗事故处理条例》第五十五条规定：“医疗机构发生医疗事故的，由卫生行政部门根据医疗事故等级和情节，给予警告；情节严重的，责令限期停业整顿直至由原发证部门吊销执业许可证，对负有责任的医务人员依照刑法关于医疗事故罪的规定，依法追究刑事责任；尚不够刑事处罚的，依法给予行政处分或者纪律处分”，故医疗事故的责任主体为医疗机构和医务人员，其中医疗机构被追究外部行政责任，接受行政部门的行政处罚，而医务人员被追究内部行政责任，接受行政部门的行政处分。

根据《医疗机构管理条例实施细则》第二条规定：“条例及本细则所称医疗机构，是指依据条例和本细则的规定，经登记取得《医疗机构执业许可证》的机构”。医疗机构作为法人，是医疗事故或者医疗损害民事责任的承担者，也是目前医疗事故的外部行政责任承担者。医疗机构依照医疗卫生管理法律，行政法规，部门规章，诊疗护理规范、常规，对本单位医务人员的诊疗行为行使指挥、管理、调配、监督职责。所谓“医务人员”，是指依法取得执业资格的、在医疗执业活动中的医疗卫生专业技术人员和管理人员。

诊疗活动中医疗机构及医务人员有医疗行为（也称作诊疗行为），也有其他行为，但关于医疗行为或诊疗行为的概念，目前并没有清晰的界定。对概念进行定义一般采取归纳法，同时可采取列举法和/或排除法，对于医疗行为的概念，在进行“由医疗机构及其医务人员对患者提供医疗服务的行为”等归纳性表述的同时，在实践中也运用排除法对相关事项进行除外。一般来说，包括（但不限于）以下几种情形不作为医疗行为进行鉴定：①医院设施的瑕疵，导致患者砸伤、烫伤、电梯受困等；②医院管理的瑕疵，导致损害，如抱错婴儿、在医院自残自杀等；③涉嫌伤害的，如对患者实施积极安乐死行为、医院职工与患方的肢体冲突。对于非医疗行为产生的人身损害赔偿责任，适用《中华人民共和国民法典》关于人身损害赔偿的一般规定。

“医疗事故”或者“医疗损害”发生在医疗机构及/或其医务人员的医疗活动中，明确了医疗事故（损害）发生的场所和范围，即依法取得执业许可和执业资格的医疗机构和医务人员在医疗活动中发生的事故（损害）。医务人员未经卫生行政部门及医疗机构的指派，在医疗机构外进行的医疗活动，引起人身损害赔偿纠纷的，按一般侵权行为处理，医疗机构不承担责任。

二、要件之二：医疗行为

《医疗事故处理条例》第二条所使用的“医疗活动”和《医疗纠纷预防和处理条例》第二条、《中华人民共和国民法典》第一千二百二十二条中的“诊疗活动”的意思是一致的，《医疗机构管理条例实施细则》第八十八条对“诊疗活动”进行了规定，诊疗活动是指通过各种检查，使用药物、器械及手术等方法，对疾病作出判断和消除疾病、缓解病情、减轻痛苦、改善功能、延长生命、帮助患者恢复健康的活动。

三、要件之三：行为的“违法性”

按照《医疗事故处理条例》第二条医疗事故的定义，医疗行为违法性要件特点是医疗行为存在“违反医疗卫生管理法律，行政法规，部门规章和诊疗护理规范、常规”的情形，这是医疗事故对医疗行为的“违法性”要件的判定依据。我国已经颁布了一批医疗卫生管理方面的法律、行政法规，卫生行政部门及相关部门还制定了一系列部门规章和诊疗护理规范、常规，这些都是判定医疗行为“违法性”要件的依据和标准。

本书仅从医学会承担的医疗事故技术鉴定和医疗损害鉴定的角度，以人身损害结果论述，不论及财产权等其他损害结果。医疗事故和医疗损害侵权责任均是对患者生命健康的侵权，造成的人身损害后果。据此，患者有无人身损害后果，无疑是判定医疗行为是否属于医疗事故和医疗损害责任的必要条件之一。若未造成人身损害后果，即便医务人员存在过错及违反规定，也不承担医疗事故和医疗损害责任。

《最高人民法院关于审理医疗损害责任纠纷案件适用法律若干问题的解释》第十一条中指出，鉴定人应当按照委托鉴定的事项和要求进行鉴定。下列专门性问题可以作为申请医疗损害鉴定的事项：（一）实施诊疗行为有无过错；（二）诊疗行为与损害后果之间是否存在因果关系以及原因力大小；（三）医疗机构是否尽到了说明义务、取得患者或者患者近亲属书面同意的义务；（四）医疗产品是否有缺陷、该缺陷与损害后果之间是否存在因果关系以及原因力的大小；（五）患者损伤残疾程度；（六）患者的护理期、休息期、营养期；（七）其他专门性问题。《中华人民共和国民法典》第一千二百一十八条规定，患者在诊疗活动中受到损害，医疗机构或者其医务人员有过错的，由医疗机构承担赔偿责任。可见，医疗行为的“过错”是医疗损害责任对医疗行为“违法性”的判定依据，没有过错就无须承担民事赔偿责任。

关于医疗事故“违法性”判断标准的“违反医疗卫生管理法律，行政法规，部门规章和诊疗护理规范、常规”与医疗损害责任违法性判断标准“过错”的关系，《中华人民共和国民法典》第一千二百二十一条规定，医务人员在诊疗活动中未尽到与当时的医疗水平相应的诊疗义务，造成患者损害的，医疗机构应当承担赔偿责任；第一千二百二十二条规定，患者在诊疗活动中受到损害，有下列情形之一的，推定医疗机构有过错：（一）违反法律、行政法规、规章以及其他有关诊疗规范的规定……，故《中华人民共和国民法典》第一千二百一十八条规定了“过错”包括“违反法律、行政法规、规章以及其他有关诊疗规范的规定”和“未尽到与当时的医疗水平相应的诊疗义务”。尽管“违规”的同时也构成“未尽到与医疗水平相应的诊疗义务”，然而还存在“虽没有违规，但没有尽到预见和防范的民事注意义务”的情形。因此，医疗事故概念中的“违反医疗卫生管理法律，行政法规，部门规章和诊疗护理规范、常规”属于“医疗过错”的情形之一，除此以外，医疗过错还包括“虽未违反相关规定，但未尽到与当时的医疗水平相应的诊疗义务”的情形，故过错的概念比违规更宽泛。

四、要件之四：患者的损害后果

根据《医疗事故处理条例》第四条和《医疗事故分级标准（试行）》，医疗事故造成的损害仅限于患者的人身损害结果，即造成患者死亡、残疾以及没有残疾或功能障碍的其他人身损害（包括一过性损伤）的情形。医疗事故不包括非人身损害的其他损害。如对患者财产权、隐私权等的损害。

《中华人民共和国民法典》第一千二百一十八条表述为“患者在诊疗活动中受到损害”，表明所谓“医疗损害责任”笼统指所有的各种损害结果，包括对财产权、隐私权、知情权、名誉权、亲权等其他侵权。因此，从损害结果要件的角度看，医疗损害侵权责任，其概念要大于医疗事故的概念。但就医学会承担的这部分医疗损害鉴定来说，其损害结果要件特指造成的患者人身损害结果，与医疗事故的损害结果要件相等同，都仅限于对患者生命健康造成的损害后果。

医疗鉴定中确认的患者人身损害后果，应当是已经发生的，可以检查、检测得到的客观存在。尚未发生、将要发生，或者只有主观感觉、没有客观体征和检查结果的，不能作为医疗事故（损害）的“人身损害结果”要件予以确认。

五、要件之五：因果关系

因果关系是判定民事侵权成立必不可少的构成要件之一，医疗事故和医疗损害鉴定具有医学专业的特殊性，对人身损害结果形成的参与因素较多，各因素之间的相互影响也很复杂，故对于因果关系的判断会更加困难，但无论是医疗事故鉴定还是医疗损害鉴定，仍必须遵循一般事物因果关系的普遍特点，即客观性、相对性、先因后果的时间序列性，对因果关系作出客观准确的判断，同时在判定医疗过错行为在患者人身损害结果形成过程中的因果关系时，还需要对医疗过错行为的参与作用（即其原因力大小）作全面的分析。只有医方的医疗过错行为必须在造成患者的损害结果中有一定的原因力，才能确定存在因果关系，如果在医疗过错行为与人身损害结果之间没有任何因果关系，则不能判定属于医疗事故或构成医疗损害。

（司徒薇薇，薛晓芳）

第三节 不属于医疗事故或医疗损害的情形

构成医疗事故或医疗损害的要件不全的，均不构成医疗事故或医疗损害。同时，具有以下情形的，依法也不属于医疗事故或医疗损害。这些规定对于明确医患双方责任，公平解决医疗事故争议及医疗侵权纠纷发挥着重要的作用。

一、不属于医疗事故的情形

《医疗事故处理条例》规定以下6种情形不属于医疗事故。

（一）在紧急情况下为抢救垂危患者生命而采取紧急医疗措施造成不良后果

这个条款应结合《中华人民共和国民法典》上紧急避险的有关规定来理解，所谓紧急避险是指为了使公共利益、本人或他人的合法权益免受正在发生或即将发生的危险，而采取的以损害一定利益的方式保护另一部分利益的行为。由于患者的生命权属于自然人的最重要的权利，为了挽救垂危患者的生命，虽然对其采取的紧急医疗措施可能出现不良后果，但该不良后果相对于患者的生命死亡而言，明显是不可同日而语的，因此，在这种情况下造成的不良后果，是符合医学规范和伦理要求的，不能认为构成医疗事故，更无须承担赔偿责任。

（二）在医疗活动中由于患者的病情异常或者患者体质特殊而发生医疗意外

该款可结合《中华人民共和国民法典》中意外事件的规定来理解，意外事件是由行为人意志意外的原因而非其过错引发的偶然事故，它具有不可预见性，行为人在当时处境下不可能通过合理的注意而预见，完全是行为人自身以外的原因而引起的偶然事件，发生概率极低。对医疗行为而言，患者的“病情异常或患者体质特殊”是医务人员在诊疗时无法通过合理注意能预见的，如果因此发生医疗意外事件，那么由此引起的相关损害结果不能由医方承担。所以，出现医疗损害结果同时“患者病情异常或患者体质特殊”时，应评判损害后果发生的原因。如果损害结果与“患者的病情异常或者患者体质特殊”无关，那么并不能认为属于意外事件，而应根据侵权的构成要件评判是否构成医疗事故。如果损害结果与“患者的病情异常或者患者体质特殊”相关，则还需判断该“病情异常或者患者体质特殊”是造成损害结果的必要条件还是充分条件，若仅是必要条件，则还要结合其他因素评判造成该损害结果的各自原因力后再评判是否构成医疗事故，只有“患者的病情异常或者患者体质特殊”属于造成损害结果的充分条件时，才能认为完全属于医疗意外而排除医疗事故。

（三）在现有的医学科学技术条件下，发生无法预料或者不能防范的不良后果

现代医学发展水平有限，人类尚未掌握疾病诊治的所有知识，所以医学具有探索性、不可预知性和风险性，同时生老病死是客观规律，医学也不可能改变该基本的自然规律，在现有的医疗科学技术条件下必然会发生医师无法预料或不能防范、无能为力的不良后果，这是医学水平局限所致。例如，医务人员对危重病症和疑难病症的患者，采用了各种现代医疗手段和治疗方案，仍无法挽救患者的生命和阻止残疾的出现，是疾病的自然转归所致，即现代医学科学技术是无法预见、防范、克服的。这种医学水平有限所引发的后果，并不是医务人员违规或医疗过错所致，根据医疗事故的定义和构成要件，当然不应构成医疗事故，相关后果更不能由医疗机构及

其医务人员承担。

（四）无过错输血感染造成不良后果

医务人员在给患者提供血液时，按照供血的有关规定进行查验，输血操作无误而输血后仍出现不良后果，造成输血感染的，因医疗机构无过错，此种情况医疗机构及其医务人员不应构成医疗事故。但如果医疗机构在此过程中存在过错并且造成输血感染艾滋病或乙、丙型病毒性肝炎等传染性疾病的，则仍需承担医疗事故责任。若输血感染是由于供血机构的过错所致，那么因输血医疗机构没有过错，并不构成医疗事故。

（五）因患方原因延误诊疗导致不良后果

《中华人民共和国民法典》第一千二百二十四条规定，患者在诊疗活动中受到损害，有下列情形之一的，医疗机构不承担赔偿责任：（一）患者或者其近亲属不配合医疗机构进行符合诊疗规范的诊疗。同时，第一千一百七十三条规定，被侵权人对同一损害的发生或者扩大有过错的，可以减轻侵权人的责任。第一千一百七十四条规定，损害是因受害人故意造成的，行为人不承担责任。由此可看出，如果不良后果是因患方的过错所致，那么当然应由患方自行承担相应责任，如果医疗机构及其医务人员对相应损害结果的产生并无过错，那么就不构成医疗事故或医疗损害。

（六）因不可抗力造成不良后果

《中华人民共和国民法典》第一百八十条规定，不可抗力是不能预见、不能避免且不能克服的客观情况。如自然灾害及事故，以及国家动乱、战争等。由于不可抗力已经超出了医务人员的预见义务，而且也无法避免和克服，医疗机构及其医务人员对此并没有过错，故不构成医疗事故。

二、不承担医疗损害赔偿责任的情形

（一）《中华人民共和国民法典》规定不承担医疗损害赔偿责任的三种情形

1. 患者或者其近亲属不配合医疗机构进行符合诊疗规范的诊疗　在诊疗护理过程中，医务人员对患者进行诊疗护理必须得到患者及其家属的配合，否则会出现不利于治疗的后果。如果由于患者及其家属的原因而延误治疗，造成患者的人身损害后果，那么患者一方在主观上有过错，按照过错责任原则，应当对由此造成的损害结果自行承担责任，但是如果同时医疗机构或医务人员有过错，并对损害结果存在因果关系，那么医疗机构仍应对其过错行为所导致的损害结果承担医疗损害赔偿责任，患方的过错并不免除医方过错所产生的责任。

2. 医务人员在抢救生命垂危的患者等紧急情况下已经尽到合理诊疗义务　正如前述，符合《中华人民共和国民法典》的紧急避险规定。在抢救危急患者等紧急情况下，例如，患者生命垂危，必须采取紧急医学措施，有可能造成不良后果，在这种情况下，由于紧急抢救措施是在危急情况下采取的，目的是为了挽救患者生命，两害相权取其轻，对紧急措施可能出现的不良后果仍让步于挽救生命的需要，只要医务人员已经尽到合理注意义务，即使造成不良后果，对患者的身体有一定的损害，也不承担医疗损害赔偿责任。

3. 限于当时的医疗水平难以诊疗　如前所述，医疗水平发展有限，医师也不可能超越现有的医疗水平诊治，这种限于当时医疗水平难以诊疗病情自然转归而出现的损害结果，医疗机构不承担赔偿责任。对此，《中华人民共和国民法典》第一千二百二十一条规定，医务人员在诊疗活动中未尽到与当时的医疗水平相应的诊疗义务，造成患者损害的，医疗机构应当承担赔偿责任。故法律也仅是要求医务人员尽到“与当时医疗水平相应”的诊疗义务，当时医疗水平难以诊疗的疾病，医务人员不承担责任。

（二）其他不属于医疗损害的情形

由于《中华人民共和国民法典》第一编总则编统领民法典各分编，故总则编的规定仍适用侵权责任编的相关内容。因此，除了侵权责任编中上述的三种情形不承担医疗损害赔偿责任外，总则编中相关规定也属于不承担医疗损害赔偿责任的情形。如不可抗力造成的损害结果，《中华人民共和国民法典》第一百八十条规定，因不可抗力不能履行民事义务的，不承担民事责任。故在医疗损害责任中，如果构成不可抗力造成不良后果，应当依据《中华人民共和国民法典》的规定免除责任。

（万里涛，薛晓芳）

第四节　医疗事故技术鉴定和医疗损害鉴定的区别

根据我国现行法律法规，医学会的医疗鉴定主要包括医疗事故技术鉴定和医疗损害鉴定。

所谓医疗事故技术鉴定，是指由医学会组织专家鉴定组，依照医疗卫生管理法律、行政法规、部门规章和诊疗护理技术操作规范、常规，运用医学科学原理和专业知识，对涉及医疗事故行政处理的有关专门性问题进行专业技术鉴别和判断并提供鉴定意见的活动。《医疗事故处理条例》《医疗事故技术鉴定暂行办法》对医疗事故技术鉴定内容和管理进行了全面规定，其中医学会是组织医疗事故技术鉴定工作的唯一法定机构。

所谓医疗损害鉴定，《医学会医疗损害鉴定规则（试行）》第二条的解释是：对医疗机构或者其医务人员的诊疗行为有无过错、过错行为与患者损害后果之间是否存在因果关系、损害后果及程度、过错行为在损害后果中的责任程度（原因力大小），以及因医疗损害发生的护理期、休息期、营养期等专门性问题进行专业技术鉴别和判断并提供鉴定意见的活动。《医疗纠纷预防和处理条例》规定医学会或者司法鉴定机构可以接受委托从事医疗损害鉴定，故当前的医疗损害鉴定处于“二元化”鉴定模式。同时，《医疗纠纷预防和处理条例》规定，医学会或者司法鉴定机构开展医疗损害鉴定，应当执行规定的标准和程序，尊重科学，恪守职业道德，对出具的医疗损害鉴定意见负责，不得出具虚假鉴定意见。医疗损害鉴定的具体管理办法由国务院卫生、司法行政部门共同制定。立法的本意是医学会、司法鉴定机构均可开展医疗损害鉴定，有统一的标准和程序。《医疗纠纷预防和处理条例》第三十四条第二款规定，医学会或者司法鉴定机构接受委托从事医疗损害鉴定，应当由鉴定事项所涉专业的临床医学、法医学等专业人员进行鉴定；医学会或者司法鉴定机构没有相关专业人员的，应当从本条例第三十五条规定的专家库中抽取相关专业专家进行鉴定。医疗损害鉴定应当由所涉专业的临床医学、法医学专业人员和专家库中相关专业的专家进行。

为进一步落实和指导本行业鉴定工作，2021年中华医学会制定颁布了《医学会医疗损害鉴定规则（试行）》，司法部随后也颁布了《医疗损害司法鉴定指南》。但两个行业的医疗损害鉴定相关规定在鉴定概念、法律法规依据、鉴定组织实施、专家出庭等方面还是存在一定差异。本节仅对医学会开展的医疗事故技术鉴定和医疗损害鉴定的区别进行归纳梳理。

一、法律法规依据方面

在诸多相关法律法规中，医疗事故技术鉴定主要依据《医疗事故处理条例》《医疗事故技术鉴定暂行办法》《医疗事故分级标准（试行）》。

医学会医疗损害鉴定目前最主要依据是《中华人民共和国民

法典》《医疗纠纷预防和处理条例》《医学会医疗损害鉴定规则（试行）》。在接受法院委托开展司法鉴定时，还要执行《最高人民法院关于审理医疗损害责任纠纷案件适用法律若干问题的解释》《最高人民法院关于人民法院民事诉讼中委托鉴定审查工作若干问题的规定》等规定，各地有相关规定的，也要遵照执行。

二、鉴定用途方面

2002年的《医疗事故处理条例》兼具“医疗事故的行政处理与监督”和“医疗事故的民事赔偿”功能，医疗事故技术鉴定自然也为行政处罚和民事赔偿服务。2002年的《最高人民法院关于参照〈医疗事故处理条例〉审理医疗纠纷民事案件的通知》对医疗事故鉴定可以用于民事赔偿予以确认。2010年《侵权责任法》颁布实施后，医疗损害鉴定在民事赔偿中发挥了重要作用，因民事赔偿而委托医疗事故鉴定的案例有所减少。

《医疗事故处理条例》第二十条规定，卫生行政部门接到医疗机构关于重大医疗过失行为的报告或者医疗事故争议当事人要求处理医疗事故争议的申请后，对需要进行医疗事故技术鉴定的，应当交由负责医疗事故技术鉴定工作的医学会组织鉴定。由此看来，还有不“需要”进行医疗事故技术鉴定的情况。卫生行政部门在决定“需要”还是“不需要”进行医疗事故技术鉴定时，要以能不能判定属于还是不属于医疗事故为唯一尺度。如果卫生行政部门根据现有证据能够判定构成医疗事故，可以直接进行行政处理。

医疗事故的技术鉴定具有很强的专业性、技术性、复杂性等特点，同时，《医疗事故技术鉴定暂行办法》第四十一条亦规定，县级以上地方卫生行政部门对发生医疗事故的医疗机构和医务人员进行行政处理时，应当以最后的医疗事故技术鉴定结论作为处理依据。因此，如果医疗机构对卫生行政部门未交由医疗事故技术鉴定而进行的判定以及相应的处理持有异议，可以提出医疗事故技术鉴定的申请。故在实际工作中，为避免提起行政复议或者行政诉讼的风险，卫生行政部门进行判定时通常会慎重行事，量力而行。

在民事赔偿中，目前实践中主要委托医疗损害鉴定，但是医疗事故技术鉴定也包含医疗行为有无过错、患者有无受损害、损害程度、过错与损害有无因果关系及过错在损害发生中所起作用的大小等主要内容，也涵盖民事侵权的构成要件，故也可以作为民事赔偿的处理依据。

行政处理、民事诉讼、刑事诉讼规则并不相同，作为技术意见，委托何种鉴定、是否采信、如何采信，则取决于处理部门。

三、鉴定组织实施方面

（一）鉴定的提起及委托机构不同

医疗事故技术鉴定由医患双方当事人共同委托，或卫生行政部门（含军队有关卫生部门）移交医疗机构所在地负责首次医疗事故技术鉴定工作的医学会进行鉴定。医疗损害鉴定由医患双方当事人共同委托，或医疗纠纷人民调解委员会委托，或人民法院等单位委托，可以委托医疗机构所在地的医学会或司法鉴定机构进行，经双方同意也可以委托非医疗机构所在地的医学会（一般本省市内）鉴定。

（二）鉴定程序中要求的时间不同

如受理时限不同、鉴定会通知时间不同、鉴定完成时限不同、信息上报时限不同。

（三）专家库组建与人员要求不同

医疗事故技术鉴定专家库由医学会负责组建、聘任，组成人员是卫生专业技术人员和法医，卫生专业技术人员需担任相应专业高级技术职务3年以上，法医同样需具备高级职称，但无年限要求。医疗损害鉴定专家库按规定应由设区的市级以上人民政府卫生、司法行政部门共同设立，实践中目前更多的是鉴定机构（医学会）组建的专家库或鉴定机构自己建立的专家库，专家库不能满足鉴定需要时，可以在行政部门设立的专家库中抽取专家。医疗损害鉴定专家库在组成人员方面增加了法学和其他专业人员，除卫生专业技术人员外，其他专业的人员具备中级技术任职资格后有5年以上相关工作经历也符合入库条件。

（四）专家抽取方式的规定

《医疗事故技术鉴定暂行办法》规定，医学会组织医患双方从专家库相关学科专业组中随机抽取专家鉴定组成员。《医学会医疗损害鉴定规则（试行）》规定，医学会组织医患双方在专家库中抽取产生鉴定专家组，但没有规定抽取的方式，故也可以按照约定的方式进行。

（五）专家不能按时参加鉴定会的规定

医疗事故技术鉴定的专家鉴定组成员，因不可抗力因素未能及时告知医学会不能参加鉴定，或虽告知但医学会无法按规定组成专家鉴定组的，医疗事故技术鉴定可以延期进行。

医疗损害鉴定除了鉴定会可以延期进行外，进一步明确了可以经委托人和医患双方同意，由不能到场的专家以书面、视频等形式参加现场调查及合议，以保证鉴定会如期进行。

（六）鉴定书格式、内容及表述的区别

医疗事故和医疗损害在鉴定书名称、鉴定类别代字、声明页、鉴定专家签名、损害后果分级、过错参与度、结论性意见的项目名称、落款盖章方面均有区别（表2-1）。

表 2-1 医疗事故和医疗损害鉴定书格式、内容及表述的区别

项目	医疗事故	医疗损害
名称	医疗事故技术鉴定书	医疗损害鉴定意见书
鉴定类别代字	医鉴	医损鉴
声明页	无	有
鉴定专家签名	无	有
损害后果分级	分为一级甲等至四级，共12个等级；其中一级乙等至三级戊等对应伤残等级一至十级	死亡、残疾、其他；在残疾中划分为一至十级伤残等级
过错参与度	完全责任、主要责任、次要责任、轻微责任	全部原因、主要原因、同等原因、次要原因、轻微原因
结论性意见的项目名称	鉴定结论	鉴定意见
落款盖章	医疗事故技术鉴定专用章	医疗损害鉴定专用章

（七）不受理、中止鉴定、终止鉴定情形的规定

《医学会医疗损害鉴定规则（试行）》中列举的不受理、中止鉴定、终止鉴定情形，均较《医疗事故技术鉴定暂行办法》更加详细具体。具体见本书第四章。

（八）再次鉴定的规定

医患双方中任何一方对医疗事故技术鉴定首次鉴定的结论不服的，可以在接到鉴定结论之日起15日内，申请再次鉴定。再次鉴定由省、自治区、直辖市医学会组织。必要时，对疑难、复杂并在全国有重大影响的医疗事故争议，省级卫生行政部门可以商请中华医学会组织鉴定。故医疗事故技术鉴定机构之间有明确的层级之分，但医疗损害鉴定没有再次鉴定之说。

（九）重新鉴定的规定

《医疗事故技术鉴定暂行办法》规定，医学会对经卫生行政部

门审核认为参加鉴定的人员资格和专业类别或者鉴定程序不符合规定，需要重新鉴定的，应当重新组织鉴定。如参加鉴定的人员资格和专业类别不符合规定的，应当重新抽取专家组织专家鉴定组进行重新鉴定。如鉴定的程序不符合规定而参加鉴定的人员资格和专业类别符合规定的，可以由原专家鉴定组进行重新鉴定。故医疗事故技术鉴定的重新鉴定，主要是基于鉴定人员资质与程序上的违规性，承担重新鉴定的机构是原负责首次鉴定的医学会。

根据《最高人民法院关于民事诉讼证据的若干规定》，鉴定人不具备相应资格的，或鉴定程序严重违法的，或鉴定意见明显依据不足的，或鉴定意见不能作为证据使用的其他情形，人民法院应当准许重新鉴定。《医学会医疗损害鉴定规则（试行）》规定重新鉴定的情形与之大同小异，并规定出具医疗损害鉴定意见的原医学会一般不再受理重新鉴定，重新鉴定专家组应当不少于5人，其中至少有3人具备正高级专业技术职称。对重新鉴定的专家人数及职称都做了更高要求。对做重新鉴定机构的层级没有要求，凡有条件的医学会都可以接受委托。

（十）补充鉴定的规定

医疗损害鉴定可以有补充鉴定，如医学会遗漏委托鉴定事项而委托人要求补充鉴定的，或委托人补充新的鉴定事项或提供新的鉴定材料而申请补充鉴定的。医疗事故技术鉴定对出现上述情况没有具体的条款规定，实践中一般通过出具专家咨询意见书解决。

四、其他

（一）出庭质证的规定

无论是医疗事故技术鉴定还是医疗损害鉴定，人民法院通知出庭作证的，医学会应当组织鉴定人员出庭。

（二）鉴定费收取的规定

医疗事故技术鉴定费用标准由省、自治区、直辖市人民政府价格主管部门会同同级财政部门、卫生行政部门共同规定。其属于行政事业性收费，具有一定公益性。中华医学会鉴定费8500元/例，全国各地医学会收费标准未统一，省级医学会一般在2000～4000元，市级医学会1500～3000元。医疗损害鉴定收费不属于行政事业性收费，各省、自治区、直辖市对医学会开展医疗损害鉴定工作的收费管理方式和标准有规定的，医学会应当执行；尚无规定的，可以参照相关鉴定项目收费标准收取。目前，各地医学会医疗损害鉴定收费管理方式和标准均未统一，但总体上较司法鉴定机构的医疗损害鉴定收费标准低。

（薛晓芳）

第三章 医疗鉴定专家库

专家库一般是指某一专业领域专家各项信息的存储载体，可以分为专家知识库和评审专家人才库。前者是一个存储大量专业知识的人工智能系统，一般用于模拟人类专家的处理过程，为项目的决策者提供建议；后者存储的是各个学科的专家信息，一般用于抽取某专业工作开展时需要参与的专家源，包括专门性问题鉴定、立法司法行政执法咨询、项目的招标和评审等。本书中医疗鉴定专家库指医疗事故技术鉴定专家库和医疗损害鉴定专家库，分别用于医疗事故技术鉴定和医疗损害鉴定。本章将从专家库建设的必要性、医学会医疗鉴定专家库发展现状、鉴定专家的权利义务、鉴定专家库的管理及使用等方面进行介绍。

第一节 医疗鉴定专家库建设的必要性

医疗鉴定的专业性非常强，临床医学分科越来越细，越来越专，且新型医疗技术在临床实践中的应用也越来越多，临床医学领域隔行如隔山的现象日益突出。医疗鉴定必须坚持同行评议的原则，没有人能够完成所有的医疗纠纷案件的鉴定。因此，基于不同的医疗纠纷所涉及临床医学专业不同，对鉴定人员的专业化需求必然有所不同。实施医疗鉴定的专家应当具有相应临床医学学科的专业知识和经验，并且要有鉴定的热情和鉴定的基本知识，鉴定时临时找临床医学专家进行鉴定，既不现实，也不可能。因此，聘请符合一定条件的专家组成鉴定专家库非常必要。

一、有利于实现同行评议

（一）医学鉴定的复杂性

临床医学既是实践与经验的结合，也是极具探索性的复杂学科，随着医学科学技术的迅猛发展，临床医学分科越来越细，目前已经分到三级学科，甚至更进一步的亚学科。如此复杂的学科体系中，同样存在“隔行如隔山”的现象，不同亚学科之间的医学专家，对彼此的理论和技术并不了解，也常常难以准确判断对方的医疗行为。因此，医学界没有真正意义上的精通所有临床医学专业的“全科”专家。同样，也没有可以进行医疗鉴定的全能鉴定专家。医疗纠纷案件涉及什么学科，就应当由哪个学科的专家来进行鉴定。外行由于不懂具体案件所属学科的专业知识，不具有该学科的经验，无法作出明确判断，其所作出的鉴定意见必然没有科学性，更谈不上公正性。

（二）同行评议是科学性的基础

鉴定意见属于科学证据，强调科学性和公正性两重属性，且科学性的重要性大于公正性，科学性是鉴定专家必须具备的条件。鉴定意见的科学性要求鉴定意见必须是某个学科领域的专家，根据自己拥有的知识和经验，对具体鉴定所涉及的专门性问题进行技术分析和判断，是科学认识的范畴。公正性是鉴定意见的程序性要求，即鉴定意见的产生过程要符合法律法规的基本要求。公正性可以通过制度和程序设计来保障，而科学性只能由同行专家评议来保障。专业领域内的同行评议是医疗技术类及各类司法鉴定的国际惯例。

（三）专家库能够汇聚鉴定所需各个专业的专家

无论是医疗事故还是医疗损害的鉴定，即便是司法委托的医疗损害鉴定，首先应具备专业鉴定的属性。鉴定的程序公正与结论公正同等重要，这是由专业技术鉴定的特征所决定的。因此必须强调鉴定专家（鉴定人）应具备相应的专业背景和专业知识。临床医学的对象是人，人的复杂性导致临床医学分科的多重性。为了满足医疗鉴定极强的专业性，必然要按照各临床分支学科组建一支庞大的涵盖各个临床学科的专家库，才能保证鉴定得以完成。对于涉及患者死亡原因不明和需要确定患者伤残等级的鉴定，还需要吸纳符合条件的法医专家进入专家库。法医工作的角色定位和长期形成的法律思维模式，可以弥补临床专家医学思维模式在鉴定中的不足，促使专家鉴定组对相关问题的看法和切入点更全面、更客观，作出科学公正的评判。

医疗鉴定的专业性强，为了保证鉴定意见的科学性与准确性，专门性问题的鉴定要由该专业领域的专家来做，因而聘请合适的专家进行鉴定尤为必要。同时，同行评议也是维持鉴定高质量和高水平的必要条件。

二、有利于鉴定的组织工作

客观、公正、科学地开展鉴定工作，形成使医患双方和委托单位信服的结论，不仅需要加强组织领导，还要不断提高鉴定专家队伍的素质，建立起一支高素质的专家队伍。

一是整合力量，建立结构合理的专家库。鉴定的主体是专家库的专家，建立一支政治思想好、专业技术过硬、政策理论水平较高、法律法规意识强、涵盖各学科专业的专家队伍是顺利组织开展鉴定工作的保证。进入专家库的专家，根据相关法规的标准，按照学科专业分类，通过个人申请、单位推荐及组织鉴定机构审核聘用的方式进入专家库。同时，随时根据鉴定案件需求、学科分类和医疗技术的更新情况，以及专家库成员情况变更，对专家库进行动态调整和维护。

二是加强培训，全面提高专家队伍素质。采取集中培训、专题讲座、工作交流、案例剖析等多种形式，对鉴定专家进行全面培训，使专家全面了解医疗卫生管理法律、行政法规、部门规章和诊疗护理规范、常规以及鉴定结论的判定等专业知识。同时加强思想政治教育，引导专家认清鉴定工作的重要性，增强鉴定专家的责任感和使命感。医疗鉴定工作和日常的临床工作一样重要和神圣，鉴定专家应严格按照《医疗事故处理条例》《医疗事故技术鉴定暂行办法》《医疗纠纷预防和处理条例》等相关规定，履行作为医疗鉴定专家库成员的权利和义务，保持中立立场，秉公鉴定，尊重科学，恪守职业道德，认真履行职责，实事求是作出符合医学科学的鉴定结论。

三是加强管理，不断优化专家队伍。着眼于提高鉴定专家队伍在鉴定实践中的客观公正性和责任心，建立考核、监督管理制度，形成优胜劣汰机制和鉴定专家流动机制，不断充实和更新专家库成员，优化专家结构，保证鉴定专家库的质量，确保以一流的专家队伍从事医疗鉴定工作。

三、专家库建设是医学会依法开展鉴定工作的重要内容

《医疗事故处理条例》明确规定，对需要进行医疗事故技术鉴定的，应当交由负责医疗事故技术鉴定工作的医学会组织鉴定；负责组织医疗事故技术鉴定工作的医学会应当建立专家库。据此，负责组织医疗事故技术鉴定，是条例赋予医学会的一项特殊职能，也是其必须承担的法定义务。医学会要承担起这项工作，首先必须依法建立适应鉴定工作需要的鉴定专家库，否则无法开展医疗事故技术鉴定工作。

《医疗纠纷预防和处理条例》第三十四条、三十五条中分别规定，医学会或司法鉴定机构接受委托从事医疗损害鉴定，医疗损害鉴定专家库由设区的市级以上人民政府卫生、司法行政部门共同设立，专家库应当包含医学、法学、法医学等领域的专家。聘

请专家进入专家库，不受行政区域的限制。《医疗纠纷预防和处理条例》对医疗损害鉴定的多个方面进行规范，构建了新的医疗损害鉴定制度。在制度设计上，授权国务院卫生、司法行政部门共同制定医疗损害鉴定管理办法，共同组建设立医疗损害鉴定专家库。

为了保障医学会的医疗损害鉴定工作能够全面有序开展，2021年《国家卫生健康委关于加强医疗损害鉴定管理工作的通知》（国卫医函［2021］1号）印发，要求医学会积极开展医疗损害鉴定工作且应当结合医疗损害鉴定工作需要建立专家库。同时，中华医学会制定的《医学会医疗损害鉴定规则（试行）》对医学会建立医疗损害鉴定专家库也进行了明确规定。

（齐瑞瑞）

第二节 医学会医疗鉴定专家库发展现状

近二十年来，在《医疗事故处理条例》《医疗纠纷预防和处理条例》等的指引下，在上级部门和专家的大力支持下，中华医学会和各级医学会先后组建了多届鉴定专家库，吸收了当地或全国优质的临床、法医、管理等专业的专家资源，累计入库专家60余万人次，为医疗鉴定奠定了坚实的专家基础。

一、专家库建设方式

医疗事故技术鉴定专家库分层级建设。依照《医疗事故处理条例》《医疗事故技术鉴定暂行办法》，医疗事故技术鉴定专家库是以行政区划为标准，分为设区的市级和省、自治区、直辖市直接管辖的县（市）级地方医学会设立的首次鉴定专家库，省、自治区、直辖市地方医学会设立的再次鉴定专家库，以及中华医学会设立必要时疑难、复杂并在全国有重大影响鉴定的医疗事故技术鉴定专家库。各专家库相互独立，又相互关联。省级、地市级专家库可以在本行政区域内独立使用，满足本行政区域内的鉴定和咨询需求。同时，如果本地医疗事故技术鉴定专家库专家不够用，或者有特殊案件需要借库、跨库抽取专家库，履行相关手续后，可以使用其他行政区域的医疗事故技术鉴定专家库的专家。

按照《医疗纠纷预防和处理条例》的规定，医疗损害鉴定的具体管理办法由国务院卫生、司法行政部门共同制定，医疗损害鉴定专家库由设区的市级以上人民政府卫生、司法行政部门共同设立。遗憾的是由于种种原因，医疗损害鉴定相关的具体管理办法迟迟未能出台，医疗损害鉴定专家库也同样未能建立。一些地区积极探索、勇于实践实现了该模式，比如2017年江苏省高级人民法院、江苏省卫生健康委、江苏省司法厅联合制定出台了《江苏省医疗损害鉴定管理办法》，规定省卫生行政部门会同省司法行政部门组建医疗损害鉴定专家库。江苏省医疗损害鉴定专家库管理办公室设在江苏省医学会，具体负责医疗损害鉴定专家库的组建、运行、管理、信息化建设及上报等日常工作。省内任何医疗损害鉴定机构开展医疗损害鉴定工作，均可以从江苏省医疗损害鉴定专家库中选取。尽管此种模式组建的专家库符合《医疗纠纷预防和处理条例》的精神，但真正能够实现的地区为数不多，绝大多数医学会按照《医学会医疗损害鉴定规则（试行）》的规定，自行组建了专家库。需要说明的是，医学会自行组建的专家库与卫生、司法行政部门共同组建设立医疗损害鉴定专家库不同，前者仅供该医学会使用，如果专家不足，可以在后者的专家库中抽取专家。

由于专家入库条件相近，一些医学会还将医疗事故技术鉴定专家库与医疗损害鉴定专家库合二为一，称之为医疗鉴定专家库或医学鉴定专家库。共用一库可以减少重复建设，也有利于医疗事故技术鉴定与医疗损害鉴定的同质化。中华医学会没有具体的鉴定任务，故没有建立医疗损害鉴定专家库。

二、专家库的学科专业建设

医疗鉴定的专业性很强，为了确保医疗鉴定的科学性与准确性，专家库的学科专业建设十分重要。

医疗事故技术鉴定专家库以医学各学科专业为单位，在每个具体的学科专业下预先遴选一定数量的鉴定专家。根据卫生部、国家中医药管理局2002年8月2日发布的《医疗事故技术鉴定专家库学科专业组名录（试行）》的规定，目前医疗事故技术鉴定专家库下设26个专业组，其中内科、外科、妇产科、口腔科、皮肤科、中医科、民族医学科、中西医结合科下面又设立了若干亚专业。根据《医疗事故处理条例》的规定，还应当聘请法医进入专家库。医学会在具体执行中可以根据本地区医疗工作和鉴定工作实际，在专家库学科专业组名录基础上予以适当增减和调整。在实践中省级鉴定专家库或部分条件较好的地市级专家库，已建立了更为细化的学科鉴定专家库，学科专业已划分到120多个专业。

中华医学会2021年制定了《医疗损害鉴定学科专业组名录》，主要适用于医学会开展医疗损害鉴定和专家库管理工作。医疗损害鉴定专家库根据入库专家的专业知识进行多层次的学科划分，学科专业组分为三级，一级学科专业组40个（其中涵盖医学、法学、法医学及卫生事业管理学），二级学科185个，三级学科65个，共290个学科专业组。建立专家库应根据鉴定需要和本地实际情况，对应学科专业组名录名称建立学科专业组。医疗损害鉴定一般在二级学科专业组中抽取产生鉴定专家；有条件的地区鼓励在三级学科专业组或更加细化的专业组中抽取；尚未建立二级学科专业组的，可以在一级学科专业组中抽取。增加或者变更学科专业组名称，需报中华医学会同意后统一调整。

考虑到鉴定中不可避免地涉及卫生管理方面的法律法规、规章制度，在《医疗损害鉴定学科专业组名录》一级学科分类中增设了法学及卫生事业管理学。卫生事业管理学专业主要包含有医院管理工作经验或有医疗损害（医疗事故）鉴定工作经验的人员。

关于法学领域的专家进入专家库的问题，主要是考虑到医疗损害鉴定中的相关专门性问题与法律关系紧密。医疗过错判断，应当依据法律、法规、部门规章和诊疗规范、操作规程等规范性文件，会涉及规范性文件的效力判断、取舍和具体内容的理解、适用等。在进行鉴定过程中，还会涉及证据审核，包括相关证据是否具备证据资格，在医疗损害鉴定中是否可以使用等；因此也有必要让法学专家入库。

法医作为专家库中的一个学科专业，在医疗事故鉴定及医疗损害鉴定中发挥了重要作用，对提升鉴定的准确性、公正性、客观性等方面具有积极意义。首先，法医学研究的领域和方法尽管与临床医学明显不同，但是就其基础理论和专业技术而言，两者都有相通和近似之处。法医参加医疗鉴定可以充分发挥法医学的专业优势，尤其是法医病理学、法医毒化学、法医临床学等专业特点，在进行死因鉴定、伤残鉴定，分析死因、伤残与疾病、外伤等自身原发因素的关系，分析医方、患方在死因、伤残后果中的参与度，特别是在伤残等级、医患双方责任的确定方面，能发挥法医的经验，准确把握界线。学科相互补充，有助于增加鉴定结论的准确性。再者，法医特有的社会身份，使其游离于医疗纠纷争议双方当事人之外，比医学专家更显超脱。法医参加医疗鉴定，在一定程度上可以促使鉴定结论更具有公正性。

（齐瑞瑞）

第三节　专家入库的基本条件

科学公正是医疗鉴定必须坚持的基本原则，也是医疗鉴定质量的重要保障。医学会的医疗鉴定专家是由专家库中抽取产生的，因此，对进入专家库的专家需要设定一定条件，才能满足科学公正进行医疗鉴定的基本要求。

一、科学鉴定方面的基本要求

（一）执业资格

执业资格是政府对某些责任较大、社会通用性强、关系公共利益的专业技术工作实行的准入控制，是专业技术人员依法独立开业或独立从事某种专业技术工作学识、技术和能力的必备标准。执业资格实行注册登记制度，取得《执业资格证书》后，要在规定的期限内到指定的注册管理机构办理注册登记手续。我国有较为完善的执业资格管理制度，与医疗鉴定相关的执业资格主要是医师执业资格和法医执业资格。医疗鉴定中涉及临床、法医、卫生管理等方面的专业知识，需要相关专业人员参与鉴定，通过同行评议、专家合议制度得出科学的鉴定结论。因此，拥有上述专业的执业资格，是进入医疗鉴定专家库的首要条件。

我国对医疗卫生专业技术人员执业采取全国统一的执业资格考试和执业注册，医、药、护、技四类医药卫生专业技术人员分别参加相应专业的全国统一的执业资格考试，考试通过之后再到所在地卫生行政部门进行执业注册，即取得相应的执业资格。

（二）业务能力

在拥有执业资格的基础上，进入医疗鉴定专家库还要求入库专家具备相当的业务能力。业务能力主要体现在以下两个方面。

1. 高标准执业机构　入库临床专家需要在医疗卫生机构、医学教学或者科研机构正常执业。通常情况下，专家所在单位是该行政区域内技术水平一流、行业认可度高，能够代表区域行业高标准的机构。

2. 高标准业务能力　专家在该区域内、学术界或者本专业范围内具有一定的知名度、影响力和权威性。入库专家自身不仅要有扎实的医学理论知识以及丰富的临床实践经验，还要熟悉医疗卫生管理法律、行政法规、部门规章、诊疗护理技术规范、常规，具备较强的分析能力和判断能力。条件中设置了获得相应专业技术职称（职务）的年限，是在执业资格的基础上对入库专家的业务能力提出的更高要求，其目的是保障鉴定结果的科学性、权威性。

二、公正鉴定方面的基本要求

（一）执业品德

执业品德主要是指鉴定专家要热爱医学事业、热爱本职工作，尊重敬畏生命、关爱体恤患者，树立全心全意、尽职尽责为患者服务的理念，具备良好的执业记录和社会评价。满足执业资格和业务能力要求的专家，如果执业品德差，患者口碑不好，甚至发生过违法乱纪的行为，其社会公信力必然会受到影响，不适合开展医疗鉴定工作。

（二）职业价值观

职业价值观是指人生目标和人生态度在职业选择方面的具体表现，也就是一个人对职业的认识和态度以及他对职业目标的追求和向往。本节所指的职业价值观不只是作为医者的职业价值观，更是作为医疗鉴定专家的职业价值观。医疗鉴定专家分析和评判的诊疗行为与患者的生命和健康密切相关。因此，入库专家要意识到作为医疗鉴定专家的使命和责任，坚持中立、秉公鉴定，在感情上对双方当事人不偏不倚，不被任何一方的权势或利益所诱惑，尊重事实，尊重科学，实事求是地分析评判医疗行为，作出公正的鉴定结论。

医疗鉴定专家通常都只是医学、法学或法医学某一个专业领域的专家，而医疗鉴定要求鉴定专家依据法律法规、诊疗护理规范分析医疗行为是否存在过错、过错与患者损害后果有无因果关系及因果关系大小。因此，鉴定专家除了需要具备基本的执业资格和相当的业务能力，还需要积极参加鉴定相关培训，补齐“短板”，形成正确的鉴定专家价值观，提升鉴定综合能力，才能成为一名合格的“医学法官”。

三、专家入库条件的相关规定

医疗鉴定科学公正的基本原则决定了医疗鉴定专家入库的基本条件。在鉴定实践中，医疗事故技术鉴定与医疗损害鉴定的鉴定原则、鉴定内容以及鉴定程序等都基本相同，医疗事故技术鉴定专家入库条件与医疗损害鉴定专家入库条件也基本相同。

（一）医疗事故技术鉴定

《医疗事故处理条例》第二十三条对鉴定专家入库条件进行了明确规定，专家库由具备下列条件的医疗卫生专业技术人员组成：①有良好的业务素质和执业品德；②受聘于医疗卫生机构或者医学教学、科研机构并担任相应专业高级技术职务3年以上。符合前款第①项规定条件并具备高级技术任职资格的法医可以受聘进入专家库。负责组织医疗事故技术鉴定工作的医学会依照本条例规定聘请医疗卫生专业技术人员和法医进入专家库，可以不受行政区域的限制。

此条法规从科学鉴定和公正鉴定两个方面对入库专家执业资格、业务能力以及执业品德等进行了规定。在业务能力方面，要求医疗卫生专业技术人员需要有相应专业高级技术职称3年以上。鉴于我国法医职称晋升的现实情况，条例未要求法医入库需获得相应专业高级技术职称，而是具备高级技术任职资格即可，也无年限的要求。

《医疗事故技术鉴定暂行办法》第六条在《医疗事故处理条例》

第二十三条的基础上，对医学会聘请本行政区域外的专家建立医疗事故技术鉴定专家库的情况进行了明确，充分考虑了各地区存在的医疗资源分布不均衡的情况，明确了医疗事故技术鉴定专家库不受行政区域限制，避免部分地区因缺乏某领域权威专家而影响医疗鉴定工作的顺利开展。同时，增加了“健康状况能够胜任医疗事故技术鉴定工作”一款，避免了随机抽取专家之后，因个别专家健康状况无法参会导致的鉴定延期或者鉴定不能的情况。

（二）医疗损害鉴定

鉴于医疗纠纷调解咨询会涉及一些法律专业问题，《医疗纠纷预防和处理条例》第三十五条在《医疗事故处理条例》第二十三条的基础上，将法学专家纳入医疗损害鉴定专家库。同时，《医疗纠纷预防和处理条例》也明确医疗损害鉴定聘请专家进入专家库，不受行政区域的限制。

《医学会医疗损害鉴定规则（试行）》第四条基本沿用了《医疗事故技术鉴定暂行办法》第六条关于鉴定专家入库的规定。唯一不同的是，《医学会医疗损害鉴定规则（试行）》将具备中级技术任职资格后有5年以上相关工作经历的法医和其他专业人员（主要指法学专家和卫生事业管理专家）也吸纳进医疗损害鉴定专家库，充分考虑了我国医疗鉴定现状，充实了医疗鉴定专家库在法医、法学以及卫生管理专业方面的力量，进一步保障了依法鉴定贯穿整个鉴定过程。

（张　璐）

第四节　医疗鉴定专家的权利义务

法律权利是规定或隐含在法律规范中、实现于法律关系中的，主体以相对自由的作为或不作为的方式获得利益的一种手段。法律义务是设定或隐含在法律规范中、实现于法律关系中的，主体以相对抑制的作为或不作为的方式保障权利主体获得利益的一种约束手段。权利与义务是相互关联、对立统一的。

鉴定专家的权利是指在规定或隐含在医疗事故技术鉴定（或医疗损害鉴定）相关法律规范中，按照法定入库条件及程序进入鉴定专家库的主体，在鉴定专家的职权范围内，拥有鉴定专家资格、开展鉴定相关工作的权益。

鉴定专家的义务是指设定或隐含在医疗事故技术鉴定（或医疗损害鉴定）相关法律规范中，按照法定入库条件及程序进入鉴定专家库的主体，在鉴定专家的职权范围内行使鉴定权利的同时，应当承担的相应的责任。

一、鉴定专家权利义务的来源

进入专家库的鉴定专家在鉴定工作过程中行使权利、承担义务。鉴定专家的权利义务来源于医疗鉴定相关法律法规。

《中华人民共和国民事诉讼法》（以下简称《民事诉讼法》）《最高人民法院关于民事诉讼证据的若干规定》（以下简称《若干规定》）《最高人民法院关于审理医疗损害责任纠纷案件适用法律若干问题的解释》（以下简称《解释》）《医疗事故处理条例》（以下简称《事故条例》）《医疗纠纷预防和处理条例》（以下简称《纠纷条例》）《医疗事故技术鉴定暂行办法》（以下简称《暂行办法》）《医学会医疗损害鉴定规则》（以下简称《鉴定规则》）中，均涉及鉴定专家权利义务的表述，部分权利义务隐含在条文中，需要深入分析理解。为避免过多重复，仅选其中部分作为举例。

（一）鉴定方面

1. 受聘进入专家库

（1）《事故条例》第二十四条规定，符合本条例第二十三条规定条件的医疗卫生专业技术人员和法医有义务受聘进入专家库，并承担医疗事故技术鉴定工作。

（2）《暂行办法》第七条规定，医学会对专家库成员候选人进行审核。审核合格的，予以聘任，并发给中华医学会统一格式的聘书。符合条件的医疗卫生专业技术人员和法医，有义务受聘进入专家库。

2. 回避

（1）《民事诉讼法》第四十七条规定，审判人员有下列情形之一的，应当自行回避，当事人有权用口头或者书面方式申请他们回避：①是本案当事人或者当事人、诉讼代理人近亲属的；②与本案有利害关系的；③与本案当事人、诉讼代理人有其他关系，可能影响对案件公正审理的……前三款规定，适用于书记员、翻译人员、鉴定人、勘验人。

（2）《事故条例》第二十六条规定，专家鉴定组成员有下列情形之一的，应当回避，当事人也可以以口头或者书面的方式申请其回避：①是医疗事故争议当事人或者当事人的近亲属的；②与医疗事故争议有利害关系的；③与医疗事故争议当事人有其他关系，可能影响公正鉴定的。

（3）《纠纷条例》第三十七条规定，咨询专家、鉴定人员有下列情形之一的，应当回避：①是医疗纠纷当事人或者当事人的近亲属；②与医疗纠纷有利害关系；③与医疗纠纷当事人有其他关系，可能影响医疗纠纷公正处理。

（4）《暂行办法》第三十条规定，专家鉴定组成员接到医学会通知后认为自己应当回避的，应当于接到通知时及时提出书面回避申请，并说明理由。

3. 审查材料及现场调查

（1）《民事诉讼法》第八十条规定，鉴定人有权了解进行鉴定所需要的案件材料，必要时可以询问当事人、证人。

（2）《事故条例》第三十条规定，专家鉴定组应当认真审查双方当事人提交的材料，听取双方当事人的陈述及答辩并进行核实。

（3）《暂行办法》第三十三条规定，专家鉴定组成员根据需要可以提问，当事人应当如实回答。必要时，可以对患者进行现场医学检查。

4. 参加鉴定并出具鉴定意见

（1）《民事诉讼法》第八十条规定，鉴定人应当提出书面鉴定意见，在鉴定书上签名或者盖章。

（2）《事故条例》第三十一条规定，专家鉴定组应当在事实清楚、证据确凿的基础上，综合分析患者的病情和个体差异，作出鉴定结论，并制作医疗事故技术鉴定书。

（3）《若干规定》第三十三条规定，鉴定开始之前，人民法院应当要求鉴定人签署承诺书。

（4）《暂行办法》第三十三条规定，专家鉴定组对双方当事人提供的书面材料、陈述及答辩等进行讨论；经合议，根据半数以上专家鉴定组成员的一致意见形成鉴定结论。专家鉴定组成员在鉴定结论上签名。

5. 鉴定意见质证

（1）《民事诉讼法》第八十一条规定，当事人对鉴定意见有异议或者人民法院认为鉴定人有必要出庭的，鉴定人应当出庭作证。第一百四十二条规定，当事人经法庭许可，可以向证人、鉴定人、勘验人发问。

（2）《若干规定》第七十九条规定，委托机构鉴定的，应当由从事鉴定的人员代表机构出庭。

（3）《若干规定》第八十条规定，鉴定人应当就鉴定事项如实答复当事人的异议和审判人员的询问。当庭答复确有困难的，经人民法院准许，可以在庭审结束后书面答复。

（4）《解释》第十三条规定，当事人申请鉴定人出庭作证，经人民法院审查同意，或者人民法院认为鉴定人有必要出庭的，应当通知鉴定人出庭作证……经人民法院许可，也可以通过书面说明、视听传输技术或者视听资料等方式作证。

6. 其他

（1）《事故条例》第二十七条规定，专家鉴定组依照医疗卫生管理法律、行政法规、部门规章和诊疗护理规范、常规，运用医学科学原理和专业知识，独立进行医疗事故技术鉴定……专家鉴定组成员不得接受双方当事人的财物或者其他利益。

（2）《暂行办法》第二十六条规定，专家鉴定组应当认真审查双方当事人提交的材料，妥善保管鉴定材料，保护患者的隐私，保守有关秘密。

（3）《暂行办法》第三十条规定，（专家鉴定组成员）因其他原因无法参加医疗事故技术鉴定的，应当于接到通知时及时书面告知医学会。

（二）咨询方面

（1）《纠纷条例》第三十三条规定，医疗纠纷人民调解委员会调解医疗纠纷时，可以根据需要咨询专家，并可以从本条例第三十五条规定的专家库中选取专家。

（2）《纠纷条例》第四十一条规定，卫生主管部门调解医疗纠纷需要进行专家咨询的，可以从本条例第三十五条规定的专家库中抽取专家。

二、鉴定专家权利义务的具体内容

除上述规定的权利义务外，各地人民法院、卫生行政部门和医学会在一些文件中也有涉及鉴定专家权利义务的内容。部分专家义务也有权利的属性。归纳来看，鉴定专家权利义务的具体内容如下。

（一）权利

鉴定专家的权利包括：①获得鉴定专家聘书，享有鉴定专家资格；②拒绝接受不合法或者超出专业类别的鉴定咨询工作；③鉴定会中向医患双方提问，调查核实有关情况，对患者进行体格检查；④参与专家组讨论，合议中独立发表和保留意见；⑤拒绝解决、回答未按法定程序要求或与委托事项无关的问题；⑥鉴定会后不接受当事人就该案的咨询（法庭质证除外）；⑦获得合法报酬。

（二）义务

鉴定专家的义务包括：①参加鉴定工作相关培训；②按规定参加鉴定或咨询活动；③发现可能存在回避的情形，依法回避；④接到鉴定会通知后，协调时间参加鉴定会；⑤收到鉴定资料后，认真审阅鉴定资料，发现需补充材料或调查取证的，及时向医学会提出；⑥保管好鉴定相关资料；⑦科学、客观、公正地作出专业判断，并书写鉴定意见；⑧遵守鉴定工作纪律，做到廉洁自律，保守工作秘密；⑨在医学会的组织下配合法院完成鉴定意见的质证工作。

（张　璐）

第五节　医学专家如何转变为合格的“医学法官”

专业领域内的同行评议是医疗技术类及各类司法鉴定的国际惯例，专门性问题的鉴定要由该专业领域的专家来做。在医疗鉴定过程中坚持科学、公正的原则，实行同行评议，体现了医学鉴定科学性和专业性的特点。聘请当地和全国最有权威性、最优质的临床医学专家进行鉴定是维持鉴定高质量和高水平的必要条件。各级医学会依靠健全的专科分会和专家资源优势，在医学专家广泛积极支持和参与下，建立了各医学专业的专家库。那么成为鉴定专家的医学专家如何才能成为一名合格的“医学法官”呢？

一、正确认识医疗鉴定工作

医疗鉴定工作是医疗纠纷处理过程中的重要环节，由医学会组织医疗鉴定工作，体现了党和政府对医学会的信任，社会和人民群众对医学会的厚望。各级医学会在多年来的鉴定工作中，为卫生行政部门和司法部门妥善处理和判决医疗纠纷提供了技术支持，树立了科学、公正的社会形象，赢得了社会的广泛信任和认可，为维护社会稳定发挥了积极的作用。

在医疗纠纷中，不仅存在患者权利被侵害的情况，同样也存在医疗机构和医务人员合法权益受到侵犯的事件。因此，充分保护医患双方的合法权益，为解决医患纠纷提供科学公正的鉴定意见，是解决医患纠纷、维护正常医疗秩序、促进医学科学发展的基础。在医疗纠纷发生后，非专业人员的鉴定容易导致诊疗规范标准解释和运用的多元化，对医学事业发展的负面影响难以想象。

社会普遍希望能有具备医学专业知识、了解临床诊疗规范的鉴定专家，对纠纷中医疗机构及其医务人员的诊疗行为作出一个科学公正的评判。但医学专家要想掌握医疗行为评判的话语权、让医学专家成为评判医疗行为的“主角”，不是仅仅依靠相关规定就可以实现的。只有赢得全社会对“医师做医疗鉴定”的高度认可，建立起医学专家在医疗鉴定领域内的绝对权威，才能真正实现同行评议，才能科学、公平、公正地处理医疗纠纷。这就需要每一位“医学法官”一定要本着对人民负责、对医学科学负责的精神，牢固树立公正、公平鉴定的理念，实事求是地分析裁判医疗事件，用一个又一个科学公正、有说服力、高质量的鉴定结论来证明自己，为维护医患双方的合法权益、促进医学科学的进步贡献自己应尽的力量。

二、如何做好一名合格的“医学法官”

医疗鉴定涉及医疗工作的方方面面，只有掌握医学相关专业理论和技术的人员，才有能力作出科学的分析和判断。在医疗鉴定中，没有深厚的医学专业知识作基础，评判医疗行为的对错就是一句空谈。具备医学专业知识是医学专家开展医学鉴定工作的先天优势。但是也应注意到，医疗技术鉴定与开展诊疗工作不同，鉴定除了要运用医学专业知识，还要以相关的法律法规为判定依据。鉴定人员必须具备相关的法律知识，必须熟悉并掌握鉴定工作中所依据的举证规则，这是医学专家所欠缺的。

（一）适应身份角色的转变

成为“医学法官”的医学专家，首先是一名获得执业资格、取得高级专业技术职称的医务人员。其身份具有双重性，且鉴定对象就是自己的同行，有的甚至是自己的同学、老师等“身边人”，鉴定工作的公正性往往容易受到质疑。作为一名“医学法官”，鉴定专家应当及时适应身份角色的转变，在开展鉴定工作时，淡化医师身份。要明确自己的身份不再是单纯的医学专家、临床医师，更不是“医方代言人”，既不应仅仅出于对患者痛苦、弱势的同情，盲目过判，也不应因顾虑“医院要赔偿”“医师要被处分”等而搞同行保护。鉴定专家一定要强化医学法官的职责感，在开展鉴定工作中，坚持按照法律、法规依法审核认定证据，查清医疗纠纷的事实，科学公正地开展鉴定工作，不允许随心所欲、凭感情用事。

（二）加强相关法律法规的学习，掌握鉴定方法

鉴定专家要从临床医师的角色转变为“医学法官”，需要一个学习和适应的过程。鉴定中看问题的角度、原则把握、思维方式、分析方法都不完全等同于临床的诊疗活动。更为重要的是，鉴定专

家需要具备基本的法律观念。当专家对参加鉴定的严肃性、重要性缺乏正确认识，而对技术鉴定的原则、方法等又存在生疏、缺乏指导时，必然在分析问题的出发点、角度、高度、原则把握甚至方式方法上出现各种偏差，直接影响鉴定的质量和鉴定结论的客观公正性。专家库成员应通过积极参加医学会举办的鉴定相关培训班、座谈会、讨论会等活动获得与鉴定相关的学习、培训机会，逐步树立公正、公平鉴定的理念，树立敬畏法律、依法鉴定的意识，掌握以宪法、民法基本理念为核心的鉴定指导思想，真正从科学、法律及社会的角度认识到医疗鉴定工作的意义和严肃性，具备基本的法律观念，遵守法律规定的证据规则。

1. 鉴定材料的认定　鉴定的相关证据材料要经过医患当事人的交换确认或委托方的证据质证后方可使用，证据规则及举证责任要根据《中华人民共和国民事诉讼法》及《最高人民法院关于民事诉讼证据的若干规定》来进行认定。一般来说，在医疗鉴定过程中医疗机构主张不承担责任的，应就抗辩事由承担证明责任，也就是说医疗机构承担了“医方是否尽到合理诊疗义务”的举证责任。而患方主张医疗机构承担赔偿责任的，也应当提交到该医疗机构就诊、受到损害的证据。

2. 证据规则及举证责任　医疗鉴定专家对每个医疗鉴定案件来说都并非亲身参与者，鉴定专家只能通过病历资料、医患双方陈述及其他证据资料综合进行分析，对具体医疗行为进行确认。鉴定专家也要根据现有的证据规则及举证责任来确定。一般来说，鉴定过程中医患双方会从有利于自己一方的角度来进行论述，双方对于具体医疗行为的陈述或多或少都会存在差异，有的甚至会出现双方陈述截然相反的情况。鉴定时，鉴定专家不能轻信医患任何一方对自方有利的主观叙述，对要认定的事实尽可能依据可以使用的证据（包括书证、物证、当事人的陈述、视听资料、电子数据、证人证言等）来判定整个医疗行为是如何实施的。其中，医方病历是医疗鉴定中最为重要的依据，鉴定专家对认定的事实要尽可能从病历记载中寻找各种相关的数据、时间点、事实表现形式，同时善于从病历中发现涉及鉴定关键的疑点和问题。对书证材料中的涂改伪造、前后矛盾之处，应当作出不利于书写方的判定。对任何一方脱离病历材料的叙述和辩解是否相信，也都要按照证据规则决定。

（三）科学、公正作出鉴定结论

医疗鉴定本身是专业性极强的鉴定，尊重科学是医疗鉴定最根本的原则。医疗鉴定必须以医学科学原理和专业理论知识为基础，在技术上对诊疗活动中的是非问题作出科学鉴别和实事求是的判断，最终提供的鉴定意见必须具有科学公正性。鉴定专家应以事实为根据，本着尊重科学、尊重事实、尊重客观证据的精神，实事求是地综合分析医疗行为是否存在违法违规行为、未尽相应诊疗义务的过错，以及与患者人身损害结果的因果关系。在鉴定中，鉴定专家要结合医学发展水平和临床工作实际，根据医疗机构等级、类别，所承担的医疗服务科目、范围，及其医务人员相应的执业资格，分析其是否尽到与当时的医疗水平相应的诊疗义务。

（四）积极参加鉴定实践

医疗鉴定工作需要鉴定专家在参加技术鉴定工作的实践中边干边学，进一步熟悉鉴定指导思想、鉴定原则及法律相关规定，掌握包括鉴定角度、规则、思维方式和表述方法在内的鉴定方法，不断积累鉴定经验，提高自身的法律意识和鉴定能力，在鉴定实践中逐渐成为合格的“医学法官”。

（张琦龙）

第六节　医疗鉴定专家库的组建及管理

鉴定专家库的质量直接关系到鉴定的科学性和公信力。根据相关规定，市级、省级和中华医学会都分别组建了鉴定专家库，并加强专家库的培训和管理，在增强专家的法律意识和鉴定能力素质方面开展了大量工作。这支庞大的医学专家队伍不仅是鉴定的主力军，同时也为卫生行政部门、医疗纠纷人民调解委员会或人民法院提供专业技术方面的咨询，另外还是总结临床经验教训、提高服务水平、维护医疗安全质量、促进医学发展的重要力量。通过多年实践，医学会在专家库的组建、维护、管理和使用等方面积累了大量经验。

一、专家库的组建

（一）组建专家库的法律依据

目前医疗鉴定专家库包括医疗事故技术鉴定专家库和医疗损害鉴定专家库，分别用于医疗事故技术鉴定和医疗损害鉴定。医学会负责组织专家库的建立有着明确的法律依据。

《医疗事故处理条例》规定，负责组织医疗事故技术鉴定工作的医学会应当建立专家库，医疗事故技术鉴定，由负责组织医疗事故技术鉴定工作的医学会组织专家鉴定组进行。医学会开展医疗事故的技术鉴定工作必须依法建立适应鉴定工作需要的鉴定专家库。

《医疗纠纷预防和处理条例》规定，医疗损害鉴定专家库由设区的市级以上人民政府卫生、司法行政部门共同设立。专家库应当包含医学、法学、法医学等领域的专家。考虑到此专家库的设立主体为行政部门，且国家层面尚未出台统一的政策，本节不对此专家库的组建进行讨论。

为了保障医学会的医疗损害鉴定工作能够全面有序开展，2021年《国家卫生健康委关于加强医疗损害鉴定管理工作的通知》（国卫医函［2021］1号）印发，要求医学会积极开展医疗损害鉴定工作。医学会应当结合医疗损害鉴定工作需要建立专家库，同时中华医学会制定的《医学会医疗损害鉴定规则（试行）》对医学会建立医疗损害鉴定专家库也进行了明确规定。

（二）专家库学科专业组的设置

一般情况下，医疗事故技术鉴定专家库的专业设置根据卫生部、国家中医药管理局印发的《医疗事故技术鉴定专家库学科专业组名录（试行）》设定，医疗损害鉴定专家库按《医疗损害鉴定学科专业组名录》设置。

医学会应根据专业组名录的要求，结合本地区医疗工作和医疗鉴定实际，对专家库学科专业组设立予以适当增减和调整。专家库设置细化可以更好地体现同行评议的原则。

（三）专家库组建流程（图3-1）

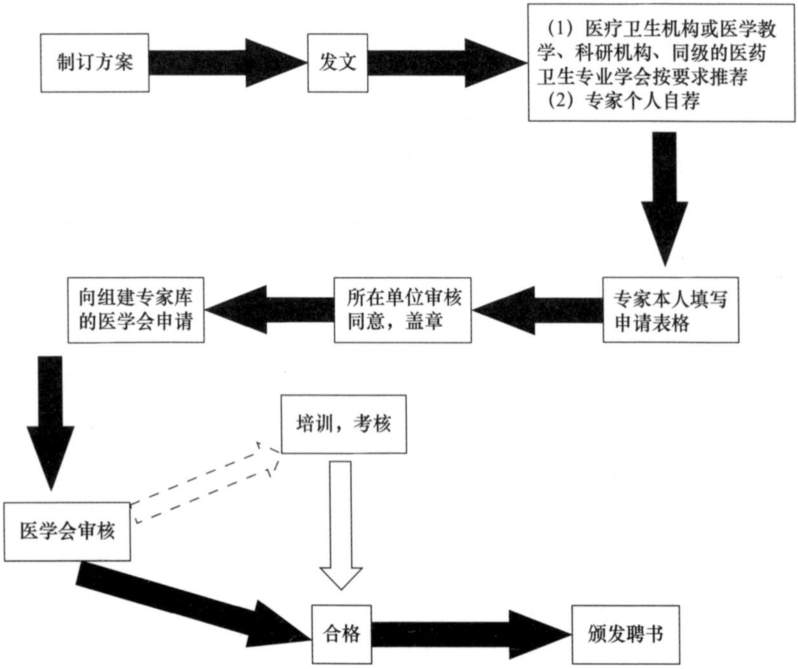

图3-1　专家库组建流程图

（四）组建中的要点

1. 制订方案　根据鉴定工作需要和本地情况，对专家库学科专业的设置、专家库规模、候选专家来源和遴选原则等方面进行规划，对专家库组建工作步骤、进度和要求予以明确。为方便工作，可以建立用于医疗事故和医疗损害鉴定的统一的专家库。在实践中还有部分地区联合组建专家库，解决了专家资源相对不足的问题。

2. 推荐专家　专家库组建时，医学会应正式发文，说明推荐鉴定专家库成员的条件、要求及工作安排。单位或组织推荐时要注意所推荐的专家是否符合基本条件，同时也要尊重专家本人意愿，申请表格需经专家所在单位同意盖章后方可提交到医学会。符合条件的个人经所在单位同意后也可以直接向医学会申请。多点执业的临床医学专家，所在单位为其第一执业地点医疗机构。

3. 审核　收到申请材料后，医学会对候选人的基本任职资格、业务素质、执业品德进行审核，并根据鉴定工作需要确定入库专家人数和范围。专家库应当专业齐全，但也并非规模越大越好，更不是符合基本条件就能够进入专家库。医学会在审核中要树立质量意识，将那些品质优秀、临床经验丰富、职业道德良好、责任心较强、权威性和知名度较高的专家吸收进入专家库。

4. 颁发聘书　经医学会认真遴选，对候选人审核合格后予以聘任，并将其分配到一个或多个学科专业组。例如，某聘为普通外科专业的专家，因其在肝胆手术方面经验丰富，可以将其分配到普通外科专业和肝胆外科两个学科专业组。受聘进入专家库的专家，医学会应颁发由中华医学会统一格式的聘书，并将受聘专家库成员的名单反馈所在单位。在实际工作中，部分省市医学会在专家库组建过程中会对候选人进行培训，并将考核结果作为审核的一项内容，合格后再颁发聘书。

二、专家库的管理

（一）日常管理

客观、公正、科学地开展医疗鉴定工作，形成使医患双方信服的结论，不仅需要加强组织领导，还要整合力量建立结构合理的专家库，加强培训，全面提高专家队伍素质，加强管理，不断优化专家队伍，确保以一流的专家队伍从事鉴定工作。

1. 适时对专家进行培训　为了保证医疗鉴定的科学性、公平性、合法性及社会公信力，对鉴定专家进行全面培训是十分重要的。由于绝大多数的鉴定专家为从事各专业的临床医师，他们虽然对其所从事的专业领域具备较高的技术水平和丰富的知识储备，但对相关的医疗法律法规及部门规章了解不多。所以对鉴定专家的重点知识培训是十分必要的，也是保证医疗鉴定正常进行的基础。作为专家库的管理部门，医学会要重视专家的培训工作。

各地的培训一般采取分批、分专业的集中培训，也有采取网课、研讨、发放培训资料等方式，以补齐专家在法律法规、部门规章及医疗鉴定相关知识方面的短板，让专家理解鉴定、熟悉鉴定、掌握鉴定，引导专家认清鉴定工作的重要性，增强工作的责任感和使命感，从合格的鉴定专家迈向优秀的鉴定专家。

2. 专家库实行动态调整　①为适应鉴定工作的需要，可以增加、减少或细化学科专业；②专家库中专家不足时，尤其是数量不能满足抽取专家的，需要及时补充；③专家在聘用期间，如出现不符合鉴定工作要求或不适合参与鉴定工作的情况（专家健康状况不能胜任鉴定工作，受聘工作单位变更或被解聘，不具备完全民事行为能力，受刑事处罚等），医学会可根据实际情况决定解聘或暂停使用。

（二）专家库换届

根据《医疗事故技术鉴定暂行办法》《医学会医疗损害鉴定规

则（试行）》的有关规定，专家库成员聘用期一般为4年。聘用期满需继续聘用的，由医学会重新审核、聘用。各级医学会在专家库聘期届满前，应对现有在库专家及学科专业设立进行梳理，为换届工作做好准备。

如遇特殊原因（如新政策的颁布、疫情的影响等）不能按时换届，医学会应说明原因，履行延期换届的手续，专家继续履行职责，保证鉴定工作的顺利进行，直至延聘期满。

（王飞，张琦龙）

第四章 医疗鉴定程序与组织工作

医疗鉴定程序和鉴定实体是医疗鉴定工作的两个重要方面，鉴定程序规范鉴定活动，保障鉴定活动有序进行，可以说是以鉴定的程序正义来促进鉴定的实体正义。参照司法鉴定程序的定义，医疗鉴定程序可以解释为：受权的医学会组织鉴定专家组开展医疗鉴定活动的方式、步骤以及相关规则的总称。医疗鉴定程序既包含鉴定活动的阶段和过程，也包含程序主体直接的关系结构。具体来说，医疗鉴定程序主要包括但不限于：鉴定的启动与受理；鉴定材料的收取；鉴定专家的产生；组织召开鉴定听证会；鉴定听证会后有关事宜的处理；鉴定过程中可能出现的中止、终止等过程；鉴定过程中相关单位、人员的权利和义务。

依据《医疗事故技术鉴定暂行办法》，医疗事故技术鉴定由受权医学会内设的医疗事故技术鉴定工作办公室（简称“医鉴办”，一些地区以“鉴定中心”等方式命名）负责组织工作。医疗损害鉴定工作开展后，其组织工作也由医鉴办负责。鉴定的组织工作就是围绕鉴定目标，为保证鉴定活动有序进行而开展的沟通、协调、办理等具体活动的统称。鉴定程序的严谨规范性须通过医学会的鉴定组织工作具体实现，进一步加强鉴定程序的统筹细化，并有效落实到鉴定组织工作的各个环节，对于保障医疗鉴定工作尤其是鉴定实务的公平正义意义重大。

为规范医疗鉴定程序，提升医疗鉴定工作的组织能力，本章将分别就医疗鉴定程序的意义、鉴定组织工作的基本原则、鉴定程序各个环节的法律规定及要求进行全面阐述。

第一节 概 述

医疗鉴定程序是医疗鉴定工作的基本架构，是实施鉴定活动的外在规范机制，也是保障鉴定意见科学、客观、公正的长效性机制。医学会的鉴定工作应严格按照相应的鉴定程序规则进行。鉴定程序明确、具体，不仅有利于对鉴定活动的管理和质量控制，更有助于鉴定质量的提升。科学规范的鉴定程序，对维护鉴定工作的合法性、明晰各方的权利义务从而维护其合法权益起着至关重要的作用。如鉴定程序不规范，医学会医疗鉴定工作的社会公信力将大打折扣。

一、医疗鉴定程序的主要阶段和内容

依据相关规定，医学会是医疗事故技术鉴定工作的唯一受权机构；医疗损害鉴定则呈现了医学会及司法鉴定机构均可进行的二元化模式。国家有关部门近年来一直致力于更好地规范医疗鉴定程序。2002年的《医疗事故处理条例》《医疗事故技术鉴定暂行办法》《医疗事故分级标准（试行）》、2010年的《卫生部关于做好〈侵权责任法〉贯彻实施工作的通知》、2018年的国务院《医疗纠纷预防和处理条例》等行政法规、部门规章、政策类规范性文件等，均为规范鉴定程序打下了制度基础。在此基础上，中华医学会致力于进一步完善、规范、细化医疗鉴定程序。2021年依据《国家卫生健康委关于加强医疗损害鉴定管理工作的通知》，中华医学会制定的《医学会医疗损害鉴定规则（试行）》发布实施，以更有力地保障医疗鉴定活动的有序、规范进行。在上述法律、法规、规章等形成的制度框架下，医疗鉴定程序日趋成熟。鉴定程序实施过程包括从接收案件到鉴定意见运用的全过程，主要程序见图4-1。

二、规范医疗鉴定程序的重要意义

规范医疗鉴定程序对医疗鉴定活动意义重大。充分认识鉴定程

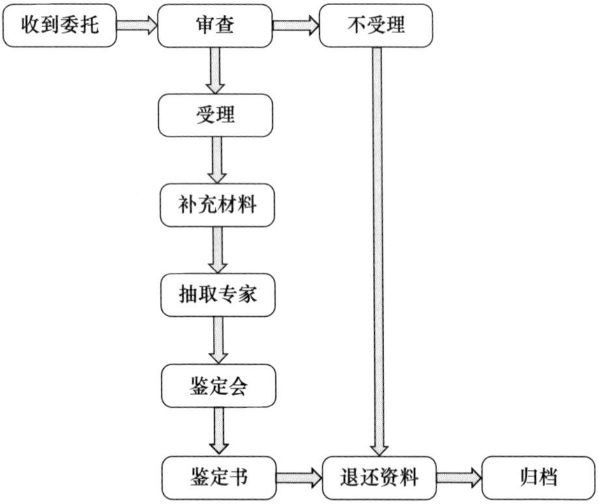

图4-1 医疗鉴定程序示意图

序规范化的重要意义，更有助于医学会及鉴定专家在鉴定活动中严格遵守程序并落到实处。规范鉴定程序的意义主要体现在以下几个方面。

1. *有利于维护鉴定活动的合法性* 医学会开展医疗鉴定为行政法规所授权，鉴定程序由相应的法规、规章、政策等具体规范。作为医患双方和解、行政调解及处理或司法途径解决医疗纠纷的专业意见，医疗鉴定意见须按照规定的医疗鉴定程序出具，方具备合法性、客观性、关联性。简言之，规范的鉴定程序是维护鉴定工作合法性的必要条件。一方面，医疗鉴定程序规则为鉴定活动提供了行为指引，规范医学会、鉴定专家、委托人及医患双方在鉴定活动中的行为，确定鉴定活动参与主体的程序权利与义务；另一方面，鉴定程序规则对鉴定活动具有预测性的作用，可以根据规则预先估计鉴定参与者的不良行为及所导致的不利后果，从而促进鉴定活动严格按照鉴定程序实施。概言之，鉴定程序的规范化对已参加或尚未参加鉴定活动的各主体均具有教育及警示作用，从而保障鉴定工作的合法性。

2. *有利于平等保护医患双方的合法权益*　规范的医疗鉴定程序有利于医患双方合法权益的平等保护，具体体现在鉴定活动的每一个环节。鉴定前，双方享有平等的提交鉴定材料以及对鉴定材料的真实性、完整性提出异议的权利；鉴定实施过程中，双方享有平等选取（回避）鉴定专家、参加鉴定听证会，并在鉴定听证会上有充分的机会陈述事实、表达意见的权利；鉴定后，双方对鉴定意见有平等地提出质询的权利。简言之，规范的鉴定程序规则旨在从制度层面平等保障双方的合法权益。

3. *有利于保障鉴定意见的科学性*　鉴定意见是鉴定专家运用其专业知识及临床经验对委托事项进行自主分析和研究，并据此作出的科学性的解释和意见，既有科学性、专业性、实务性，也有一定的主观性。鉴定活动有严格的鉴定程序保障，可以说是以鉴定程序正义来促进鉴定实体正义。抽取专拣程序决定了鉴定专家组的专家均来自于与鉴定事项密切相关的学科专业，体现了专业性；鉴定合议程序中专家均要发言，既体现了民主性，也促使专家分析更为全面，更加深入；鉴定后的质证程序能够进一步解释鉴定依据及分析过程，保障各方的质证权利。以上均为尽可能抑制主观性、体现客观性和科学性提供制度保障。简言之，规范鉴定程序是促进鉴定意见客观、科学的重要手段。

4. *有利于增强医学会的社会公信力*　程序早于结果，当事人接触医学会首先是从程序开始的，并在程序中逐渐认识鉴定工作，生成对医学会的评价。鉴定程序的规范化，从制度层面保障各方权利受到同等尊重，感受到医学会履职尽责，加之鉴定意见在医疗纠纷处理中更多地被当事人接受并作为人民法院审理案件的重要证据或行政部门的处理医疗纠纷的依据，可以最大限度地提升医学会的公信力。

（张　坚）

第二节　医疗鉴定组织工作的基本原则

鉴定活动中各项程序不会自动展开，而是需要通过医学会的组织工作实现。鉴定的组织工作是医学会鉴定办公室的主要工作，为完成好鉴定的组织工作，医学会鉴定工作人员需要具备相应的法律、医学、管理学等方面知识，并在实践中加以运用，不断总结经验、提高组织能力。在鉴定组织工作中，应当坚持以下几项基本原则。

一、依法组织

依法组织鉴定是保证医疗鉴定活动合法的重要前提，是鉴定组织活动的最为重要原则。《医疗事故处理条例》《医疗纠纷预防和处理条例》《医疗事故技术鉴定暂行办法》《医学会医疗损害鉴定规则（试行）》等对医学会组织医疗鉴定提出了具体的标准和要求，是规范鉴定组织工作的重要依据。依法组织，一是要深入理解、准确把握法律、制度的内涵，立足医学会医疗鉴定工作实际，将各项规定转化为鉴定组织工作的具体标准；二是要在鉴定组织工作中严格遵守现行法律、法规、规章、标准、规范，在审查委托人资格、材料合法性、确定专家组专业和人数等方面做到不越权、不违规，不做与法律规定相抵触的事；三是要依照法律授权推动鉴定工作的有序进行，避免不担当、不作为。在具体工作中应结合鉴定组织工作流程，设置每一环节对应的风险隐患及合法处置措施，确保医学会组织医疗鉴定合法、规范，为医疗鉴定的实体公正保驾护航，从而在医疗纠纷的多途径解决上发挥更为积极有效的作用。

二、服务鉴定

鉴定的组织工作是围绕鉴定开展的，保证鉴定能够依法、科学、公正地进行鉴定组织工作的工作任务和目标，因此，服务鉴定（或者称为“以鉴定为中心”）成为鉴定组织工作的必然原则。一是要服务鉴定的科学性，做好鉴定材料的收集及确认工作，合理设置鉴定组的专业，鉴定中遇到专家分析、说理存在不清晰、不准确等情况时，应当及时提示或询问，发挥组织及助手作用；二是服务鉴定程序的规范性，通过健全工作制度、加强自身管理和队伍建设等方式提升工作能力，坚持以人为本，在严格执行规定的基础上，发挥组织协调职能，合理安排，促进鉴定各项工作有序开展，让各方在鉴定组织过程中能够感受到公平正义；三是要服务鉴定的时效性，严格遵守鉴定时限的规定，避免因超出时限而造成鉴定行为违约以及因此成为影响鉴定意见证据效力的负面因素，同时要不断提升工作效率，以缩短鉴定周期，为及时了解案件、化解矛盾作出积极努力。

三、权责统一

坚持权责统一的原则，是鉴定组织工作的核心要义。医学会的鉴定工作职能是国务院行政法规赋予的，尽管鉴定的组织工作不属于具体的行政行为，但组织鉴定工作中仍然既有权力，也有职责，且作为鉴定的组织者拥有的权力应当与其职责相对应。相对于鉴定的审核、受理或不受理的决定、鉴定材料的收集、调查取证、回避申请的处理、鉴定组专业及人数的确定、抽取专家会议和鉴定会议的组织、鉴定书的制作等诸多权力，医学会及医鉴办工作人员要有相应的职责，同时也要承担未履行职责的责任。

鉴定组织工作中主要涉及委托人、医患双方及鉴定专家，参与鉴定的医患双方程序权利平等、鉴定专家权责明晰，鉴定组织工作方能良好运转。在敦促相关方履行如实提供鉴定材料、遵守鉴定纪律、配合鉴定等义务的同时，也要合理保障并维护其应当享有的权利，如有关鉴定事项的知情权、选择权、决定权。

四、廉洁自律

《医疗事故处理条例》规定，专家鉴定组成员不得接受双方当事人的财物或者其他利益。《医学会医疗损害鉴定规则（试行）》亦规定，鉴定专家及鉴定工作人员不得违规接受医患双方和委托人的财物或者其他利益。作为医学会的工作人员，鉴定的组织者要自觉遵守学会的各项规章制度，把牢思想总开关，要始终严防廉洁自律思想意识淡薄、拒腐防变能力差的现象滋生。深入剖析医学鉴定组织工作各个环节，明确各岗位风险，针对滥用职权或玩忽职守造成严重后果、鉴定中收受财物或者牟取不正当利益等廉政风险点做到警钟长鸣，以《医学会医疗鉴定廉政风险防控一览表》等具体形式归纳总结并定期学习；开展责任自查、主动接受监督、强化责任追究；严格遵守鉴定程序规范、增强法律意识、责任意识，切实有效地开展廉洁自律及意识形态责任制，并将廉洁自律工作纳入年度考核。上述防控措施并举，共同保障鉴定组织工作风清气正。

五、保守秘密

《中华人民共和国民法典》《中华人民共和国个人信息保护法》等规定自然人的隐私权、个人信息权益受法律保护。《医疗事故技术鉴定暂行办法》中明确规定，专家鉴定组应当保护患者的隐私，保守有关秘密。《医学会医疗损害鉴定规则（试行）》规定，医学会及鉴定专家应当保守鉴定工作有关秘密，不得泄露个人隐私。故医疗鉴定组织工作须坚持保密原则，不得泄露、公开与鉴定相关的信息，损害各方的合法权益。保守鉴定有关信息的秘密是维护鉴定当事人和鉴定专家合法权益，保证鉴定意见在不受干扰的条件下独立作出的重要原则。鉴定相关的具体信息，如患者方的个人信息或隐私，医疗机构名称及当事医师的相关信息，鉴定专家组的组成名单，鉴定会中专家合议过程、内容及表决情况及鉴定结论等。保密原则是鉴定组织工作的基本准则，也是一项严肃的工作纪律，如不严格遵守，应当承担相应的法律责任。

（邹艳艳）

第三节 医疗鉴定的委托与受理

医学会的医疗鉴定活动是一项程序性严格的工作，鉴定启动程序是医疗鉴定的第一阶段，包括医疗鉴定委托和审查后决定是否受理两部分。鉴定的启动作为医疗鉴定的起始工作，其规范性尤为重要，是影响最终鉴定意见合法性的重要因素，因此应当高度重视鉴定的启动工作。医疗鉴定的委托与受理分为医疗事故技术鉴定和医疗损害鉴定两种情形。

一、医疗事故技术鉴定的委托与受理

（一）医疗事故技术鉴定的三级鉴定受理范围审查

《医疗事故处理条例》第二十一条规定，设区的市级地方医学会和省、自治区、直辖市直接管辖的县（市）地方医学会负责组织首次医疗事故技术鉴定工作。省、自治区、直辖市地方医学会负责组织再次鉴定工作。必要时，中华医学会可以组织疑难、复杂并在全国有重大影响的医疗事故争议的技术鉴定工作。《医疗事故技术鉴定暂行办法》第三条规定，医疗事故技术鉴定分为首次鉴定和再次鉴定。设区的市级和省、自治区、直辖市直接管辖的县（市）级地方医学会负责组织专家鉴定组进行首次医疗事故技术鉴定工作。省、自治区、直辖市地方医学会负责组织医疗事故争议的再次鉴定工作。根据上述规定依据不同受理范围，形成医疗事故技术鉴定的中华医学会、省级医学会、市级医学会鉴定的三级鉴定模式，因此

各级医学会须按照规定受理相应范围的医疗事故技术鉴定。

（二）医疗事故技术鉴定委托人资格

受权的医学会可以接受由医患双方、卫生行政部门、司法机关等委托的医疗事故技术鉴定，具体依据如下。

1. 医患双方 《医疗事故处理条例》第二十条规定，医患双方协商解决医疗事故争议，需要进行医疗事故技术鉴定的，由双方当事人共同委托负责医疗事故技术鉴定工作的医学会组织鉴定。《医疗事故技术鉴定暂行办法》第九条规定，双方当事人协商解决医疗事故争议，需进行医疗事故技术鉴定的，应共同书面委托医疗机构所在地负责首次医疗事故技术鉴定工作的医学会进行医疗事故技术鉴定。

2. 卫生行政部门 《医疗事故处理条例》第二十条规定，卫生行政部门接到医疗机构关于重大医疗过失行为的报告或者医疗事故争议当事人要求处理医疗事故争议的申请后，对需要进行医疗事故技术鉴定的，应当交由负责医疗事故技术鉴定工作的医学会组织鉴定。《医疗事故技术鉴定暂行办法》第十条规定，县级以上地方人民政府卫生行政部门接到医疗机构关于重大医疗过失行为的报告或者医疗事故争议当事人要求处理医疗事故争议的申请后，对需要进行医疗事故技术鉴定的，应当书面移交负责首次医疗事故技术鉴定工作的医学会组织鉴定。

3. 司法机关 2003年《最高人民法院关于参照〈医疗事故处理条例〉审理医疗纠纷民事案件的通知》[已于2013年废止（法释〔2013〕7号）]中进一步明确医疗事故技术鉴定在审理医疗纠纷案件中的适用范围：人民法院在民事审判中，根据当事人的申请或者依职权决定进行医疗事故司法鉴定的，交由条例所规定的医学会组织鉴定。《医疗事故技术鉴定暂行办法》第十三条对不受理鉴定的规定为“当事人已向人民法院提起民事诉讼的（司法机关委托的除外）”。《卫生部关于对浙江省卫生厅在执行〈医疗事故处理条例〉

过程中有关问题的批复》(卫医发［2004］65号)中规定，法院已审结，检察院再次提出申请鉴定，可予以受理。《卫生部关于医疗争议经人民法院裁定再审案件重新启动医疗事故鉴定的批复》(卫政法发［2007］209号)规定，对人民法院委托的医疗事故技术鉴定，医学会应当及时受理。

4. 关于医疗事故争议再次鉴定的相关规定　根据《卫生部关于对浙江省卫生厅在执行〈医疗事故处理条例〉过程中有关问题的批复》(卫医发［2004］65号)的规定，由双方当事人共同委托，首次鉴定后一方当事人对鉴定结论不服，再次鉴定可以由双方当事人共同委托，也可以单方向卫生行政部门提出再次鉴定申请。《医疗事故技术鉴定暂行办法》第四十六条规定，必要时，对疑难、复杂并在全国有重大影响的医疗事故争议，省级卫生行政部门可以商请中华医学会组织医疗事故技术鉴定。

(三)鉴定对象和内容的核实

《医疗事故处理条例》第二条规定，本条例所称医疗事故，是指医疗机构及其医务人员在医疗活动中，违反医疗卫生管理法律、行政法规、部门规章和诊疗护理规范、常规，过失造成患者人身损害的事故。因此，首先需要确认案件中的医患关系是否成立；其次是鉴定对象中的医方是否符合实施医疗活动主体为医疗机构及其医务人员的条件；最后是鉴定内容是否超出医疗事故技术鉴定规定的范围，如涉及医疗器械、药品、血液制品质量问题等非医疗行为问题，不在受理范围。

(四)医疗事故技术鉴定受理时限及流程

接到案件申请材料后，要初步审核是否符合申请要求，如时限、委托程序、委托内容、鉴定资料完整性等。根据是否符合要求，依据《医疗事故技术鉴定暂行办法》第十二条规定，医学会应当自受理医疗事故技术鉴定之日起5日内，通知医疗事故争议双方当事人按照《医疗事故处理条例》第28条规定提交医疗事故技术鉴定所需的材料。当事人应当自收到医学会的通知之日起10日内提交有关医疗事故技术鉴定的材料、书面陈述及答辩。对不符合受理条件的，医学会不予受理。不予受理的，医学会应说明理由。《医疗事故处理条例》第二十二条规定，当事人对首次医疗事故技术鉴定结论不服的，可以自收到首次鉴定结论之日起15日内向医疗机构所在地卫生行政部门提出再次鉴定的申请。《医疗事故技术鉴定暂行办法》第四十条规定，任何一方当事人对首次医疗事故技术鉴定结论不服的，可以自收到首次医疗事故技术鉴定书之日起15日内，向原受理医疗事故争议处理申请的卫生行政部门提出再次鉴定的申请，或由双方当事人共同委托省、自治区、直辖市医学会组织再次鉴定。因此，受理再次鉴定时需要审查申请人申请时间与其收到首次鉴定医疗事故技术鉴定书的间隔时间是否符合相关规定。

（五）医疗事故技术鉴定不予受理情形的确定

《医疗事故技术鉴定暂行办法》第十三条规定，有下列情形之一的，医学会不予受理医疗事故技术鉴定：①当事人一方直接向医学会提出鉴定申请的；②医疗事故争议涉及多个医疗机构，其中一所医疗机构所在地的医学会已经受理的；③医疗事故争议已经人民法院调解达成协议或判决的；④当事人已向人民法院提起民事诉讼的（司法机关委托的除外）；⑤非法行医造成患者身体健康损害的；⑥卫生部规定的其他情形。委托案件中存在上述情况医学会不予受理的，医学会应当书面通知委托人，并说明理由，退还鉴定材料。

（六）涉及多家医疗机构的医疗事故技术鉴定委托的相关规定

《医疗事故技术鉴定暂行办法》第十一条规定，协商解决医疗事故争议涉及多个医疗机构的，应当由涉及的所有医疗机构与患者共同委托其中任何一所医疗机构所在地负责组织首次医疗事故技术鉴定工作的医学会进行医疗事故技术鉴定。

二、医疗损害鉴定委托与受理

（一）医疗损害鉴定委托人及受理范围的确定

《医疗纠纷预防和处理条例》第三十四条规定，医疗纠纷人民调解委员会调解医疗纠纷，需要进行医疗损害鉴定以明确责任的，由医患双方共同委托医学会或者司法鉴定机构进行鉴定，也可以经医患双方同意，由医疗纠纷人民调解委员会委托鉴定。第四十一条规定，卫生主管部门调解医疗纠纷需要进行专家咨询的，可以从本条例第三十五条规定的专家库中抽取专家；医患双方认为需要进行医疗损害鉴定以明确责任的，参照本条例第三十四条的规定进行鉴定。中华医学会《医学会医疗损害鉴定规则（试行）》第七条规定，省级医学会、设区的市级和直辖市直接管辖的区（县）医学会可以接受医患双方共同委托以及医疗纠纷人民调解委员会、人民法院等单位的委托，开展医疗损害鉴定。医学会一般接受本省、自治区、直辖市区域内的鉴定委托。

（二）鉴定对象和内容的核实

《医学会医疗损害鉴定规则（试行）》第二条规定，本规则所称医疗损害鉴定，是指对医疗机构或者其医务人员的诊疗行为有无过错、过错行为与患者损害后果之间是否存在因果关系、损害后果及程度、过错行为在损害后果中的责任程度（原因力大小），以及因医疗损害发生的护理期、休息期、营养期等专门性问题进行专业技术鉴别和判断并提供鉴定意见的活动。因此，首先需要确认案件中的医患关系是否成立；其次是鉴定对象中的医方是否符合实施医疗活动主体为医疗机构或其医务人员的条件。

部分委托人对医学会的鉴定工作不够熟悉，有时委托鉴定事项会超出医学会受理范围或鉴定能力，或者表述不明确、不规范。为保证鉴定能够顺利进行，医学会需要与委托人就鉴定事项进行沟通协商，并根据自身鉴定范围和鉴定能力决定是否受理。如果委托人能够去除超出医学会鉴定范围或能力的部分，医学会可以受理，并就确定后的鉴定事项进行鉴定。

（三）医疗损害鉴定委托受理时限和流程

《医学会医疗损害鉴定规则（试行）》第八条规定，医学会收到医疗损害鉴定委托，应当要求委托人出具医疗损害鉴定委托书，并提供与委托鉴定事项相关的合法、真实、完整、充分的鉴定材料。《医学会医疗损害鉴定规则（试行）》第十条规定，医学会收到医疗损害鉴定委托书和鉴定材料后，应当在7个工作日内对委托鉴定事项和鉴定材料进行审查。符合受理条件的，医学会应当在决定受理后3个工作日内发出受理通知书。受理鉴定时如尚需补充鉴定资料应同时发补充鉴定资料函。

在不违反鉴定科学性、公正性的基本原则下，委托人与医学会可以对鉴定工作的时限和流程进行协商。例如，医学会案例积压较多，如果委托人同意择期受理或延期鉴定，双方可以就此问题进行协商和约定，并以书面形式予以确认。无约定的按照《医学会医疗损害鉴定规则（试行）》或有关规定的时限组织鉴定，有约定的应当按照约定执行。

（四）医疗损害鉴定不予受理情形的核实

经审查不予受理的，医学会应当书面通知委托人，并说明理由，退还鉴定材料。《医学会医疗损害鉴定规则（试行）》列出了一些常见的不予受理情形，具体如下。

1. 单方委托 《最高人民法院关于审理医疗损害责任纠纷案件适用法律若干问题的解释》第十五规定，当事人自行委托鉴定人作出的医疗损害鉴定意见，其他当事人认可的，可予采信。这里的自行委托即单方委托。在实践中，单方委托鉴定可能提供的材料不齐全或具有一定倾向性，往往被对方质疑有“找熟人、托关系”的可能，鉴定意见不利于对方时，对方往往不认可，导致鉴定意见无法采信。如果此时对方也采用单方委托鉴定的方式，势必造成多头鉴定、反复鉴定，造成鉴定资源的浪费，也不利于事件、案件的处理。故《医学会医疗损害鉴定规则（试行）》《医疗损害司法鉴定指南》中均明确规定对单方委托不予受理。

2. 委托事项不明确或超出医学会鉴定范围　前者主要见于委托书中以“医疗纠纷鉴定”“医疗过错鉴定”进行委托，或委托对象不明确、委托要求过于宽泛；后者主要是针对并非医学会鉴定的业务，如医疗器械、药品、血液制品质量问题等。

3. 委托人未按要求提供材料　鉴定材料对鉴定无疑是非常重要的，医学会需要根据材料判断鉴定能否受理、所需专业，如果材料不足，或材料未经核实认定，鉴定基础就会出现问题。另外，委托人无正当理由未在规定的时间内提交材料，医学会也可以不予受理。

4. 医患双方对鉴定材料有争议，不能达成一致意见　委托时，医患双方对鉴定材料的真实性、完整性、合法性等存在较大争议，此时贸然受理并组织鉴定，后续处理会存在诸多困难。这里的鉴定材料是指能够反映客观事实的资料，而非医患双方的陈述、答辩意见。委托单位经质证后确认的鉴定材料，如果当事人在医学会反悔，仍提出质疑，医学会应当向委托人说明情况，待问题解决后再决定是否受理。

5. 委托人与医学会协商不成　医疗损害鉴定案件千变万化，各地鉴定工作的规定和发展程度有所不同，为保证鉴定工作能够顺利进行，医学会可以与委托人就鉴定工作的时间、程序、标准等进行协商。如果双方协商不成，医学会将按照《医学会医疗损害鉴定规则（试行）》的一般要求组织鉴定；确实难以完成鉴定的，医学会可以不予受理。医疗损害鉴定相对开放，鉴定机构的可选余地也较大，委托人可以委托更为合适的鉴定机构。

6. 鉴定要求超出医学会的技术条件和鉴定能力　有的医学会尚未开展三期鉴定；有的医学会专家库资源不够丰富，难以组织特定案件、特定专业的鉴定；有的医学会没有重新鉴定的条件，此时要实事求是，量力而行。

7. 同时委托其他鉴定机构鉴定　委托人可以选择鉴定机构，如果医学会得知同一鉴定事项也正在委托其他机构进行医疗损害鉴定，尚未出具鉴定意见的，该医学会可以不予受理，以避免多头鉴定。如果已在其他机构进行医疗损害鉴定并出具了鉴定意见书，再委托医学会则属于“重新鉴定”，需要按照重新鉴定的标准和要求进行，医学会有条件和能力的，应当受理（原鉴定医学会一般不受理重新鉴定）。这里需要说明一点，虽然医疗损害鉴定不受是否进行（过）医疗事故技术鉴定的影响，但医学会也要了解情况，向当事人做好解释工作。

8. 在法院审理中　当事人有权选择医疗损害争议的解决途径，但不能同时选择两种或两种以上途径，司法程序是解决争议的途径之一，也是终局救济手段。当事人提起诉讼后，法院均会根据情况决定是否委托鉴定、如何委托医疗损害鉴定，医学会要尊重司法机关的决定，不再受理同一案件其他委托人委托的鉴定。

（五）医疗损害鉴定重新鉴定的委托和受理

经有关单位审核认为医疗损害鉴定存在问题而委托重新鉴定的案件，鉴定机构应高度重视。《司法鉴定程序通则》中对重新鉴定要求：接受重新鉴定委托的司法鉴定机构的资质条件应当不低于原司法鉴定机构，进行重新鉴定的司法鉴定人中应当至少有一名具有相关专业高级专业技术职称。中华医学会《医学会医疗损害鉴定规则（试行）》则提出了更高的要求，第三十三条指出，有条件的医学会可以接受委托单位依法委托的医疗损害重新鉴定。重新鉴定时，鉴定专家组应当不少于5人，其中至少有3人具备正高级专业技术职称。医学会收到重新鉴定的委托时，要进行自身能力评估，分析专家库专业划分和专家组成情况，如符合条件方可接受医疗损害鉴定重新鉴定的委托并受理。

（辛洪权）

第四节 医疗鉴定材料的收取

医疗鉴定是鉴定专家基于鉴定材料，运用科学技术或者专门知识对医疗纠纷争议涉及的专门性问题进行鉴别和判断，并提供相应的鉴定意见（结论）的活动。鉴定意见是“对其他证据资料进行现实加工之后的结果”，鉴定材料是医疗鉴定的基础和依据。因此，鉴定材料的收集质量直接影响到鉴定意见（结论）的客观性和准确性。鉴定材料的收取分为医疗事故技术鉴定和医疗损害鉴定两种情形。

一、医疗事故技术鉴定材料收取内容及规定

（一）鉴定材料收取内容

《医疗事故处理条例》第二十八条规定，医疗机构提交的有关医疗事故技术鉴定的材料应当包括下列内容：①住院患者的病程记录、死亡病例讨论记录、疑难病例讨论记录、会诊意见、上级医师查房记录等病历资料原件；②住院患者的住院志、体温单、医嘱单、化验单（检验报告）、医学影像检查资料、特殊检查同意书、手术同意书、手术及麻醉记录单、病理资料、护理记录等病历资料原件；③抢救急危患者，在规定时间内补记的病历资料原件；④封存保留的输液、注射用物品和血液、药物等实物，或者依法具有检验资格的检验机构对这些物品、实物作出的检验报告；⑤与医疗事故技术鉴定有关的其他材料。在医疗机构建有病历档案的门诊、急诊患者，其病历资料由医疗机构提供；没有在医疗机构建立病历

档案的，由患者提供。医患双方应当依照本条例的规定提交相关材料。医学会在组织医疗事故技术鉴定过程中，应告知委托人或当事人提交鉴定材料的内容及分配原则。

（二）鉴定材料收取规定

《医疗事故处理条例》第二十八条规定，负责组织医疗事故技术鉴定工作的医学会应当自受理医疗事故技术鉴定之日起5日内通知医疗事故争议双方当事人提交进行医疗事故技术鉴定所需的材料。当事人应当自收到医学会的通知之日起10日内提交有关医疗事故技术鉴定的材料、书面陈述及答辩。因此，医学会在组织医疗事故技术鉴定过程中，应告知委托人或当事人提交鉴定材料的内容及时限，并严格按照上述规定收集鉴定材料。

（三）鉴定材料审查的规定

《医疗事故处理条例》第三十条规定，专家鉴定组应当认真审查双方当事人提交的材料，听取双方当事人的陈述及答辩并进行核实；双方当事人应当按照本条例的规定如实提交进行医疗事故技术鉴定所需要的材料，并积极配合调查。“审查双方当事人提交的材料，听取双方当事人的陈述及答辩并进行核实”的具体时间，应由专家鉴定组根据需要决定，可以在鉴定会上进行，也可以在鉴定会前进行，还可以鉴定会前审查材料（如果发现有遗漏，便于提前通知补充或者补充调查取证），召开鉴定会时当场调查核实。必要时，可以在鉴定会前召开听证会。

（四）鉴定中未按规定提交鉴定材料的法律责任

《医疗事故处理条例》第二十八条规定，医疗机构无正当理由未依照本条例的规定如实提供相关材料，导致医疗事故技术鉴定不能进行的，应当承担责任。《卫生部关于医疗机构不配合医疗事故技术鉴定所应承担的责任的批复》（卫政法发〔2005〕28号）：医疗机构违反《医疗事故处理条例》的有关规定，不如实提供相关材料或不配合相关调查，导致医疗事故技术鉴定不能进行的，应当承担医疗事故责任。患者向卫生行政部门提出判定医疗事故等级及责任程度请求的，卫生行政部门可以委托医学会按照《医疗事故分级标准（试行）》，对患者人身损害的后果进行等级判定，若二级、三级医疗事故无法判定等级的，按同级甲等定。责任程度按照完全责任判定。卫生部对黑龙江省卫生厅《关于如何认定不配合医疗技术鉴定方责任的请示》的批复：在医疗事故技术鉴定中，如果患方不予配合，影响医疗事故技术鉴定，造成医疗事故技术鉴定无法进行的，可以视其放弃医疗事故技术鉴定。如果医疗机构不予配合，影响医疗事故技术鉴定的，承担医疗事故责任。因此，医学会在组织医疗事故技术鉴定过程中，发生不配合提交鉴定材料的情况时，应及时向委托人或当事人说明相应法律责任和不良后果。

（五）医疗事故技术鉴定材料的调查取证

《医疗事故处理条例》第二十九条规定，负责组织医疗事故技术鉴定工作的医学会可以向双方当事人调查取证。该规定赋予负责组织医疗事故技术鉴定工作的医学会（而不是专家鉴定组）调查取证权，医学会应在全面掌握医疗争议内容的情况下，有计划、合法、合规地进行调查。

1. 调查取证可以采取的方法　①询问证人及当事人，即通过对知情的证人和当事人进行询问并以笔录、录音等方式固定询问内容；②收集有关物证，即收集与医疗事故争议有关的现场遗留物、原始物品及其他各种实物并予以妥善保全，如药品、血液、组织、器官、尸体、医疗器械等；③进行技术鉴定或者检验，即对有关物证适用专门技术或者委托其他专门机构进行技术鉴定或者检验，如药品检验、组织器官检验、尸体解剖、医疗器械检测等；④调取原始书证，即向当事人、证人调取能够反映医疗事故争议事实的原始记录、单据、有关技术资料等。

2. 调查取证的要求　①要有计划地进行调查。调查工作是一项十分复杂而又精密的工作，应当有一个具体而又合理的计划，不能盲目地进行。否则，不仅会造成杂乱无章、手忙脚乱的状况，影响工作效率，更严重的会破坏现场或者证据的原始状况，给调查工作带来不可弥补的损失，影响争议的正确鉴定。②要及时地进行调查。一般来说，距离争议事实发生的时间越近，有关证人及当事人对事实的叙述就越真实可信，有关的证据也越容易取得；距离争议发生的时间越远，有关证人及当事人对争议事实的回忆就越模糊，各种证据的取得就越困难。③要全面地进行调查。所谓全面进行调查，首先必须本着以事实为依据的思想，客观地开展事实调查，对事实的起因、是非、过程、重要环节以及后果都要查清，不能成见在先、偏听偏信、主观臆断和随心所欲；其次既要收集对患者有利的证据，也要收集对患者不利的证据，不能搞未查先定；再次应当深入细致地了解争议情况、收集证据，防止浅尝辄止、人云亦云的现象。只有全面调查，才能保证争议正确地得到鉴定。④要合法地进行调查。所谓合法进行调查，是指调查必须严格依法进行，即调查时不得少于两人，要出示证件或证明材料；询问当事人、证人应当制作询问笔录，让被询问人阅读并签字等。

二、医疗损害鉴定材料收取内容及规定

（一）医疗损害鉴定材料的内容

《医学会医疗损害鉴定规则（试行）》第九条规定，医疗损害鉴定材料包括：①医患双方的陈述材料；②门（急）诊病历、住院病历；③依法作出的有关检查、检验、鉴定、调查等报告；④与医疗损害鉴定有关的其他材料。在医疗损害鉴定实践工作中与鉴定有关的其他材料主要涉及：①录音、录像、监控等视听资料；②微信聊天记录等电子数据；③庭审笔录等一些法律文书等。

（二）医疗损害鉴定材料收取规定

《医学会医疗损害鉴定规则（试行）》第八条规定，医学会收到医疗损害鉴定委托，应当要求委托人出具医疗损害鉴定委托书，并提供与委托鉴定事项相关的合法、真实、完整、充分的鉴定材料。因此医学会在收到医疗损害鉴定委托时，即应要求委托人提交相关鉴定材料。《医学会医疗损害鉴定规则（试行）》第十条规定，遇有委托鉴定事项不明确、鉴定材料明显不能满足鉴定需要等情形，医学会应当书面通知委托人进一步确认、补充。医学会在接受鉴定委托后，应对鉴定事项、鉴定材料进行初步审核，确认是否存在委托鉴定事项不明确、鉴定材料明显不能满足鉴定需要等情形。《医学会医疗损害鉴定规则（试行）》第十三条对受理后补充鉴定材料情形进行了规定，医学会受理鉴定后认为需要补充鉴定材料的，应当通知委托人按照要求提供。医患双方提交的材料，经委托人确认后可以作为鉴定材料。

（三）医疗损害鉴定中未按规定提交鉴定材料的后果

根据《医学会医疗损害鉴定规则（试行）》第十一条第（三）款规定，委托人未按要求提供或者补充鉴定材料的，医学会不予受理医疗损害鉴定；第二十九条第（二）款规定，委托人不能或者拒绝补充提供符合要求的鉴定材料的，受理鉴定后，医学会可以终止鉴定。因此，医学会在要求委托人提交相关鉴定材料的同时，应告知未按规定提交材料所产生的不良后果。

三、鉴定材料收取注意事项

（一）确保鉴定材料收取途径的合法性

《医疗事故处理条例》第二十八条规定，负责组织医疗事故技术鉴定工作的医学会应当自受理医疗事故技术鉴定之日起5日内通知医疗事故争议双方当事人提交进行医疗事故技术鉴定所需的材料。因此，医疗事故技术鉴定组织过程中，在当事人对鉴定材料真实性无异议的情况下，医学会可以按规定向当事人收取鉴定材料，但如果当事人对鉴定材料有真伪异议的应经委托单位确认。《医学会医疗损害鉴定规则（试行）》第十三条对医疗损害鉴定中的该规定也进行了明确：医学会受理鉴定后认为需要补充鉴定材料的，应当通知委托人按照要求提供。医患双方提交的材料，经委托人确认后可以作为鉴定材料。

（二）确保鉴定材料的完整性和真实性

医疗鉴定实务中因鉴定材料真实性无法确认，导致医疗鉴定无法进行的情况屡屡发生，也是鉴定组织工作中的难点。鉴定实务中鉴定材料真实性的确认，是鉴定程序中极为重要的环节，直接关系到鉴定结论的客观性、准确性，决定着医患双方对鉴定结论的认可程度。《卫生部关于医疗事故技术鉴定有关问题的批复》（卫医发〔2005〕496号）指出，在医疗事故技术鉴定中，如果医患双方均无证据否定所提交的病历资料的真实性，则该病历资料应当作为鉴定依据。《医学会医疗损害鉴定规则（试行）》第十三条规定，医患双方提交的材料，经委托人确认后可以作为鉴定材料。因此在鉴定组织过程中，如果遇到鉴定材料伪造、篡改等材料真实性问题，医学会应及时告知委托人并要求委托人对鉴定材料进行质证和确认。鉴定实务中，如果发生患者姓名不符、资料不齐全等情况，医学会应当对委托人提交的鉴定材料进行认真核对，并及时告知委托人对相关鉴定材料进行补充和确认。鉴定材料收取复印件的必须核对原件。

（三）鉴定材料收据的出具

医学会在组织医疗鉴定的过程中，收取委托人鉴定材料时应出具相应收据，写明材料的名称、数量、性质（原件或复印件）并注明收取的时间，由医学会经办人员和提交人共同签字确认。返还鉴定材料时同样需注明上述内容，避免鉴定材料的遗失。

（四）鉴定材料的保管

医学会应设立专门的鉴定材料保存室，并建立鉴定材料的移交档案以便管理。中华医学会《医学会医疗损害鉴定规则（试行）》第十九条规定，医学会应当妥善保管委托人提供的鉴定材料。鉴定工作可能导致鉴定材料灭失或者损毁的，医学会应当提前向委托人说明，并征得当事人明确同意。

（五）鉴定材料封存件的收取

《医疗事故技术鉴定暂行办法》第二十五条规定，专家鉴定组成员确定后，在双方当事人共同在场的情况下，由医学会对封存的病历资料启封。因此，医学会接收委托人提交的鉴定材料如为封存件，医学会工作人员不能私自拆封。

（辛洪权）

第五节　医疗鉴定专家的产生

医疗鉴定是对诊疗行为等专门性问题进行专业技术鉴别和判断并提供鉴定意见（结论）的活动。专门性问题的鉴定必然要由该领域的专家来做。为保障鉴定的科学性、专业性、公正性，在鉴定专家库抽取相应专业的鉴定专家并组建鉴定专家组是非常重要的程序。

一、鉴定专家产生的重要性

（一）专家组的组成是鉴定科学性的保障

医学是以预防、诊断和治疗疾病为主要内容的实践性很强的科学。随着医学科学技术的不断发展，学科划分越来越细，专业化程度越来越高。同时，人类对疾病的认识又有一定的局限性。而医疗鉴定的本质是案件需要解决的专门性问题所涉及学科的专家就其掌握的专业科学知识和经验所作出的科学分析和判断。不同的医疗纠纷案件，基于所涉及的学科专业不同，对鉴定专家的专业化需求必然有所不同；同时，每一位专家除了各自的专业领域不同外，还有思维方式、看问题角度以及个人的认知与经验的不同，会影响对医疗过程本质的判断。因此，在进行医疗鉴定时，不是以鉴定专家个人的方式进行，而是成立鉴定专家组。鉴定意见（结论）由专家组以合议制的形式形成，因此，专家组的构成和鉴定专家的选择，即鉴定专家的产生，将直接决定鉴定的专业性和公正性的问题。《医疗事故处理条例》《医疗纠纷预防和处理条例》《医疗事故技术鉴定暂行办法》《医学会医疗损害鉴定规则（试行）》对专家组的构成和专家的选择进行了明确规定。在专家组的构成中，对于专家组的人数、主要学科专业及相关学科专业的组成要求、涉及死因及伤残等级鉴定时的学科设置都有详细的说明，以确保医学会开展医疗鉴定的专业性、科学性。

（二）专家组产生的方式是鉴定公正性的需求

医学会专家库中专家众多，同一学科专业组的专家均能保证一定数量，医患双方对选取专家的方式十分关注。尽管医学会对鉴定专家库专家的特长和能力较为熟悉，但从制度设计角度考虑医学会直接指定专家弊大于利，尤其是对鉴定结果不满意的一方，会猜疑不利结论与医学会指定专家有关。目前的医学会医疗鉴定相关规定中，均明确要求鉴定专家为抽取或随机抽取产生，医患双方在医学会主持下从医疗鉴定专家库中抽取相应学科专业的专家，抽取过程中医患双方机会均等，程序透明，避免了人为干扰，确保医患双方的权利，提高了当事人和委托人对鉴定的信任度，是医疗鉴定公开、公平、公正、专业、严谨的重要体现。

二、专家组的构成条件

（一）专家组的构成依据

《医疗事故处理条例》第二十四条规定，医疗事故技术鉴定，由负责组织医疗事故技术鉴定工作的医学会组织专家鉴定组进行。《医疗事故技术鉴定暂行办法》第十七条规定，医学会应当根据医疗事故争议所涉及的学科专业，确定专家鉴定组的构成和人数。《医学会医疗损害鉴定规则（试行）》第十四条规定，医学会应当组织具备相应鉴定能力、符合鉴定要求的专家组成的鉴定专家组进行医疗损害鉴定，并根据鉴定事项所涉及的学科专业和具体情况，确定鉴定专家组的构成。

（二）专家组的构成条件

根据《医疗事故技术鉴定暂行办法》《医学会医疗损害鉴定规则（试行）》的规定，鉴定专家组应当具备下列条件：鉴定专家组组成人数应为3人以上单数；主要争议问题所涉学科专业的鉴定专家不少于鉴定专家组成员的二分之一；涉及死亡原因、伤残等级等鉴定的，应当有相应的法医学专家（如是医疗事故技术鉴定，应抽取2名法医学专家）参加。

《卫生部关于法医参加医疗事故技术鉴定有关问题的批复》（卫医管函〔2009〕84号）指出，患者死亡原因不明或需要确定伤残等级的，应当抽取法医参加鉴定专家组；患者死因明确或无须进行伤残等级鉴定的，可以不抽取法医参加鉴定专家组。实践中一些地区考虑到法医专业有独特之处、身份较为超脱，有利于增强鉴定的准确性和公正性，在条件允许的情况下均会抽取法医参加鉴定，取得了很好的效果。

（三）专家组的组成要求

《医疗事故技术鉴定暂行办法》第三十九条规定，医学会对经卫生行政部门审核认为参加鉴定的人员资格和专业类别或者鉴定程序不符合规定，需要重新鉴定的，应当重新组织鉴定。所以，在专家组的组成过程中，学科专业的确定要非常严谨周全。有的案件争议比较集中，只限于一个学科专业；有的案件比较复杂，涉及多学科。医学会应在仔细阅读鉴定委托书、陈述书、住院（门诊）病历等鉴定材料后，根据委托事项，围绕争议问题，先确定主要学科专业，再确定相关学科专业。一般情况下，以争议最突出的问题所涉学科、导致损害后果发生的学科或者损害后果所涉学科作为主要学科专业。

在面对具体案例时，既要考虑专业的匹配度，也要考虑综合的评判能力；既要考虑学科专业的针对性和覆盖面，也要考虑鉴定的经济和社会效益。做到尽量发挥好鉴定专家的作用，保证参加鉴定会的专家能胜任争议事件所涉及的医学专业问题，保障鉴定质量。

三、鉴定专家的回避

回避制度是为了保证案件的公正鉴定，而要求与案件有一定利害关系的鉴定专家或鉴定工作人员，不能参与案件鉴定活动的制度。回避制度对于消除医患双方当事人的疑虑，提高鉴定的公正性和可信度，防止专家组成员和/或鉴定工作人员徇私舞弊有重要意义。

（一）回避适用的对象

根据《医疗事故处理条例》规定，适用回避的人员为专家鉴定组成员；根据《医学会医疗损害鉴定规则（试行）》规定，适用回避的人员为鉴定专家组成员和鉴定工作人员。

（二）关于医学会医疗鉴定回避情形的有关规定

1.《中华人民共和国民事诉讼法》第四十七条　审判人员有下

列情形之一的，应当自行回避，当事人有权用口头或者书面方式申请他们回避：①是本案当事人或者当事人、诉讼代理人近亲属的；②与本案有利害关系的；③与本案当事人、诉讼代理人有其他关系，可能影响对案件公正审理的。

审判人员接受当事人、诉讼代理人请客送礼，或者违反规定会见当事人、诉讼代理人的，当事人有权要求他们回避。

审判人员有前款规定的行为的，应当依法追究法律责任。

前三款规定，适用于书记员、翻译人员、鉴定人、勘验人。

2.《医疗事故处理条例》第二十六条　专家鉴定组成员有下列情形之一的，应当回避，当事人也可以以口头或者书面的方式申请其回避：①是医疗事故争议当事人或者当事人的近亲属的；②与医疗事故争议有利害关系的；③与医疗事故争议当事人有其他关系，可能影响公正鉴定的。

3.《医疗纠纷预防和处理条例》第三十七条　咨询专家、鉴定人员有下列情形之一的，应当回避，当事人也可以以口头或者书面形式申请其回避：①是医疗纠纷当事人或者当事人的近亲属；②与医疗纠纷有利害关系；③与医疗纠纷当事人有其他关系，可能影响医疗纠纷公正处理。

4.《医学会医疗损害鉴定规则（试行）》第十六条　鉴定专家和鉴定工作人员有下列情形之一的，应当回避：①是医疗纠纷当事人或者当事人的近亲属的；②与医疗纠纷有利害关系的；③参加过本医疗纠纷相关鉴定的；④与医疗纠纷当事人有其他关系，可能影响公正鉴定的。

（三）回避问题处理的要点

1. 回避条件的把握

（1）关于医疗纠纷当事人及其近亲属：这里的当事人是指医患双方，既包括医务人员，也包括患者。由于医疗机构是法人组织，因此医方的当事人可以理解为医院职工。近亲属的范围法律已给出明确界定，根据《中华人民共和国民法典》第一千零四十五条规定，配偶、父母、子女、兄弟姐妹、祖父母、外祖父母、孙子女、外孙子女为近亲属。

（2）关于利害关系：是指鉴定专家与医疗纠纷有一定关联，鉴定结果能够给鉴定专家带来一定利益或害处。一般认为鉴定专家系医疗纠纷涉及医院职工的，鉴定专家对患者本次疾病有过检查、会诊或者治疗的，或者鉴定结论可能直接或间接损害专家的经济利益、学术地位、名誉声望等利益，就可认定与医疗纠纷有利害关系。

（3）关于参加过相关鉴定：医学会三级鉴定专家库中的专家有部分重叠，加之鉴定的二元化现象，同一起案件可能会有再次鉴定、重新鉴定，如果后者所选专家曾参加过既往的医疗事故技术鉴定或医疗损害鉴定，专家虽然与案件本身并无利害关系，但难免有维护前次鉴定意见的嫌疑。

（4）关于其他关系：这里说的其他关系，是指上述三种关系以外的其他比较亲近或者密切的关系。如上述近亲属以外的其他亲属、邻居、师生、同学、过去的同事和上下级关系等等。需要指出的是，并非所有这类关系都应当回避，必须是能够影响医疗纠纷公正处理的，才应当回避。至于是否能影响到医疗纠纷的公平处理，不能凭主观判断和推测，而应当以事实为依据进行分析认定。在实践中，鉴定专家与发生医疗纠纷的医疗机构的直接医务人员是同属一个专业委员会，并非属于当然回避的情形。另外，要求与被告医疗机构同属一个大行业系统（比如军队医疗系统，××大学医疗系统）的全部临床医学专家回避，也不符合法律所规定的回避的条件。

2. 回避的提出　提出回避有两种方式，一种是专家或医学会工作人员认为自己有回避情形之一的应当主动提出，自行回避；另一种是当事人申请专家或医学会工作人员回避。考虑到鉴定工作的严肃性，回避申请尽量以书面形式提出，如果当事人确有困难采用口头形式提出，医学会应当记录，由申请人签字确认。医患双方提出回避，应当在专家抽取时提出，并说明理由。

3. 对回避申请的确认　收到提出回避的申请后，医学会应当进行审核，符合前述条件的，应当进行回避。实践中，如果一方当事人提出的回避申请，对方及委托单位均同意回避该专家，且专家库资源能够保证鉴定顺利进行的，医学会可以准许。

四、鉴定专家的产生方式

（一）医疗事故技术鉴定专家的产生

《医疗事故处理条例》第二十四条规定，参加医疗事故技术鉴定的相关专业的专家，由医患双方在医学会主持下从专家库中随机抽取。《医疗事故技术鉴定暂行办法》规定，医学会主持双方当事人抽取专家鉴定组成员前，应当将专家库相关学科专业组中专家姓名、专业、技术职务、工作单位告知双方当事人。当事人要求专家库成员回避的，应当说明理由。医学会同意回避的，应当将回避的专家名单撤出，并经当事人签字确认后记录在案。然后，医学会对当事人准备抽取的专家进行随机编号，并主持双方当事人随机抽取相同数量的专家编号，最后一个专家由医学会随机抽取。《卫生部关于对浙江省卫生厅在执行〈医疗事故处理条例〉过程中有关问题的批复》（卫医发［2004］65号）指出，可根据鉴定需要，由医患双方随机等额多抽取几名专家作为候补专家。

随机抽取结束后，医学会当场向双方当事人公布所抽取的专家鉴定组成员和候补成员的编号并记录在案。

（二）医疗损害鉴定专家的产生

《医学会医疗损害鉴定规则（试行）》第十四条规定，医学会组织医患双方在专家库中抽取产生鉴定专家组，同时可以抽取一定数量的候补专家。

（三）鉴定专家抽取流程图（图4–2）

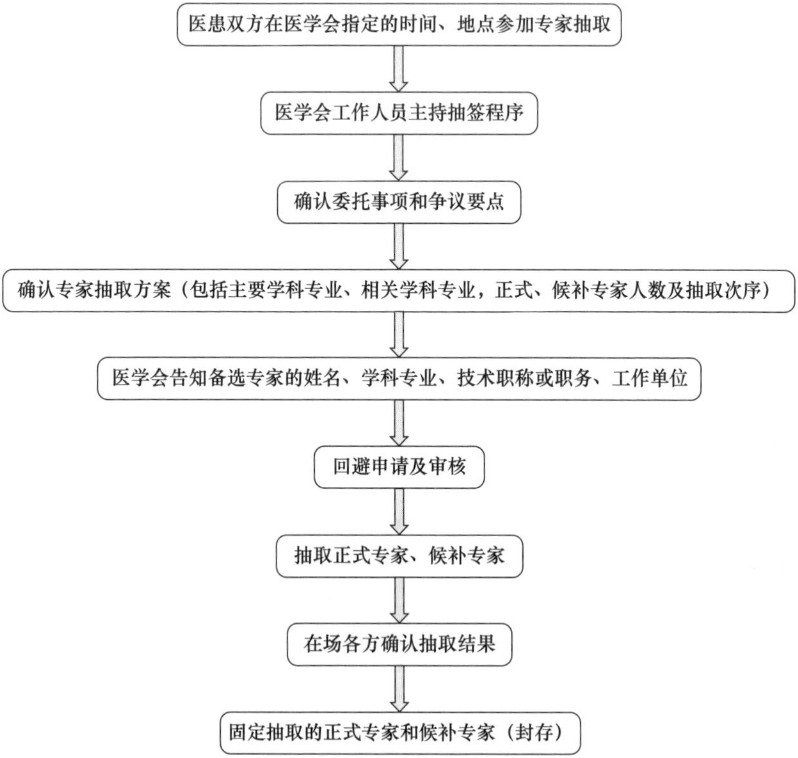

图4-2 鉴定专家抽取流程图

五、鉴定专家产生过程中的注意事项

（一）所涉学科专业专家不足的问题

《医疗事故处理条例》第二十四条规定，在特殊情况下，医学会根据医疗事故技术鉴定工作的需要，可以组织医患双方在其他医学会建立的专家库中随机抽取相关专业的专家参加鉴定或者函件咨询。《医疗事故技术鉴定暂行办法》第二十三条规定，现有专家库成员不能满足鉴定工作需要时，医学会应当向双方当事人说明，并经双方当事人同意，可以从本省、自治区、直辖市其他医学会专家库中抽取相关学科专业组的专家参加专家鉴定组；本省、自治区、直辖市医学会专家库成员不能满足鉴定工作需要时，可以从其他省、自治区、直辖市医学会专家库中抽取相关学科专业组的专家参加专家鉴定组。《医学会医疗损害鉴定规则（试行）》第十四条规定，专家库中专家不足的，可以从本地设区的市级以上人民政府卫生健康、司法行政部门共同设立的医疗损害鉴定专家库中抽取补充。上述规定从实际出发，在医学会主持下，经医患双方同意，从本地区以外的专家库中抽取相应学科专业的专家，解决了部分专家库专家资源不足等问题。在遇到特殊情况时，对于本地区以外的专家库专家的函件咨询，也应当取得当事人的同意，且不作为鉴定意见独立存在，仅作为鉴定专家组的参考意见。

（二）补充抽取

已抽取的鉴定专家因故无法参加鉴定的，影响鉴定组法定人数时，医患双方在医学会主持下，从专家库中补充抽取相应学科专业的专家。鉴定会要求专家组每一个成员独立发表意见，否则程序无效，补充抽取可以保证鉴定会的如期召开。

（三）指定专家

《医学会医疗损害鉴定规则（试行）》第十条规定，对鉴定事项、时间、程序、标准等方面有合理要求，不违反鉴定基本原则的，医学会可与委托人协商约定。在实践中，部分当事人希望医学会能够在专家中选取经验更加丰富、权威性更强、时间更有保障的专家进行鉴定，故在确定专家的方式上愿意与医学会协商约定，如果当事双方和委托人均同意，医学会可以采取指定专家的形式产生鉴定专家组。

（四）代为抽取

如果医患一方或双方当事人无法到会参加抽取专家的程序，可以委托他人代为抽取，委托人参加会议需要出示委托书和有效身份证明。如果委托医学会工作人员代为抽取，也需要出具委托书。

（五）对异议的处理

医患双方和/或委托人对专家组的构成（学科专业、专家人数）、抽取方式等有异议，或者对专家和鉴定工作人员的回避有异议，医学会工作人员经过解释说明后仍不能达成一致意见的，可以停止抽签程序，视情况予以中止或终止鉴定。

（王秀华）

第六节　组织召开医疗鉴定会

医学会的医疗鉴定采用专家合议制度。召开鉴定会是整个鉴定程序中最核心、最关键的部分。鉴定会上，鉴定专家组依照医疗鉴定法定程序，收集鉴定证据，运用医学理论知识和技术，结合实践经验，对诊疗行为是否存在过错（过失）、患者的损害后果及程度、过错（过失）行为与损害后果之间是否存在因果关系以及原因力大小（责任程度）等作出技术判断，经合议得出鉴定意见（结论）的过程。鉴定意见作为协商调解、行政处理的专业依据，作为诉讼处理的重要证据，与鉴定会程序的公正性和鉴定专家评议的科学性息息相关，是保障鉴定质量的最重要环节。

一、召开鉴定会的必要性

医学会组织的医疗鉴定，必须召开鉴定会。召开鉴定会是鉴定意见（结论）专业性、科学性、公正性的保障，是维护医患双方合法权益的程序保障。

（一）体现鉴定程序的完整性

《医疗纠纷预防和处理条例》规定，医学会或者司法鉴定机构开展医疗损害鉴定，应当执行规定的标准和程序，尊重科学，恪守职业道德，对出具的医疗损害鉴定意见负责，不得出具虚假鉴定意见。医学会的鉴定程序是法院和卫生行政部门必须审查的内容。《医学会医疗损害鉴定规则（试行）》《医疗事故技术鉴定暂行办法》对鉴定会程序都进行了明确的规定，具体到鉴定会的时间、参加人员、内容及流程，要求专家组成员、医患双方和/或委托人共同到会，鉴定会分现场调查阶段和鉴定专家组合议阶段，医患双方及委托单位人员参加鉴定会的现场调查阶段。专家组在完成现场调查后，再合议形成鉴定意见（结论）。整个过程严谨、有序、完整。

（二）体现鉴定会的重要性

在鉴定材料的收集阶段，医患双方当事人会针对此次鉴定提交相应的书面陈述材料及病历资料。同时，当事人非常期待能与决定自身利益的专家组有交流的机会，召开鉴定会实现了当事人向专家组陈述的意愿。同时，专家组在听取医患双方的陈述后，会向当事人进行提问，进一步了解、核实与案件相关的一些专业的、细节的问题，并对患者进行现场医学检查。鉴定会是医患双方参与鉴定的关键阶段，是提供证据、陈述事实、发表观点的重要时机。鉴定会的严谨程序可以使得医患双方充分感受到鉴定会的严肃性和重要性。

（三）争取最大限度地实现鉴定的专业、科学、公正

《医疗事故技术鉴定暂行办法》规定，医学会组织专家鉴定组，依照医疗卫生管理法律、行政法规、部门规章和诊疗护理技术操作规范、常规，运用医学科学原理和专业知识，独立进行医疗事故技

术鉴定。经合议，根据半数以上专家鉴定组成员的一致意见形成鉴定结论。《医学会医疗损害鉴定规则（试行）》规定，鉴定专家组根据鉴定材料，结合医患双方陈述、现场调查，依据有关法律、法规、规章和诊疗护理规范、常规，运用专业理论知识和经验，针对委托鉴定事项综合分析，经合议，根据半数以上鉴定专家组成员的意见形成鉴定意见。上述规定明确了医疗鉴定采取合议制过半数的原则产生鉴定意见（结论）。合议制是人民法院行使审判权力的基本审判制度，体现了司法的民主原则和集体智慧，以弥补个人能力的不足，最大限度地保证审判的公平公正。类似地，医学具有专业性、复杂性、不确定性、实践性的特点，鉴定专家存在专业和认知方面差异性的问题，而诊疗过程往往涉及多学科、多环节，需要综合思辨，所以医疗鉴定采用专家组合议制的形式，由专家组通过集体分析、讨论，以少数服从多数的原则，针对案件所涉的专门性问题发表专家意见，以最大限度地保证鉴定的专业性、科学性、公正性。所以合议制是保证医疗鉴定意见结论的专业性、保证鉴定程序公正性的一般要求。

二、鉴定会的准备

为确保鉴定会的顺利召开，提高鉴定效率，提升鉴定质量，鉴定会前的准备工作至关重要。

（一）医学会

1. 确定鉴定会时间　根据医学会工作安排，与鉴定组名单中的专家逐一沟通联系，寻找“最大公约数”，合理确定鉴定会时间，保证专家能够全部到会。从实践来看，专家上午本单位的工作相对较多，为减少与临床工作的冲突，鉴定会通常安排在下午，这样即便会议结束较晚，对专家的影响也不大。

2. 整理鉴定所需材料　熟悉案情，配合鉴定组专家梳理鉴定过程，整理鉴定材料，根据反馈情况与委托人或医患双方沟通，补充提交有关材料，或组织调查取证。

3. 通知各方参加鉴定会　医学会应当在医疗损害鉴定3日前（医疗事故技术鉴定7日前），将鉴定会的时间、地点、要求等书面通知双方当事人和鉴定专家组成员。

（1）书面形式：《中华人民共和国民法典》第四百六十九条中对书面形式的解释是，合同书、信件、电报、电传、传真等可以有形地表现所载内容的形式；以电子数据交换、电子邮件等方式能够有形地表现所载内容，并可以随时调取查用的数据电文，视为书面形式。鉴定工作中虽均可采用，但鉴定会的通知尽量采用函件形式。为提高工作效率，可以辅以传真、短信等方式，并与收件方电话确认。

（2）专家无法参会时：医学会应当通知相应学科专业组候补成员参加鉴定会；候补专家也全部不能到会时，可以与委托人联系，补充抽取专家。鉴定专家组成员原本可以参加鉴定会，后因正当理由未能及时告知医学会不能参加鉴定或虽告知但医学会无法按规定组成鉴定专家组的，鉴定会可以延期进行。在医疗损害鉴定中，也可以经委托人和医患双方同意，由不能到场的专家以书面、视频等形式参加现场调查及合议。医疗事故鉴定在其他医学会专家库抽取的专家无法到会，可以函件提出鉴定意见。

（3）医患双方当事人无法参会时：考虑到鉴定会时间通常是协调专家的时间后确定的，如果会议时间很难改变，医学会应当告知其可以委托他人参加鉴定会，以及不参加鉴定会的后果。

4. 其他　安排鉴定会会场和外地专家的交通、食宿。

（二）鉴定专家

1. 是否回避　及时了解医患双方当事人的身份，以排除自己是否涉及应当回避的情形。一旦确认自己属于应予回避的情形时，应在第一时间主动电话并书面告知医学会请求回避。

2. *做好时间安排* 专家应参加鉴定会，确因正当理由无法参加鉴定会的，应及时通知医学会并说明理由。

3. *认真审阅鉴定材料* 当发现材料中缺乏必要的影响鉴定定性、定级、定责的材料，可能会导致鉴定困难或者得不出鉴定意见（结论）时，应尽快告知医学会，以便及时安排补充材料，保证鉴定工作顺利进行。

4. *初步判断* 认真分析思考，梳理诊治经过，围绕委托事项和争议问题，归纳鉴定内容，查阅相关的指南、教科书、说明书、权威著作等，得出个人的初步判断，鼓励专家整理形成书面意见。

5. *履行好保密义务* 即使需要倾听同行的意见，也必须十分谨慎地注意不要暴露医患双方当事人的身份等相关信息。杜绝与医患双方当事人的任何接触，更不能自行向任何一方当事人了解诊疗经过及诉求等。

6. *保管好鉴定材料* 准时参加鉴定会并随带鉴定材料。

（三）医患双方当事人及委托单位

组织多名不同学科专业、不同单位的专家召开鉴定会并不容易，当事人在接到鉴定会通知时应按照会议通知安排好时间和行程，做好陈述与答辩等准备，准时参加鉴定会。当事人因特殊情况无法参会，应提前告知医学会并说明理由，医学会根据所提交的鉴定材料组织召开鉴定会。

三、鉴定会程序

鉴定会程序是开展鉴定活动时应当遵循的步骤、方式、方法以及相关的规则和标准。严格规范鉴定会程序，对于保障鉴定意见的科学性、公正性、合法性有着决定性作用。依据《医学会医疗损害鉴定规则（试行）》《医疗事故技术鉴定暂行办法》，鉴定会流程见图4-3。

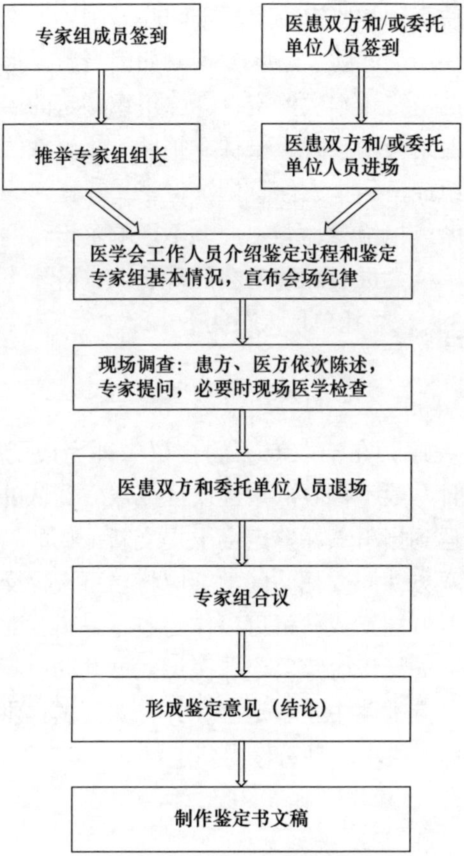

图4-3　鉴定会流程图

四、鉴定会注意事项

（一）鉴定会纪律

为保证鉴定会的顺利进行，在鉴定会开始前，由医学会工作人员宣读鉴定会纪律。各地制定的纪律虽有所不同，但主要内容基本一致，包括：①鉴定会所有到会人员一律服从鉴定专家组组长的安排，遵守会场秩序；②鉴定会上不准喧哗吵闹，不准吸烟，不准随意走动、发言，不准威胁、恐吓专家，如因当事人拒绝配合，无法进行医疗鉴定的，终止本次鉴定；③除组织鉴定的工作人员外，其他人员不得在鉴定会中录音、摄像、拍照；④患者的隐私及个人信息、鉴定专家组成员的个人信息依法保密；⑤任何一方当事人无故缺席、自行退席或拒绝参加鉴定会，不影响鉴定会继续进行；⑥医患双方、委托单位人员参加鉴定会的现场调查阶段，医患双方每一方人数不超过3人，委托单位人员为1～2人。

（二）鉴定会上当事人提交新的证据

按照鉴定程序，在抽取专家的会议中即完成了鉴定材料的提交，鉴定会当日一般不再收取未经质证或双方确认的证据材料，但实践中还是会遇到当事人在鉴定会上提交新证据的情况。如果该医疗鉴定由医患双方共同委托，医学会应将当事人提交的新证据征求对方的意见，对方同意或认可可以作为鉴定材料，对方反对的不得作为鉴定材料；如果该医疗鉴定非医患双方共同委托，当事人坚持提交新证据的，则需要中止鉴定会，并告知证据提供方需经委托人质证或审查之后，再决定是否作为鉴定材料。

（三）现场调查阶段

1. 医患双方陈述、答辩　尽管已有书面材料，但鉴定会仍会给医患双方一段时间（多数情况下每方时间10～20分钟）进行陈述、答辩，顺序为先患方、后医方。

2. 专家提问　鉴定专家对一些专业技术问题或者细节仍有疑问的，可以通过向医患双方提问。提问时要态度温和，言语中性，不刺激当事人的情绪；围绕进一步核实与鉴定相关的问题，避免在枝节问题或与鉴定关联不大的问题上过多纠缠；不要使用带有倾向性和暗示性的语言，避免对当事人造成误导；避免在当事人面前阐述个人观点或作出表态；避免比较随意或者不恰当的问题。

（四）现场医学检查环节

案件涉及伤残等级鉴定的，为了明确患者是否存在残疾及其损害程度，需要专家组对患者进行现场医学检查。检查前，专家要厘清体检的内容和顺序，检查者和记录者分工明确；体检过程中，要围绕与本次鉴定相关的损害后果进行检查，项目完整，不遗漏重要的阳性或阴性体征，避免引起当事人的不信任。要使用临床检查或法医学检查规范的检查方法和用语，查体专家要在体检记录上签字。

（五）专家组合议

鉴定专家组在完成现场调查，厘清诊疗经过后，围绕委托事项及争议的问题，进行分析讨论，最后经合议得出鉴定意见（结论）。

1. 分析过程　分析诊疗行为是否存在过错（过失），要找准问题，观点明确，理由充分，避免回避问题，避免避重就轻；分析患者是否存在损害后果，损害后果的程度，包括死亡、残疾、未构成残疾；再对医疗过错（过失）行为与患者的损害后果之间是否存在因果关系进行分析判断。经鉴定无因果关系的，应当说明理由。如果有因果关系，除了分析过错（过失）与损害后果之间的关系外，还要分析损害后果与过错（过失）之外的因素之间是否存在相关性，比如疾病因素、病情紧急程度、患者个体差异、当时的医疗水平和医疗条件、患者及其家属的依从性，并说明理由，确定原因力大小（责任程度）。医疗损害鉴定原因力大小分为全部原因、主要原因、同等原因、次要原因、轻微原因；医疗事故技术鉴定责任程度分为完全责任、主要责任、次要责任、轻微责任。

2. 讨论过程　当专家组成员意见不一致时，不要急于对鉴定意见（结论）进行表决，而应反复充分地分析讨论，仍不能达成一致意见的，再以过半数的原则合议产生鉴定意见（结论）。鉴定意见（结论）要运用专业知识进行详细论述，呈现分析、判断、推导的过程，强调科学性、说理性。

3. 合议　对于当日无法形成鉴定意见的，医学会可以择期组织鉴定专家组成员合议。

（六）鉴定会记录

《医疗事故技术鉴定暂行办法》第三十七条和《医学会医疗损害鉴定规则（试行）》第二十二条均要求医学会工作人员如实记录鉴定会过程和专家的意见。鉴定会记录是在鉴定会过程中，由医学会工作人员制作的反映鉴定会活动真实情况的记录，包括鉴定会的主要过程和与会人员在鉴定会中发言内容及活动状况。鉴定会记录可以将整个鉴定会活动用书面形式固定下来，成为鉴定活动的见证或证据，敦促各方对自己的言行负责。委托单位或上级部门如果需要进一步了解鉴定会议情况，可以通过查阅鉴定会记录了解鉴定过程和有关情况。鉴于鉴定会记录的重要性，医学会应当高度重视并如实记录鉴定会过程和专家的意见。考虑医疗鉴定不同于法院的庭审，医学会也没有条件配备专业的记录人员，不能对会场中的所有情况及发言全部记录，故通常情况下会顺序记录鉴定的主要程序名称，重要活动和时间节点，发言的重点内容，鉴定专家的意见（鉴定专家有不同鉴定意见的，应当注明）。有条件的医学会可以辅以录音、录像或监控视频。

（王秀华）

第七节　中止与终止

《中华人民共和国民事诉讼法》对案件审理过程中发生的特殊情况有诉讼中止和诉讼终结的法定程序。类似地，在医疗鉴定过程中，从受理后到出具鉴定书期间，也会发生特殊的情况需要中止或终止鉴定程序。鉴定程序中止或终结与当事人的利益密切相关，在具体实践中，必须要符合相关的法律、法规、规章和规范，正确、合理适用中止或终止，切实维护当事人的合法权益。

一、中止鉴定

中止鉴定是指鉴定机构在受理案件后，出具鉴定书之前，遇到某些使鉴定在一定期限内无法继续进行的情况时，决定暂时停止鉴定，待中止事由消除后，再恢复鉴定进程的活动。

（一）有关规定

1.《医疗事故处理条例》第二十九条　负责组织医疗事故技术鉴定工作的医学会应当自接到当事人提交的有关医疗事故技术鉴定的材料、书面陈述及答辩之日起45日内组织鉴定并出具医疗事故技术鉴定书。

2.《医疗事故技术鉴定暂行办法》第十六条　有下列情形之一的，医学会中止组织医疗事故技术鉴定：①当事人未按规定提交有关医疗事故技术鉴定材料的；②提供的材料不真实的；③拒绝缴纳鉴定费的；④卫生部规定的其他情形。

3.《最高人民法院关于人民法院民事诉讼中委托鉴定审查工作若干问题的规定》（法〔2020〕202号）的规定　人民法院委托鉴定应当根据鉴定事项的难易程度、鉴定材料准备情况，确定合理的鉴定期限，一般案件鉴定时限不超过30个工作日，重大、疑难、复杂案件鉴定时限不超过60个工作日。

4.《医学会医疗损害鉴定规则（试行）》第十七条　医学会应当在受理鉴定之日起30个工作日内完成鉴定并出具鉴定意见书。鉴定事项涉及复杂、疑难或者其他特殊问题的，完成鉴定的时间可以延长，延长时间一般不超过30个工作日。

5.《医学会医疗损害鉴定规则（试行）》第二十八条　受理鉴

定后，有下列情形之一的，医学会可以中止鉴定：①未按要求补充鉴定材料、缴纳鉴定费用的；②当事人对鉴定材料、鉴定专家组组成等提出异议，不能解决的；③因委托人、当事人或者其他原因导致鉴定暂时不能进行的；④医学会认为需要中止鉴定的其他情形。

（二）中止鉴定的作用

为保证鉴定的顺利进行，案件受理后，至召开鉴定会出具鉴定书前需要完成一系列的准备活动，比如收集真实、完整、充分的鉴定材料，预先缴纳鉴定费用，明确委托事项和争议要点，组织当事人抽取鉴定专家，通知当事人或委托人按时参加鉴定程序等等。如果上述准备活动因为当事人或委托人的种种原因未能完成，则鉴定程序将无法继续下去，导致鉴定周期延长。为避免因此而导致的鉴定超期，需设定中止制度，待中止事由消除后，恢复鉴定活动。

中止并不是鉴定的终结。中止鉴定一方面是对当事人或委托人的一种约束机制，督促其按时、有效地完成鉴定会前需要完成的所有步骤和准备工作，体现鉴定的严肃性与程序性；另一方面，也是保护当事人的权益，对当事人因特殊情况未能完成的事予以暂缓履行，一旦中止事由消失，即恢复鉴定程序。

（三）中止鉴定的注意事项

1. 符合中止条件时应当及时中止　在鉴定程序进行过程中，发现存在中止事由，如鉴定材料不全、对鉴定材料真实性有异议、未缴纳鉴定费，或者对专家组组成、专家或鉴定工作人员回避有异议，应当及时中止。否则既增加鉴定时限计算方面的压力，也影响鉴定会的顺利进行。

2. 中止原因应当明示　《医疗事故技术鉴定暂行办法》《医学会医疗损害鉴定规则（试行）》对中止情形都进行了明确规定，如符合条件需要中止鉴定，应向委托人和/或当事人明确中止原因，便于委托人和/或当事人知情理解并解决问题。

3. 合理把握中止的时间期限　由于案件情况差异较大，目前制度中并没有规定可以中止多长时间，医学会通常会耐心等待中止原因的消除。然而毕竟会有一些案件因应当补充的材料迟迟不能提交，造成中止时间过长，久拖不决，不利于案件处理，因此设定中止期限是很有必要的。实践中，医学会与委托人约定的中止期限一般不超过3个月，届时中止情形仍未能消除，医学会可以终止鉴定，并向委托人说明理由。委托人认为需要延长时间的，可以与医学会协商确定中止期限；如果协商不成，医学会亦可以终止鉴定。

4. 中止和恢复需要履行手续　中止通知一般采用书面形式；中止事由消灭、需恢复鉴定时，医学会亦须发函至委托人和/或当事人，通知解除中止，恢复鉴定程序。

二、终止鉴定

终止鉴定是指鉴定机构在鉴定过程中，遇到致使鉴定不应当或者不需要继续进行时终结鉴定的活动。“不应当”往往是指当事人拒绝配合鉴定程序；“不需要继续进行”是指在出具鉴定书前已协商调解、当事人申请撤回、委托人要求撤销鉴定或者因不可抗力等原因导致鉴定程序无法继续下去等情形。有以上终止事由的，医学会应尊重委托人或当事人的意见，终止鉴定。

（一）相关规定

1.《医疗事故技术鉴定暂行办法》第三十八条　当事人拒绝配合，无法进行医疗事故技术鉴定的，应当终止本次鉴定，由医学会告知移交鉴定的卫生行政部门或共同委托鉴定的双方当事人，说明不能鉴定的原因。

2.《医疗事故技术鉴定暂行办法》第四十四条　在受理医患双方共同委托医疗事故技术鉴定后至专家鉴定组作出鉴定结论前，双方当事人或者一方当事人提出停止鉴定的，医疗事故技术鉴定终止。

3.《医学会医疗损害鉴定规则（试行）》第十六条　委托人对医学会是否实行回避的决定有异议，不能达成一致意见的，医学会可以中止鉴定或者终止鉴定。

4.《医学会医疗损害鉴定规则（试行）》第二十九条　受理鉴定后，有下列情形之一的，医学会可以终止鉴定：①发现有不符合受理条件的；②委托人不能或者拒绝补充提供符合要求的鉴定材料的；③当事人扰乱医学会工作秩序、鉴定秩序，影响鉴定进行的；④委托人撤销鉴定委托或者要求终止鉴定的；⑤中止期满3个月，中止情形仍未能消除的；⑥因当事人健康、丧失行为能力等原因，或者不可抗力致使鉴定无法继续进行的；⑦法律、法规、规章规定的其他应当终止鉴定的情形。

（二）终止鉴定的注意事项

1. 关于终止鉴定后可否再次申请鉴定　目前鉴定相关的规定中未禁止终止后再次申请鉴定。医学会终止鉴定是由于该次鉴定无法继续进行，如果问题能够解决，委托人决定再次委托鉴定，医学会应当进行审查，符合受理条件的可以受理。

2. 关于鉴定会后可否终止鉴定的问题　医疗鉴定是应委托人的要求而开展的，委托人有权在鉴定过程中提出终止鉴定的要求。鉴定书出具前，鉴定程序未全部结束，在此期间，委托人要求撤销鉴定委托或终止鉴定，医学会应当尊重其选择。医患双方共同委托的，其中一方要求撤销委托或终止鉴定，可以予以终止鉴定，不再出具鉴定书。

3. 关于申请和决定终止鉴定的表达方式　终止鉴定可能对医患双方的利益和案件的处理造成重大影响，其申请和决定是一项严肃的工作，工作中应当以书面形式作出终止鉴定的决定。

4. 关于终止鉴定后退还鉴定费问题　受理鉴定后医学会必然会投入一定的人力、物力和财力，终止鉴定时，医学会可以根据鉴定工作进度和实际支出情况予以扣除，将剩余部分退回委托人或交款人。由于一些成本（尤其是办公场地、设备、人员等隐性支出）计算较为困难，部分地区医学会在受理时即与委托人做好约定，采取按鉴定阶段扣费的方式，例如，鉴定会召开前一天扣除50%，鉴定会当天及以后不再退费。

（王秀华，方志德）

第八节　鉴定后有关事宜的处理

医学会发出鉴定书后还会遇到一些问题。有当事人的询问（甚至纠缠），也有委托单位履行法定职责进行的审查，以及审查后要求医学会回复、补正、补充鉴定、鉴定人出庭、重新鉴定。其中一些是符合规定和条件的，也有一部分理由不充分，医学会应当配合委托单位的审核，做必要的说明，根据相关的法律、法规、规章、规则视情况进行有效应对，以维护当事人的合法权益，保障鉴定工作科学性、公正性，从而提高医疗鉴定的公信力和权威性。

一、质询及回复

委托人和/或当事人收到医学会出具的鉴定书后，对鉴定过程、鉴定意见提出质询的，医学会应当视情况处理。

（一）有关规定

《医疗事故处理条例》《医疗事故技术鉴定暂行办法》均没有鉴定后委托人或医患双方医学会提出问题、要求解答的直接规定。

《最高人民法院关于民事诉讼证据的若干规定》（法释〔2019〕19号）第三十七条规定，当事人对鉴定书的内容有异议的，应当在人民法院指定期间内以书面方式提出。对于当事人的异议，人民法院应当要求鉴定人作出解释、说明或者补充。人民法院认为有必要的，可以要求鉴定人对当事人未提出异议的内容进行解释、说明或者补充。

（二）注意事项

鉴定工作是一项法定工作，委托人或当事人鉴定后向医学会询问或咨询也应当依法进行。符合规定的，医学会有义务及时回复和解释相关问题；没有法律依据（授权）或与鉴定无关的问题，医学会可以不予回复。

委托人或当事人直接与鉴定专家联系，要求解答问题的，鉴定专家应当拒绝。

委托单位以书面形式提出问题的，医学会一般以书面形式答复。

口头沟通的，医学会工作人员要把握好分寸，不超出法律规定和权限作答，避免对方秘密录制或断章取义引发新的矛盾。

二、补正

“补正”是对瑕疵证据进行必要的补充与相关纠正。医学会在发出鉴定书后，发现格式或内容方面存在瑕疵，但未对鉴定意见造成实质影响的情形，可以对鉴定书进行补正，以使其能够正常使用。

（一）相关规定

医疗事故技术鉴定相关的规定中对补正无明文规定。《最高人民法院关于民事诉讼证据的若干规定》（法释〔2019〕19号）第四十条，对鉴定意见的瑕疵，可以通过补正、补充鉴定或者补充质证、重新质证等方法解决的，人民法院不予准许重新鉴定的申请。

《医学会医疗损害鉴定规则（试行）》第三十条规定，鉴定意见书出具后，发现有下列情形之一的，医学会可以进行补正：①印制不清晰的；②签名、盖章或者编号不符合制作要求的；③文字表达、格式有瑕疵或者错别字，但不影响鉴定意见的。补正应当在原鉴定意见书上进行，加盖医疗损害鉴定专用章。必要时，可以出具补正书。

（二）注意事项

保持鉴定意见的稳定性。不要试图通过“补正”改变鉴定意见的本意，尤其是结论性意见。如果确属鉴定书中结论性意见处出现笔误或缺漏，补正时需要做详细说明，接受并配合委托单位的相关审查。

补正可以应委托人的要求进行，也可以是医学会发现问题后主动补正。

补正可以原鉴定书上手写修改，修改人在修改处签名并加盖鉴定用章；考虑到鉴定书发出后收回存在一定困难，医学会可以采用“补正书”或“更正说明”等方式，作为公文书，更能体现鉴定书的严肃性；如果关键文字的错误，除“更正说明”外，最好能够重新制作鉴定书，并注明原鉴定书作废。

三、补充鉴定

补充鉴定是指发现原鉴定项目有遗漏的，或者委托人补充新的相关鉴定证据的，经原鉴定委托人委托，可由原接受鉴定的医学会作出补充性的鉴定，并出具补充鉴定意见书。补充鉴定意见书是对原鉴定意见的补充，不是更正鉴定，是对原鉴定没有解决的问题的补充，是原委托鉴定的组成部分。因此，补充鉴定不是对原鉴定的否定，而是与原鉴定协同发挥证据作用。

（一）相关规定

医疗事故技术鉴定相关的规定对补充鉴定无明文规定。

《最高人民法院关于人民法院民事诉讼中委托鉴定审查工作若干问题的规定》（法〔2020〕202号）第十一条规定，鉴定意见书有下列情形之一的，视为未完成委托鉴定事项，人民法院应当要求鉴定人补充鉴定或重新鉴定：①鉴定意见和鉴定意见书的其他部分相互矛盾的；②同一认定意见使用不确定性表述的；③鉴定意见书有其他明显瑕疵的。

《医学会医疗损害鉴定规则（试行）》第三十一条规定，医学会遗漏委托鉴定事项，委托人要求补充鉴定的，医学会应当组织补充鉴定，不得另行收取费用；委托人补充新的鉴定事项或者提供新的鉴定材料，申请补充鉴定，医学会同意进行补充鉴定的，可以另行收取费用。补充鉴定是原委托鉴定的组成部分，一般由原鉴定专家组进行。原鉴定专家组难以组织的，医学会可以在专家库中抽取其他专家组成鉴定组。补充鉴定可以召开现场会议，也可以以视频、书面等形式组织专家进行。

（二）注意事项

补充鉴定可能会改变原鉴定意见，医学会启动此程序应当慎重。

补充鉴定主要针对鉴定时专家没有讨论，或虽然讨论但没有形成结论性意见（如鉴定时病情尚不稳定，暂时不宜评残），导致鉴定书中遗漏的部分开展。如果原鉴定会中已经讨论并有结论性意见，仅是鉴定书中漏写，可以采用补正的方式完成。

医学会已经完成鉴定后，委托人再增加委托事项或补充鉴定材料，医学会可以根据自身能力和实际情况决定是否组织补充鉴定。如果受理，可以与委托人约定鉴定周期、组织方法以及费用等具体事宜。

补充鉴定一般需要组织专家组讨论，讨论的方式可以通过现场或线上、书面等形式，条件允许的尽量召开现场会。补充鉴定意见的形成机制也是合议制原则。

为保持鉴定意见的稳定性，补充鉴定以原鉴定组成员为宜；如原专家组确难组织的，也尽量召集其中的大部分专家。

补充鉴定应当出具“补充鉴定意见”，对补充鉴定背景、过程、分析和结论性意见做说明，并加盖鉴定用章。其格式没有统一规定。

四、重新鉴定

重新鉴定是委托单位在对医学会鉴定进行审核后，认为鉴定存在较为严重的问题，而重新委托鉴定机构或重新组织专家进行鉴定的活动。

（一）医疗事故技术鉴定中关于重新鉴定相关规定

1.《医疗事故处理条例》第四十一条　卫生行政部门收到负责组织医疗事故技术鉴定工作的医学会出具的医疗事故技术鉴定书后，应当对参加鉴定的人员资格和专业类别、鉴定程序进行审核；必要时，可以组织调查，听取医疗事故争议双方当事人的意见。

2.《医疗事故处理条例》第四十二条　卫生行政部门经审核，对符合本条例规定作出的医疗事故技术鉴定结论，应当作为对发生医疗事故的医疗机构和医务人员作出行政处理以及进行医疗事故赔偿调解的依据；经审核，发现医疗事故技术鉴定不符合本条例规定的，应当要求重新鉴定。

3.《医疗事故技术鉴定暂行办法》第三十九条　医学会对经卫生行政部门审核认为参加鉴定的人员资格和专业类别或者鉴定程序不符合规定，需要重新鉴定的，应当重新组织鉴定。重新鉴定时不得收取鉴定费。如参加鉴定的人员资格和专业类别不符合规定的，应当重新抽取专家组织专家鉴定组进行重新鉴定。如鉴定的程序不符合规定而参加鉴定的人员资格和专业类别符合规定的，可以由原专家鉴定组进行重新鉴定。

（二）医疗损害鉴定中关于重新鉴定的相关规定

1.《最高人民法院关于民事诉讼证据的若干规定》（法释〔2019〕19号）第四十条　当事人申请重新鉴定，存在下列情形之一的，人民法院应当准许：①鉴定人不具备相应资格的；②鉴定程序严重违法的；③鉴定意见明显依据不足的；④鉴定意见不能作为证据使用的其他情形。

2.《医学会医疗损害鉴定规则（试行）》第三十二条　有关单位依法调查后认定医学会或者鉴定专家不具备医疗损害鉴定资格、鉴定程序严重违法、鉴定意见明显依据不足或者出具虚假鉴定意见而委托重新鉴定，要求退还已经收取的鉴定费用，医学会应当退还。

3.《医学会医疗损害鉴定规则（试行）》第三十三条　有条件的医学会可以接受委托单位依法委托的医疗损害重新鉴定。重新鉴定时，鉴定专家组应当不少于5人，其中至少有3人具备正高级专业技术职称。

（三）注意事项

1. 重新鉴定的委托　医疗鉴定是否应当重新鉴定，应当由委托人审查后决定；医患双方如果对鉴定有异议，应当向有关部门反映，而不能一方或双方认为前次鉴定存在问题就可以重新鉴定。

2. 重新鉴定条件的把握　委托人的审核主要集中在参加鉴定的人员资格和专业类别、鉴定程序，如果鉴定中违反规定，且对鉴定产生实际影响的，应当进行重新鉴定。委托人的审查主要集中在：①鉴定的组织者是否是符合条例规定的医学会；②鉴定组成员有无法定资格；③鉴定组组成是否符合该项鉴定所涉及的医学专业类别，相关专业的人员比例是否符合规定要求；④鉴定程序是否符合各项制度和方法、步骤；⑤鉴定组成员产生是否按规定（含约定）进行抽取；⑥鉴定书是否符合规定的各项要素。

3. 重新鉴定的组织　医疗事故争议的重新鉴定由原医学会组织，医疗损害鉴定一般不在原医学会进行。

五、鉴定人出庭作证

鉴定人（鉴定专家）出庭作证、接受质询是最为重要的鉴定后程序，对于审查鉴定意见能否作为认定事实的根据非常重要。医学会出具医疗损害鉴定意见书后，当事人申请鉴定人出庭作证，经人民法院审查同意，或者人民法院认为鉴定人有必要出庭的，医学会在接到人民法院出庭作证通知后应当履行鉴定人出庭作证义务。

（一）相关规定

1.《中华人民共和国民事诉讼法》第八十一条　当事人对鉴定意见有异议或者人民法院认为鉴定人有必要出庭的，鉴定人应当出庭作证。经人民法院通知，鉴定人拒不出庭作证的，鉴定意见不得作为认定事实的根据；支付鉴定费用的当事人可以要求返还鉴定费用。

2.《最高人民法院关于审理医疗损害责任纠纷案件适用法律若干问题的解释》第十三条　鉴定意见应当经当事人质证。当事人申请鉴定人出庭作证，经人民法院审查同意，或者人民法院认为鉴定人有必要出庭的，应当通知鉴定人出庭作证。双方当事人同意鉴定人通过书面说明、视听传输技术或者视听资料等方式作证的，可以准许。鉴定人因健康原因、自然灾害等不可抗力或者其他正当理由不能按期出庭的，可以延期开庭；经人民法院许可，也可以通过书面说明、视听传输技术或者视听资料等方式作证。

3.《最高人民法院关于民事诉讼证据的若干规定》第三十三条　鉴定开始之前，人民法院应当要求鉴定人签署承诺书。承诺书中应当载明鉴定人保证客观、公正、诚实地进行鉴定，保证出庭作证，如作虚假鉴定应当承担法律责任等内容。

4.《医学会医疗损害鉴定规则（试行）》第三十四条　人民法院通知出庭作证的，医学会应当按规定组织鉴定人员出庭。因健康原因、自然灾害等不可抗力或者其他正当理由不能按期出庭的，医学会应及时向人民法院说明。经人民法院许可，也可以通过书面说明、视听传输技术或者视听资料等方式作证。

随着科技的发展，还可以采取远程视频方式出庭作证，以提高出庭作证效率，减少干扰。

（二）鉴定人出庭作证的意义

鉴定人出庭作证是司法公正的体现，是法治进步的必然结果。鉴定人出庭作证切实保障了当事人的权利，体现鉴定意见的证据属性，同时也是验证鉴定意见专业性、科学性的制度要求，具有重要意义。

1. 法律赋予鉴定人的义务　根据《中华人民共和国民事诉讼法》的规定，经人民法院通知，鉴定人原则上应当出庭。

2. 提高鉴定意见的证据可信度　鉴定意见是专业性极强的专家意见，当事人及其代理人、案件审理法官在阅读、审查鉴定意见后，对于医学方面的专业知识和技术理解困难，或者有误解的，经鉴定人出庭解释、说明以后，有助于提高鉴定意见的采信度。

3. 提升鉴定质量　经历过出庭作证以后，鉴定专家和鉴定工作人员对于鉴定意见的说理性和逻辑性、鉴定程序的严肃性和公正性有了更深刻的体会和理解，促进鉴定质量的提升。

（三）注意事项

1. 出庭作证的必要性　我国法律规定，未经质证的证据不得采信，鉴定意见也不例外。鉴定人出庭作证，是人民法院根据诉讼法的规定，要求鉴定人在法庭上接受当事人及法院对于鉴定意见和专门性问题当面的、直接的质询，是鉴定人的法定义务。医学会在接到人民法院的出庭通知时，应当组织好鉴定人出庭作证，完全履行该项法定义务。

2. 出庭通知　鉴定人出庭作证的时间确定非常重要。开庭审理时涉及审判员、书记员、原告、被告及鉴定人时间的协调，特别是临床专家，平时的诊疗、科研、教学等任务都非常重，挤出时间参加出庭作证更是不容易。实践中，部分地区的医学会和当地法院就鉴定人出庭作证的申请及理由、出庭通知、出庭人员、费用及要求等通过文件或会议纪要的形式作出了规定，对顺利落实该项制度很有裨益。有经验的法官一般会和医学会事先沟通出庭的时间和理由，经医学会与鉴定专家确认后，人民法院再安排庭审、发出庭通知。同时，在出庭通知中明确出庭时间、地点、出庭要求，明确对出庭鉴定人的人格尊严、人身安全及其他合法权益的法律保护。另外，人民法院应当将出庭需要解答的问题予以明确，以书面形式通知，便于鉴定专家组进行讨论和准备。

3. 出庭作证与书面答复　出庭作证时，由具备专业知识和技能的专家当面解释、说明专门性问题，会让当事人和法官对诊疗行为的理解更全面、更正确，有利于对鉴定意见的认可和采信，有着书面答复没有的优势。医学会鉴定为3人以上专家，全部参加出庭活动在时间上很难保证，通常情况下由专家组选派1人出庭。如果鉴定人确实无法出庭，经与人民法院沟通后准许的，可以书面形式、视听传输技术或者视听资料进行答复。从实践来看，对书面答复不满意的，人民法院有时还会要求鉴定人出庭。

4. 鉴定人出庭作证的培训与应对　鉴定人出庭对于临床专家来说，有顾虑也是正常的。作为医学会，应该在该项制度实施前和实施过程中，做好相应的培训工作，邀请法官进行授课，总结、梳理出庭中存在的问题及应对的方法，强调顺利出庭接受质问的前提还是本身鉴定书的质量，打消专家的顾虑。同时，接到出庭通知后，医学会准备好出庭作证所需的材料，和出庭专家再次系统梳理案件事实，核实鉴定意见出具的理由和依据，做好回答质询及提问的专业准备和时间准备。在法庭上，专家就专业问题进行解释与说明，可以拒绝回答与鉴定无关的问题，拒绝回答当事人及其代理人的无理提问。一些难以现场回答的问题可以在庭后与专家组其他成员讨论，并以书面的形式补充。

5. 出庭费用　鉴定人因出庭发生的交通费、住宿费、生活费与误工补贴，由人民法院按照所在省市的标准执行，医学会在开庭前与人民法院明确支付额度和支付方式。各地鉴定人出庭费用标准和收取方式有所不同，一些司法鉴定机构在受理鉴定时便收取一定金额作为出庭费用，医学会开展医疗损害鉴定时可以学习借鉴，就出庭费用做事先约定。

六、信访与投诉

当事人对鉴定意见（结论）不服的，会以信访或投诉的形式进行。医学会根据信访与投诉的问题，认真调查核实，按照《信访条例》等法律法规，及时给予相应答复，并告知对鉴定意见（结论）不服的其他救济途径。具体内容参见本书第七章中接待工作相关内容。

（王秀华，方志德）

第五章　医疗鉴定的理论和方法

做好医疗鉴定工作，需要鉴定专家具备丰富的医学、法律、卫生管理等方面的知识，既包括理论，也包括经验。理论是实践的基础，熟悉鉴定理论有助于深入理解鉴定工作，明确鉴定思路，掌握分析问题、解决问题的鉴定方法，提升解决鉴定有关问题的能力。鉴定的理论是对鉴定相关知识的理解和论述，有着概括性强、抽象度高的特点，具有普遍指导意义。鉴定的理论体系由多个（种）理论构成，是鉴定理论的系统的有机整合。随着研究的不断深入，鉴定的理论和理论体系也会随之不断发展变化。

医疗活动本身具有极大的专业性和复杂性，开展医疗鉴定所涉及范围十分广泛。医疗鉴定既要体现其技术性特点，回答医疗活动是否存在过错，通过重建既往发生的医疗行为并全面分析回顾，对照医疗卫生管理法律法规、部门规章和诊疗护理技术规范来判断；还要体现其证据性特点，要在技术和事实判断的基础上，上升到法律层面，需要进一步运用法律，比照法律规定，结合对法律条文的理解来回答医疗损害鉴定中需要回答的专门性问题。正确理解鉴定的理论，熟练掌握鉴定方法，对鉴定专家和鉴定工作人员来说均是十分必要。

出于本书的定位和篇幅考虑，无法对鉴定理论体系做全面阐述。针对医疗鉴定工作的基本需求，本章择取医疗鉴定中经常接触的医疗过错、因果关系、损害后果、举证责任等部分的理论和方法问题进行论述，并就三期鉴定的有关问题进行分析，供大家参考。

第一节　医疗过错与医疗过失

《医疗事故处理条例》第二条规定，本条例所称医疗事故，是指医疗机构及其医务人员在医疗活动中，违反医疗卫生管理法律、行政法规、部门规章和诊疗护理规范、常规，过失造成患者人身损害的事故。可见，医疗事故的定义是指“过失”造成患者人身损害的事故，“过失”是构成医疗事故的前提和必要条件。

原《中华人民共和国侵权责任法》第五十四条规定，患者在诊疗活动中受到损害，医疗机构及其医务人员有过错的，由医疗机构承担赔偿责任。2021年1月1日《中华人民共和国民法典》实施，第一千二百一十八条规定，患者在诊疗活动中受到损害，医疗机构或者其医务人员有过错的，由医疗机构承担赔偿责任。两者均规定“过错”是构成医疗损害责任的前提和必要条件。

由此可见，“过失”和“过错”的判定在医疗事故技术鉴定和医疗损害鉴定中十分重要。本节围绕“过失”和“过错”的区别和联系、在医疗鉴定如何界定等问题进行论述，并就一些常见的“过失”或“过错”的判断方法进行分析。

一、“过失”和“过错”的区别和联系

《左传·宣公二年》：“人谁无过，过而能改，善莫大焉”。《吕氏春秋·具备》：“微二人，寡人几过”。古文中过错、过失释义为犯错误。《现代汉语词典》对过错的解释是过失、错误。由上述释义和解释可见，“过失”和“过错”大意相同，均指“错误”。

（一）法律层面的“过失”和“过错”

在司法审判中，错误行为的主观方面不外乎两种因素——“过失”和“故意”。故在法律层面，“过失”和“过错”有相同之处，又有区别。

1. 过错 “过错”是行为人的心理状态，是指违法行为人对自己的行为及其后果所具有的主观心理状态 ，是行为人所选择的行为具有违反社会普遍认同的行为标准的特点，包括故意和过失两种类

型。行为人预见到自己行为的违法损害后果，但仍然希望或听任其发生的心理状态，为故意；行为人对其行为后果应该预见而没有预见到，或虽预见到了但自信可以避免的心理状态，为过失。判断行为人是否应该预见，应在普通人的一般认识水平上，结合行为人本身的具体情况以及行为时的具体环境予以确定。因主观“故意”的医疗行为而造成的人身损害，虽然可以在民事赔偿上适用医疗损害侵权责任，但在刑事上却不能以“医疗事故罪”，只能以“故意伤害罪”或“故意杀人罪”论处。

2. 过失 “过失”是过错的一种类型。主观“过失”的表现形式有“疏忽大意”和“过于自信”两种。所谓疏忽大意，是指行为人应当预见到自己的行为会引起某不良后果，却没有去预见。而所谓过于自信，是指虽已预见到，却轻信能够避免。其特征为：①实际认识和认识能力相分离；②应为行为和实际所为不一致；③主观愿望与客观效果相矛盾。由过失造成的医疗事故或者医疗损害，即便情节严重并造成严重后果，触及刑法构成犯罪，也只构成“医疗事故罪”，不能以“伤害罪”“杀人罪”论处。

（二）“过失”和“过错”在鉴定中的界定

由上文可知，“过错”和“过失”的不同之处在于，“过错”包括“过失行为”和“故意行为”，而“过失”仅指“过失行为”。在鉴定工作中，一方面，不能以“不是故意的”为由，不予判定为“医疗事故”或者“医疗损害责任”。这是因为，医方只要主观方面存在“过失”心理（即疏忽大意、过于自信），就足以在医疗上发生“过错”的客观行为；而且在法院或者卫生行政部门委托医学会鉴定之前，一般都已经排除由医务人员借诊疗活动故意害人的刑事犯罪。另一方面，无论医疗事故鉴定还是医疗损害鉴定，医方当事人心里是怎么想的、是不是故意的都不是鉴定的内容，都不需要对“出自何种动机”、是否“故意而为”进行分析，只需要从客观上判断医疗行为是否具有违法性，理由如下。

1. “医疗过错”与“医疗过失行为” 民事责任中一般不问行为人主观上为故意还是过失，均应对其行为的后果负责。故在民事审判中几可忽略，故而人们（甚至包括法官）习惯忽略不计“过错”概念并非单指“过失行为”，而直接将“医疗过错”当作“医疗过失行为”的代名词。

2. 医疗事故主观动机 医疗事故的概念之所以特指以“过失”为主观因素造成患者人身损害的事故，其意义在于从主观动机上，将临床由“过失”造成的医疗损害事件与由“故意”动机造成的区分开。一般医方的主观愿望都与患方是一致的，都希望患者的病情早日治愈，在主观上不存在故意害人的动机，只是在职务行为中由于疏忽大意和/或过于自信，导致违反法律法规、规章和诊疗护理规范常规。医务人员在对患者诊疗活动中发生“医疗过错”，一般是由于“疏忽大意”和/或“过于自信”所致，几乎全都以“过失”为主观因素，而主观为“故意”的极为罕见。医疗事故是一个卫生行政监管的概念，对医疗事故构成的界定要求是“过失”而非“故意”，而且医疗事故是行政监管事项，可以采取行政管理措施予以纠正和处理。而“故意”造成患者损害结果则超出卫生行政部门的职权范畴，应当交予公安司法机关处理。

3. “故意”和“过失”的区分 比如明知其医疗执业的注册范围没有相应的专业，但仍然给患者实施相应的医疗行为，即超范围执业是故意的，最终造成患者出现不良后果，此时判断行为人的主观心理状态是“故意”还是“过失”呢？当然是过失。因为在法律上强调对“故意”和“过失”的判断，是针对行为人对损害后果发生所持的心理态度，显然，医师超范围执业时并不希望患者出现问题，而是抱着侥幸心理，以为自己故意违法的行为不至于会给患者造成不良后果而为之，所以仍然是过失。

（三）“医疗过错”与“医疗差错”区别

在医疗事故技术鉴定和医疗损害鉴定中，我们必须要认识到

"医疗差错"的概念已经过时不用。"医疗差错"与"医疗过错"虽一字之差，两者的概念截然不同。1987年6月29日颁布的《医疗事故处理办法》规定涉及医疗事故责任的有四种：①责任事故；②技术事故；③医疗差错；④医疗意外。"医疗差错"意指：虽有诊疗护理错误（过失），但未造成病员死亡、残废、功能障碍的情形。"医疗过错"则几乎是医疗过失行为的代名词，不过是医疗事故的一个要件。2002年9月1日实施的《医疗事故处理条例》第二条规定，本条例所称医疗事故，是指医疗机构及其医务人员在医疗活动中，违反医疗卫生管理法律、行政法规、部门规章和诊疗护理规范、常规，过失造成患者人身损害的事故；第四条规定，四级医疗事故：造成患者明显人身损害的其他后果的。可见《医疗事故处理条例》已经将凡是医疗过失行为造成的全部人身损害结果的情形都纳入"医疗事故"的适用范围，包括无残疾、无功能障碍的其他轻于"轻微功能障碍"的人身损害结果。这样的调整，目的是为追求赔偿标准的一元化，使医疗过失行为导致对人身损害的侵权赔偿标准趋于一致，以最大限度体现依法保护医患双方合法权益的立法思想。过去所谓的"医疗差错"实际包括两种情形：一是医疗过失行为给患者造成的"轻于轻微功能障碍"的"其他明显人身损害结果"的情形，即现在的四级医疗事故；二是医疗过失行为没有造成任何人身损害结果的情形，则现在不属于医疗事故。从《医疗事故处理条例》的立法本意看，已经将所谓"医疗差错"致人身体损害的过失行为纳入条例调整，故目前的医疗事故技术鉴定和医疗损害鉴定中，"医疗差错"的概念已经过时不用。

另外，在过去的医疗事故技术鉴定中曾有将过失评价和医疗质量评价相互混淆的情况，鉴定意见常表述为："本例不构成医疗事故，但医方在诊疗过程中存在……不够、不充分、缺陷、缺点或瑕疵"等情形。事实上，"过失"和"过错"是法律概念，是判定构成医疗事故和承担医疗损害责任的前提和必要条件，而"不够""不充分""缺陷""缺点""瑕疵"等常用于医疗质量的评价。

在鉴定实践中，我们应当避免使用“不够”“不充分”“缺陷”“缺点”“瑕疵”等词语对医疗行为进行评价。

二、过错责任原则与过错推定原则

（一）过错责任原则、过错推定原则与无过错原则的基本概念

1. 过错责任原则　过错责任原则是指行为人的过错是侵权责任的必备条件的归责原则。它是以行为人主观上的过错为承担民事责任的基本条件的认定责任的准则。按过错责任原则，行为人仅在有过错的情况下才承担民事责任；没有过错就不承担民事责任。过错责任原则意味着以行为人的过错作为责任的构成要件，行为人具有故意或者过失才可能承担侵权责任。按照《中华人民共和国民法典》第一千一百六十五条第1款规定，行为人因过错侵害他人民事权益造成损害的，应当承担侵权责任。过错责任原则是民事责任制度的一般原则。需要注意的是，法律没有特别规定的，原则上适用过错责任。

2. 过错推定原则　过错推定原则是指在某些侵权行为的构成中，法律推定实施该行为时具有过错。这些侵权行为的归责原则仍属于过错责任原则，即构成要件中要求行为人的过错。行为人可以通过举证自己没有过错来获得免责的效果，在这个意义上，也将过错推定为过错举证责任的倒置。因为在一般过错责任原则下，是要由受害人来证明行为人存在过错；而在过错推定的情况下，受害人不需要对行为人的过错举证证明，法律推定行为人存在过错，除非行为人能够证明自己没有过错。按照《中华人民共和国民法典》第一千一百六十五条第2款规定，依照法律规定推定行为人有过错，其不能证明自己没有过错的，应当承担侵权责任。适用过错推定的情况，需要有法律的明确规定。

3. 无过错责任原则　与过错责任原则相对应的是无过错责任

原则。无过错责任原则是指行为人损害他人民事权益，不论其主观上有无过错，根据法律规定均应承担侵权责任的归责原则。通俗来说，就是不要求你有过错，法律就规定了你在某种情形下应当承担侵权责任的归责原则。原《中华人民共和国侵权责任法》第七条规定，行为人损害他人民事权益，不论行为人有无过错，法律规定应当承担侵权责任的，依照其规定。其规定的几种无过错责任包括：产品缺陷责任、机动车交通事故责任、环境污染责任、高度危险责任、违规饲养动物的责任、饲养违禁动物的责任。《中华人民共和国民法典》有相似规定，其第一千一百六十六条规定，行为人造成他人民事权益损害，不论行为人有无过错，法律规定应当承担侵权责任的，依照其规定。

（二）医疗损害责任的归责原则

依据《中华人民共和国民法典》的相关规定，医疗损害责任的归责原则主要是过错责任原则，在特殊情形下适用过错推定原则和无过错原则。而与医疗鉴定有关的是过错责任原则和过错推定原则。

1. 过错责任原则 《中华人民共和国民法典》第一千二百一十八条规定，患者在诊疗活动中受到损害，医疗机构或者其医务人员有过错的，由医疗机构承担赔偿责任。据此规定，在医疗损害侵权的判决中适用过错责任原则，即过错作为承担赔偿责任的前提和必要条件，只有在医疗机构或者其医务人员具有过错行为才可能承担侵权责任。在医疗鉴定实践中，首先要判定医疗机构或者其医务人员的诊疗行为是否存在过错；如果存在过错，才可进一步分析过错行为与患者损害后果之间是否有因果关系及参与度/原因力大小等；如果医疗机构或者其医务人员的诊疗行为无过错，则无须承担赔偿责任。

2. 过错推定原则 《中华人民共和国民法典》第一千二百二十二条规定，患者在诊疗活动中受到损害，有下列情形之一的，推定医疗机构有过错：①违反法律、行政法规、规章以及其他有关诊疗规范的规定；②隐匿或者拒绝提供与纠纷有关的病历资料；③遗失、伪造、篡改或者违法销毁病历资料。据上法律规定的三种情形，适用过错推定原则，在此情况下，患方不需要对医方的过错举证证明，法律推定医方存在过错，除非医方能够证明自己没有过错。但学界认为“违反法律、行政法规、规章以及其他有关诊疗规范的规定”，是医疗鉴定中判定医方诊疗过错的标准，而非严格意义的过错推定。故在医疗鉴定实践中，对于委托方提出的“违反法律、行政法规、规章以及其他有关诊疗规范的规定”事项，我们需科学、客观、公正的进行分析、判定。

三、过错及过失判定的依据

医疗鉴定是指鉴定机构运用专业技术知识对医疗机构及其医务人员在诊疗活动中医疗行为有无过错（过失）、损害后果以及医疗过错（过失）行为与损害后果之间的因果关系、医疗过错（过失）行为在损害后果中的原因力大小（责任程度）等进行鉴别和判断，并提供鉴定意见的活动。过错（鉴于医疗鉴定过失与过错的外延一致，为便于表述，本文统称为“过错”）的界定在医疗损害鉴定中具有重要的意义。为避免认定的随意性，在鉴定中需要遵循统一的过错界定标准和依据。

《医疗事故处理条例》在医疗事故的定义中明确了过错的标准是违反医疗卫生管理法律、行政法规、部门规章和诊疗护理规范、常规，过失造成患者人身损害的事故。《中华人民共和国民法典》第一千二百二十一条规定，医务人员在诊疗活动中未尽到与当时的医疗水平相应的诊疗义务，造成患者损害的，医疗机构应当承担赔偿责任。将医疗过错界定为“医务人员在诊疗活动中未尽到与当时的医疗水平相应的诊疗义务”。对于过错这样的主观心理状态的判断，一般都采用客观标准。《最高人民法院关于医疗损害责任纠纷案件适用法律若干问题的解释》第十六条规定，对医疗机构及其医务人员的过错，应当依据法律、行政法规、规章以及其他有关诊疗规范进行认定，可以综合考虑患者病情的紧急程度、患者个体差异、当地的医疗水平、医疗机构与医务人员资质等因素。明确指出医疗过错认定的依据为“法律、行政法规、规章以及其他有关诊疗规范”。

由此可见，具体来说过错判定的依据有法律、法规、规章和诊疗技术规范、常规等。

（一）法律、法规和部门规章

医疗卫生管理方面的法律、法规、规章是医疗损害技术鉴定的当然依据。由于医疗活动涉及公民的生命和健康，因而医疗执业活动是在国家强制管理下的专业技术活动，为此国家立法机关、行政部门及其医疗卫生主管部门专门立法予以规制。

1. *法律* 法律是指由全国人民代表大会及其常委会制定的规范性文件，这一部分规范性文件法律效力最高。目前，医疗卫生管理法律包括：《中华人民共和国基本医疗卫生与健康促进法》《中华人民共和国母婴保健法》《中华人民共和国献血法》《中华人民共和国医师法》《中华人民共和国药品管理法》《中华人民共和国职业病防治法》《中华人民共和国传染病防治法》《中华人民共和国精神卫生法》《中华人民共和国食品安全法》《中华人民共和国国境卫生检疫法》等。此外，还有一些法律涉及医疗方面的规定，如《中华人民共和国民法典》。

2. *行政法规* 行政法规是指由国务院依法制定的有关卫生行政管理的规范性文件，它既是卫生法的渊源之一，也是下级卫生行政部门制定各种卫生行政管理规章的依据。包括：《医疗机构管理条例》《医疗事故处理条例》《医疗纠纷预防和处理条例》《医疗器械监督管理条例》《医疗废物管理条例》《中医药条例》《麻醉药品和精神药品管理条例》《护士条例》《公共场所卫生管理条例》《人体器官移植条例》等。

3. 部门规章　部门规章常指卫生规章，是国务院有权制定卫生行政规章的部门根据法律、行政法规，在本部门的权限范围内所发布的规范性法律文件。在全国范围内具有法律效力，其地位低于法律、法规，不得与它们相抵触。卫生规章具体内容更加贴近医疗执业活动，且相关的内容更加具体而具有可操作性。其包括:《医疗事故技术鉴定暂行办法》《医疗机构管理条例实施细则》《医院工作制度与人员岗位职责》《处方管理办法》《医师资格考试暂行办法》《医师执业注册暂行办法》《医疗美容服务管理办法》《重大医疗过失行为和医疗事故报告制度的规定》《医疗机构病历管理规定》《临床输血技术规范》、《医疗技术临床应用管理办法》《医师外出会诊管理暂行规定》《医院感染管理办法》《抗菌药物临床应用管理办法》等。

4. 地方性卫生法规　地方性卫生法规是指省、自治区、直辖市及省会所在地的市和经国务院批准的较大的市的人大常委会，在不与宪法、法律和行政法规相抵触的前提下，依法制定的卫生法律文件，在本地有法律效力。如《江苏省医疗纠纷预防与处理条例》等。

（二）药品说明书

药品说明书经过国家药品监督管理部门审核、批准后发布，具有法律属性，对医务人员具有当然的约束力，是鉴定实践中过错判定的当然依据。根据《中华人民共和国药品管理法》《医疗器械监督管理条例》等法律法规，药品说明书不仅是相关药品必须持有的、指导临床用药的技术性标准，而且其内容经过国家食品药品监督管理部门的审批后获得法定地位。药品说明书是临床决策有章可循的重要法定依据和行为路径，医疗机构及其医务人员使用时必须按照说明书内容执行，不得违反。《中华人民共和国医师法》第二十九条规定，医师应当坚持安全有效、经济合理的用药原则，遵循药品临床应用指导原则、临床诊疗指南和药品说明书等合理用药。在尚无有效或者更好治疗手段等特殊情况下，医师取得患者明确知情同意后，可以采用药品说明书中未明确但具有循证医学证据的药品用法实施治疗。医疗机构应当建立管理制度，对医师处方、用药医嘱的适宜性进行审核，严格规范医师用药行为。当所要鉴定的内容在药品说明书中没有规定时，再从《中华人民共和国药典》等中寻求药品用法循证医学证据作为鉴定实践中过错判定的依据。若二者内容冲突时，一般以药品说明书作为鉴定依据。

（三）诊疗护理规范、常规

诊疗活动中的诊疗护理规范、常规是基于维护公民生命健康权利的宗旨，在总结以往医学科学和技术成果的基础上对医疗过程的定义和所应用技术的规范和指南；是经卫生行政部门以及全国性行业协（学）会制定，具有技术性、规定性和可操作性，指导规范医疗行为，要求医疗机构及其医务人员在执业活动中必须严格遵守，认真执行。

诊疗规范常规是确保医疗行为合法性、保证不发生医疗事故的底线标准。每一条诊疗规范的形成，都是众多医务工作者临床经验教训的总结结晶。违反诊疗常规必定埋下医疗事故的隐患，与医疗事故的发生有必然联系。在判定医疗行为是否具有违法性时，只能以被忽略和违背的、应知应会的诊疗规范常规及其相应/合理的诊疗义务为客观衡量标准。

1. *诊疗技术规范*　诊疗技术规范是指医疗机构及其医务人员在对患者实施诊疗活动的过程中必须遵守的用以规制诊断和治疗行为的基本要求和行为准则。诊疗技术规范是从医学技术的角度出发，对医务人员的诊疗活动进行规制，其内容上应当涉及一系列与诊断和治疗有关的原则、方法、技术、要求、步骤等。诊疗技术规范是规范技术工作的带有一定强制性的法律文件，属于技术法规的范畴。诊疗技术规范较技术指南、技术操作规程具有更大的强制性，如果医务人员在诊疗活动过程中有违反，即可以认定其违反诊疗义务，属于违法行为。因此，诊疗技术规范应当由国家权力部门制定，并由有关权力部门以正式的方式予以发布，相关部门和单位对诊疗技术规范应当予以贯彻和执行。不过，遗憾的是，目前我国尚没有建立规范的诊疗技术规范制定和发布程序，也没有制定系统的诊疗技术规范。因此，我国诊疗技术规范尚处于空白状态，目前没有成文的严格意义上的诊疗技术规范。

2.《临床技术操作规范》和《临床诊疗指南》《医疗事故处理条例》自2002年9月1日起施行。2003年，由国家卫生部委托中华医学会牵头，组织中华医学会、中华口腔医学会和中华护理学会56个与临床专业密切相关的专科分会的数千名专家编写了《临床技术操作规范》，内容丰富，涵盖了临床各个学科，以科学性、权威性、指导性、可操作性为主旨，供全国各级医疗机构的医务人员在医疗实践中遵循，该《临床技术操作规范》是建国以来我国第一部指导和规范全国临床医务人员的学术巨著，卫生部要求全国广大医务工作者在临床实践中认真贯彻执行。2004年，在国家卫生部的领导下，由中华医学会、中华口腔医学会56个与临床专业密切相关的专科分会的数千名专家编写了《临床诊疗指南》，涉及临床各主要学科，内容丰富翔实，具有科学性、权威性、指导性的特点，供"全国各级医疗机构及其医疗专业人员在临床医疗工作中参照使用"。尽管卫生部未明确该内容就是临床医疗行为中的医疗行为规范，但是《临床技术操作规范》和《临床诊疗指南》由卫生部委托和指导，中华医学会牵头组织权威专家编写，基本上包含了临床各主要学科，在全国范围内具有科学性、权威性、指导性，必然是我们鉴定实践中过错判定的重要依据。

3. 临床实践指南和临床专家共识　临床实践指南的规范层次较诊疗技术规范更低，是指有关技术部门（往往是行业协会、学会及其下属的专业委员会）制定的向专业人员推荐使用的规范其专业技术活动的行为准则。一般而言，临床实践指南是中华医学会、中国医师协会等学术团体及其下属的各学科专业委员会制定，并向全国医疗界推荐使用。如:《急性ST段抬高型心肌梗死诊断和治疗指南》《深静脉血栓形成的诊断和治疗指南》《骨科大手术深静脉血栓防治指南》《早产儿治疗用氧和视网膜病变防治指南》《食管癌诊疗指南》《中国新生儿复苏指南》《中国心肺复苏指南》《慢性阻塞性肺疾病诊治指南》《困难气道管理指南》等。这些指南也是构成我国临床诊疗实践的重要依据，对于规范医疗活动具有重要意义，因此，技术指南也是我们在鉴定实践中过错判定的依据，但鉴定中需要结合具体案件、具体情况予以考察。

临床专家共识多由临床医学各专业分会或者某专家牵头，带领一个专家团队就某临床问题或者疾病诊疗达成共识。如:《中国老年人甲状腺疾病诊疗专家共识》《下腔静脉滤器置入术和取出术规范的专家共识》等。

虽然临床实践指南与临床专家共识都是为医务人员和患者提供某一特定临床问题的指导性意见（或推荐意见），其目的在于减少临床差错，降低医疗成本，改善医疗服务质量，保障患者安全。但是，由于我国目前缺乏权威的临床实践指南和临床专家共识制定的规范性法律文件，对临床实践指南和临床专家共识的制定、发布缺乏程序性、实质性规定，临床实践指南和临床专家共识极不规范，甚至还有错误，权威性备受质疑，其法律效力大打折扣，鉴定中应谨慎使用。

4. 教科书、权威专著　教科书是鉴定实践中过错判定的重要参考依据。教科书是人民卫生出版社出版的供基础、临床、预防、口腔医学类用的全国高等学校教材，教科书是用于医学院校教授医学生的国家级规划医学教科书，大多数为相对成熟、被整个医学界普遍接受的医学基础理论、专业基本知识、起码的医疗标准和规范要求，是使医学生成长为医疗临床专业技术人员的教学工具，也是制定诊疗规范常规的依据。教科书有别于参考书、专著和医疗诊治规范等，重视“三基”（基础理论、基本知识和基本技能）和“五性”（思想性、科学性、先进性、启发性和适用性）。

权威专著是鉴定实践中过错判定的参考依据。权威著作不等同于教科书，是由国内本学科专业公认的权威专家主编，汇集本学科主要技术力量集体编纂的权威专著。其是对本医学专业的系统总结，代表国内相关临床专业最高水准、最全面的研究成果和国内的权威观点，其中的专业技术规范基本在国内得到普遍公认，可以在鉴定时作为重要参考。例如：《黄家驷外科学》《王忠诚神经外科学》《实用内科学》《实用外科学》《实用妇产科学》《实用儿科学》等临床专著。

5. 论文　学术期刊、会议发表的论文，仅限于学术探讨和实验、试验阶段性研究成果，其对临床专业的普遍指导意义尚未经公认，一般不作为鉴定实践中过错判定的当然依据，可以在鉴定中根据情况作为参考。

综上，医疗鉴定实践中，法律、法规、部门规章、诊疗技术规范和指南、教科书和权威专著、药品说明书是过错判定的重要依据，鉴定会前应尽可能地查找和案件相关的依据，准确把握相关依据的时效性、适用性，适当考虑医疗机构和医务人员的资质及水平，在证据确凿、有章可循的基础上作出科学、客观、公正的判定。

四、注意义务

（一）注意义务的基本概念

“注意义务”的一种解释是指一个人对自己的事务谨慎与否，不仅可能影响自己的利益，还可能给他人的生命财产安全造成损害，与他人的关系极大。因此，谨慎不仅是对自己事务的注意，因为关涉他人，注意和谨慎自然应该被要求、被限制、被约束。此时，谨慎就成为义务，即注意义务。“注意义务”的提法和原则已在国外司法实践中被广泛采用，形成国际上英美法系和大陆法系确定过失侵权责任的重要法理基础和判断过失与否的重要依据。

法律上对注意义务的内涵界定存在不同的观点。如《牛津法律大辞典》将“注意义务”描述为：一个人对他人造成损害后，只有当法院判定被告在当时的情况下，对原告负有不为加害行为或不让加害行为发生的法律义务，而被告却由于未加注意，或未达到法律所要求的注意标准，或未采取法律所要求的预防措施而违反此种义务时，他才在法律上对受害人承担过失责任；如果在当时不存在注意的义务，由此发生的损害都属于无侵权行为的损害，被告不承担责任。有民法学者介绍国外民法根据不同状况下人的特定地位，确立行为人不同的注意标准可有如下三种，可借鉴于对注意义务的理解。

1. 普通人的注意　这种注意标准是指在正常情况下，只用轻微的注意即可预见的情形。这种注意义务是按照一般人在通常情况下能够注意到作为标准。对于一般人能够在一般情况下注意到却没有注意为有过失。例如，抽烟者把未熄灭的烟头随手扔进路边的树丛中引起火灾；或者对因突发心脏病倒在自己身边的路人视而不见，这都违反了普通人的注意。

2. 与处理自己事务一样的注意　所谓自己事务，包括法律上、经济上、身份上一切属于自己利益范围内的事务。要求以行为人平日处理自己事务所用的注意为标准。如陪同患者看病的患者家属，向医师叙述患者病情时忘记告诉医师患者曾在家中服用某些影响病情的药物，则违反了相当于处理自己事务一样注意的义务。未尽该义务时，在侵权法理论上界定为“具体轻过失”。

3. 专业人士（善良管理人）的注意　这种注意义务为具有相当知识经验的人，对于一定事件的所用注意作为标准，客观地加以认定。认定此种注意义务，只依其职业斟酌，而不问行为人有无尽此注意的知识和经验，也不论他向来对于事务所用的注意程度。换言之，这种注意义务不依行为人的主观意志为标准，而以客观上应不应当做到为标准，比前两种注意义务的要求都高，这是一种客观标准。例如，驾驶员行车时遵照交通规则保证行车安全的注意义务；律师对讼案中事件关键情节的发现、把握和依法辩护的注意义务；医务人员对所医治患者的生命健康安全的注意义务，都属于此种专业人士的、客观标准的注意义务。未尽该义务时，在侵权法理论上界定为“抽象轻过失”。

（二）医务人员应尽的注意义务

按照传统民法的一般理论，医务人员的注意义务属于抽象轻过失类型，是在善良管理人之注意义务基础上演化而来的专业人士的注意义务，是一种伦理道德义务的逐渐法定化的义务。我国台湾地区学者强调具有合格专业水平的医师为自己的子女诊治所应有的注意，从人的角度考察就是善良家父标准。《中华人民共和国医师法》规定，我国医师资格需通过专业考试取得，执业需注册方可。我国医务人员是在系统的医学专业理论、技能、技术学习，规范化培训，临床实践的基础上，掌握了丰富的医学专业知识的专业人员。据此，不言而喻医务人员的注意义务就是专业人士（善良管理人）的注意。

医务人员对患者应尽的“专业人士的注意义务”标准，是其职业的需要，是医疗过程中的一种法定义务，是确保医疗行为合法性的重要依据之一。对医疗争议中医疗行为是否有过错的评判不能以做到低层次的注意即可满足，而必须以这一“专业人士”的客观标准来衡量，看其是否尽到对患者生命健康安全“尽职尽责”的相应/合理的诊疗义务。例如，在老年病科代值夜班的一位消化科医师，夜间对突发心肌梗死的患者，除给予吸氧、给服速效救心丸一粒外，未采取其他任何诊治措施，也未请上级医师会诊指导协助抢救，患者最终不治而亡。对此，不应仅仅因其给这位患者吸氧、用药了，就认定其尽到了应尽职责；也不应因他是其他病房的医师，这次只是临时代班，就原谅其不具备本病房值班医师应知应会的工作能力。而应根据能胜任老年病科夜间值班医师职责的客观专业标准，来判定其是否履行了对患者应尽的充分注意义务。故此，应认定他存在未尽到相应/合理的诊疗义务的医疗过错，因为他所尽的注意义务只是低层次的，不符合客观的专业标准要求。

在讨论医务人员的注意义务时，我们经常听到或者看到“高度注意义务”的表述，甚至有鉴定人员在医疗损害鉴定文书中对“高度注意义务”赋予了特殊含义。比如，给一些三甲医院的医疗损害责任纠纷做鉴定，在分析医疗过错时，提到由于是三甲医院的医务人员，其在实施医疗行为时应当尽到“高度注意义务”。这显然是对“高度注意义务”的误解。诚然，三级医院的注意义务的要求高于二级医院，但这种“高于”的标准仍然以“当时”为限，即“当时”“当地”“同类别”医疗机构的医疗水平为判断基准。而学术著作中出现的“高度注意义务”，实际上是专业注意义务的另一种表述，鉴定人不应被这些炫目的辞藻所蒙蔽。

（三）如何理解“诊疗义务”与“注意义务”

《中华人民共和国民法典》第一千二百二十一条规定，医务人员在诊疗活动中未尽到与当时的医疗水平相应的诊疗义务，造成患者损害的，医疗机构应当承担赔偿责任。意即医疗过错界定标准为“诊疗义务”。其实际就是作为专业人士的医务人员注意义务的概念，即“诊疗义务”就是“医务人员的注意义务”。其实，造成医疗事故/医疗损害责任的主观过失（疏忽大意、过于自信），就是一种不注意的心理状态，是对医务人员注意义务的违反。

1. 对“相应的诊疗义务”的理解和认识

第一，“相应的诊疗义务”并非对医务人员提出的额外、更高的要求。有人错误地认为，在医疗事故鉴定中，医疗过失行为是：违反法律法规、部门规章和诊疗护理规范、常规；而《中华人民共和国民法典》判定是否医疗损害侵权，要考虑是否尽到相应的诊疗义务，岂不表明医疗损害鉴定对医方的要求更高、更严格了？事实上这只是立法中的表述不同而已，“要求”始终未变。“相应的诊疗义务”就是医务人员作为专业人士的注意义务，是与“法定执业权利”相对应的“法定义务”，是医疗行为合法性的基本要求和法律底线。早在1998年颁布的《中华人民共和国执业医师法》第二十二条，对执业医师应尽的法定义务已经作出明确规定，这就是：“树立敬业精神，遵守职业道德，履行医师职责，尽职尽责地为患者服务”，可视为对执业医师应履行相应诊疗义务的另一表述。

第二，“相应的诊疗义务”堵住了“无成文规定”的漏洞。《医疗事故处理条例》中“违反医疗卫生管理法律、行政法规、部门规章和诊疗护理规范、常规”的表述，意在强调以客观标准来衡量判定医疗过失行为的违法性，而仅以“常规”二字笼统涵盖约定俗成的行业通规、注意义务、原则要求等内容。相比之下，不同表述虽殊途同归，但从以下三点看，“相应诊疗义务”的表述似更加严谨、概括和全面：①尚未彻底认识清楚的临床医学规律仍在不断探索之中，使得已成文的诊疗规范标准需要不断地反复进行修补、淘汰、更新、重建，这个过程可能没有止境。而以文字固定下来的具体规定虽然已经自成体系，浩如烟海，却仍然很难完全涵盖千差万别的个体差异和各种条件、环境下的诊疗行为。这些都使得对医疗行为的要求，必须在总体以尽职尽责地保护患者生命健康安全为原则，尽到相应法定诊疗义务的统一前提下，强调个性化、具体情况具体分析，才不致挂一漏万、脱离临床实际、束缚医务人员履行法定义务合法合理的医疗行为。② 所有诊疗规范常规、技术操作规程、标准等的制定，必是以称职的、具备基本职业操守和履行法定诊疗义务的医务人员为前提。这是为什么大多数医学教科书、临床专著、成文的规范、标准、指南中不再处处从法定义务、职业操守的角度来提醒的原因。临床医学既是科学，很多时候又更像一门技艺，不得不需要医务人员个人的造诣、经验、能力等的积累和发挥过程。每一个诊疗环节上的细节把握、判断，不可能像机械化生产车间那样，统一要求到完全一致的极致标准。例如具体技术操作步骤、深浅，所用某些医疗器械的大小、粗细、长短，某些诊治措施的节奏把握和种类选择，对病情观察的疏密程度，等等。③鉴于临床医学的特殊性，对诊疗行为的要求越是具体详细，反倒越可能遗漏。新中国成立以来，虽然临床各个专业都围绕自己业务范围相继制定了一系列诊疗规范常规、指南、标准等，但至今还没有出现一部完整涵盖全部临床现象，完美交叉、有机整合一切诊疗活动，为规范大大小小所有医疗行为，而编制的放之四海而皆准的诊疗护理规范标准“大全”。中国没有，其他国家也没有，今后也很难期待。然而临床医学的对象和目的，决定了其对所有诊疗行为严格、明确的统一要求，就是要履行对保护患者生命健康安全尽职尽责的法定诊疗义务，达到行业认可的、专业人士注意义务的、应知应会的客观标准。《中华人民共和国民法典》将医疗机构及其医务人员的诊疗义务再次在民法权利-义务的层面进行确认，客观上对今后医疗鉴定中评价医疗行为时，对医方应尽的相应的诊疗义务起到无法推卸、不能回避的作用。

第三，该“诊疗义务”有明确的内涵。①根据立法参与者对这种“诊疗义务”的讲解，具体应该从专业角度的两方面考虑，一方面看，是否做到充分的谨慎、细致，可视为对责任问题的衡量；另一方面看，是否达到相当的专业水准，则可视为在技术水平上的衡量。对于医疗鉴定来说，这两方面对以同行专业角度审视医疗行为有无过错，形成既宏观、原则，又具体、严谨，切实可行的医疗行为专业判定方法。涵盖了对医疗行为总的基本要求，更表明对每一个医疗行为都可以从“责任”和“技术”两个角度去衡量。②尽到相应的诊疗义务（专业人士的注意义务）和遵守法律法规规章和诊疗护理规范常规，二者本质上应该是相辅相成的关系。而“相应/合理的诊疗义务”既然是客观要求，就不应是脱离专业知识、医学科学原理、医学伦理观念乃至法理支撑的空中楼阁、云山雾罩不可具象，必是以法律、法规、规章和诊疗护理规范、常规的要求为具体参照借鉴的。一般来讲，无论从责任上还是技术上，某一相应诊疗义务只要是要求具体医疗行为，都必然反映为是否遵守相关法律法规、部门规章、诊疗护理规范和常规的客观表现，也只有具有相当资历的专业同行人士才有资格进行判断。

第四，理解诊疗义务的“相应”与“合理”。所谓“相应的诊疗义务”，是指必须与“当时的医疗水平相应”，表明这是一个客观标准，是“应知应会”的客观要求，而不以医务人员自身临床经验多少，技术水平、能力素质高低，医疗机构管理水平、制度松紧等因素为限。其次，《中华人民共和国民法典》第一千二百二十四条第1款第2项规定“医务人员在抢救生命垂危的患者等紧急情况下已经尽到合理诊疗义务”，这里出现了“合理”。所谓“合理的诊疗义务”，应当：①考虑患者不同病情及其诊治的需要、相应法律、法规、规章和诊疗护理规范常规的标准；②与医疗机构和医务人员的资质等级权限、执业范围、专业类别、职务职称的不同要求相匹配；③地区医疗条件、医疗资源的差异虽然对保证医疗质量有所限制，但并非能成为在履行相应诊疗义务中不尽职尽责、不充分谨慎细致、不追求相当专业水准（或明知不行却不顾患者生命健康安全而为之）的理由。

2. *在医疗鉴定实践中如何认识“注意义务”* 医疗鉴定实践中，判定医务人员是否尽职尽责、医疗行为是否存在过错，首先应当确定的客观标准就是是否尽到“相应的诊疗义务”，“诊疗义务”即专业人士的“注意义务”。也就是说，认定医疗机构及其医务人员有无违反“注意义务”，应主要依据法律、法规、部门规章和诊疗护理规范、常规所规定的“诊疗义务”。

目前，我国法学界多数学者认为“注意义务”包涵结果预见义务和结果回避义务。医务人员的注意义务就是专业人士（善良管理人）的注意，在具体的医疗服务过程中，医务人员对医疗行为所具有的危险性加以注意的具体要求。医务人员对于患者具有提供医疗服务的义务，并且对于患者所发生的疾病以及诊疗行为所引起的损害后果，应当尽到预见和防止的义务。例如，腹腔镜下胆囊切除术损伤胆总管的案例，鉴定中需要依据法律、法规、部门规章和诊疗护理规范、常规所规定的相应诊疗义务，首先考察医务人员对患者疾病诊断是否成立、手术治疗是否有适应证、是否排除禁忌证、手术方式是否正确。进一步，调查医务人员对于腹腔镜下胆囊切除术损伤胆总管这一较为常见的并发症是否尽到预见义务，而是否尽到预见义务可以通过查阅术前讨论、手术同意书中风险告知内容等作出判断；结果回避义务通过术前讨论中对可能损伤胆总管这一风险是否有应对措施，术中发现诸如胆囊三角粘连、水肿、解剖显露不清时是否中转开腹等，是否存在疏忽大意、过于自信，在此基础上综合分析判定是否存在过错。

五、说明义务

《中华人民共和国民法典》第一千二百一十九条规定，医务人员在诊疗活动中应当向患者说明病情和医疗措施。需要实施手术、特殊检查、特殊治疗的，医务人员应当及时向患者具体说明医疗风险、替代医疗方案等情况，并取得其明确同意；不能或者不宜向患者说明的，应当向患者的近亲属说明，并取得其明确同意。医务人员未尽到前款义务，造成患者损害的，医疗机构应当承担赔偿责任。本条既对医务人员设定了说明义务，又对医务人员未尽说明义务的医疗机构替代责任进行了规定。《中华人民共和国医师法》第二十五条规定，医师在诊疗活动中应当向患者说明病情、医疗措施和其他需要告知的事项。需要实施手术、特殊检查、特殊治疗的，医师应当及时向患者具体说明医疗风险、替代医疗方案等情况，并取得其明确同意；不能或者不宜向患者说明的，应当向患者的近亲属说明，并取得其明确同意。《医疗机构管理条例》第三十二条、《医疗事故处理条例》第十一条和《医疗纠纷预防和处理条例》第十三条等法律法规对医务人员说明义务都有相关规定。

由此可见说明义务是法定义务，医务人员在诊疗过程中必须严格执行，否则必然存在违法行为。鉴定实践中，医方单纯表现为违反说明义务导致的医疗纠纷，只需根据病历等证据性资料确认即可推进过错行为，一般无须通过技术鉴定来判断；只在需同时判断违反说明义务的过错行为及相关的诊疗行为本身是否存在过错及其因果关系问题时，才会委托鉴定机构进行医疗技术鉴定。

“是否履行说明义务”能否作为判定医疗机构承担责任的衡量标准？对此问题不能一概而论。不能笼统认为，凡是未履行说明义务，患者有损害结果的医疗机构都应承担责任；同样也不能因为履行了说明义务，医方就一律不必再承担责任。具体来说，医方虽然履行了充分的说明义务，但是在后续的诊疗活动中未尽到与当时的医疗水平相应的诊疗义务，造成患者损害的，医疗机构应当承担赔偿责任；同样，医方虽未履行充分的说明义务，但未给患者造成损害或者医方在后续的诊疗活动中尽到与当时的医疗水平相应的诊疗义务，医疗机构不应承担赔偿责任。

从说明义务所起作用的角度，可将临床医师履行的“说明义务”大致分为两类：一类是涉及“实施手术、特殊检查、特殊治疗”时为了尊重患者的知情同意权和选择权的告知；另一类是为了让患者配合诊治的“病情和医疗措施”等方面的告知。

（一）涉及知情同意告知问题的医疗鉴定

手术、特殊检查、特殊治疗是具有侵袭性医疗行为，实施时必须有明确的适应证，且患者有知情权和自我决定权，而患者的知情权和自我决定权就是阻却侵袭性医疗行为违法性的法定事由。故，医务人员应当及时向患者具体说明医疗风险、替代医疗方案等情况，并取得其明确同意、合法授权，才可实施。涉及知情同意告知问题的医疗鉴定应该注意以下方面。

1. 患者的签字不是医疗过错行为免责的理由　患者在知情同意书上的签名，一般表明自己同意承担医方遵照诊疗规范实施的医疗措施带来的一般侵害性及正确手术不能防范的医疗风险；而不能理解为患方同意承担医方因违反诊疗规范、不尽充分谨慎、细致的诊疗义务造成患者更大伤害的风险。也就是说，知情同意书这种告知没有合同的功效。即便签署知情同意书，一旦医方因违反诊疗护理规范、常规，因疏忽、懈怠的医疗过错造成患者不应有的人身损害后果，医疗机构仍然要承担责任。

这是因为，这种告知是以诚实信用原则为前提，就是先假定并相信医师承诺的决策和操作都符合诊疗规范，而实际上操作是否真按规范去做，患方没有能力预知、衡量和要求。医患双方的信息不可能对称。既然这种告知并非“患者只要签了字，医方就可以免除一切法律责任”，那么在医疗鉴定中就没有必要追问患者“知不知情”“是不是你的签字”，而应当把鉴定的重心放在逐个环节分析诊疗行为是否存在过错上。

2. 如何衡量医方是否“具体”地履行了告知义务

（1）全面：尽可能将诊疗措施的必要性、关键步骤、条件、利弊、风险及其对应医疗措施、其他替代治疗方案及预后对比等等，充分告知患者后，再让患方作出抉择。

（2）客观：应符合医学原理和专业要求，实事求是。既不能隐瞒、过分轻描淡写，也不能过分夸大病情和风险。

（3）准确：用语应当无歧义，语义严谨完整。

（4）易懂：用患方可以理解的语言和文字进行告知。不一定书面文字要讲大段很深的理论知识，但起码应将治疗风险、选择的原则及利弊用通俗易懂的语言交代出来，并尽可能不使用简写、缩略语，对生僻的专业术语应予以适当的解释。

3. 医疗方案不当，不能以“有知情同意签名”为由免责　免责涉及治疗方案选择的知情同意告知，因让患者签名的目的不仅为取得患者合法授权，还有让患者承担部分选择治疗方案风险的作用。对这种治疗方案本身选择不当，同时又存在告知不当的案例，在鉴定时应当注意以下方面。

首先，诊疗方案选择不当的责任大多应在医方。患方的知情同意签名虽然对医方的决策有一定作用，但一般患方的“同意”会带有很大盲目性，而掌握医疗主动权的仍然是医方。

如果医方首先因疏忽懈怠的过失拟定错误的治疗方案，医疗过失行为即已客观存在，即便患者“签名”，也是因无知而相对被动的一方，此时不应免予医方错误选择治疗方案的责任。不得将治疗方案选择错误的责任推给患方，而忽略医方违反诊疗规范行为的严重性。

其次，要辨别患方的签字是否为其真实的意思表达。这可以从患方已签字同意的告知内容上看，是否已就相关事项做了足够充分的交代。进而帮助判断患方是否在医方的告知不明确、不全面、不客观和无针对性，甚至误导患者没有真正了解情况、不明真相的情况下，被知情同意签名。对此，应一方面认定医方存在治疗方案不当的医疗过失行为；同时，还要一并指出医方在要求患者选择治疗方案之前，未履行充分到位的知情同意告知义务，患者的知情同意签名并非其真实的意思表达。

4. 手术中“知情同意告知” 涉及手术的知情同意告知，除术前签署手术同意书、麻醉同意书等履行之前告知义务外，鉴定中时常会遇到医方发现手术中诊断与原诊断不符合、病情严重程度与术前不符，需要对原订手术方式或手术范围进行调整、更换术者、切除术前未确定切除的脏器或使用贵重耗材等情况。对此，鉴定时不能简单地以诸如术前签署的手术同意书上有“根据具体情况决定具体术式”等而判定医方已经履行了知情同意的说明义务，而是首先要分析判断医方术中更改原订手术方案、“扩大”切除范围、使用贵重耗材等行为是否是治疗疾病所必需，是否有充分证据证实有适应证且符合操作规范、常规；其次要依据《医院工作制度与人员岗位职责》围术期管理制度的规定，手术中如确需更改原订手术方案、术者或决定术前未确定的脏器切除，使用贵重耗材等情况时，要及时请示上级医师，必要时向医务处或主管院长报告，并须再次征得患者或家属同意并签字后实施。据此，鉴定时应当审查医方是否通过补充签署知情同意书等方式取得患方明确同意，否则应认定医方存在过错。而医方口头告知、手术记录或术后病程记录记载的诸如“术中告知病情，取得患者或患者家属的同意，遂行……”，在证明患方“明确同意”方面并不能替代患者或家属的签字。

5. “特殊检查、特殊治疗”的“知情同意告知”　对于手术的知情同意告知容易理解，而对于“特殊检查、特殊治疗”的知情同意告知时常会出现不同的看法。例如：肠镜检查、长期使用糖皮质激素、脑疝患者搬动行CT检查前是否需要签署知情同意书的问题，医方答辩称“有哪个规范要求肠镜检查需要签署知情同意书”，个别专家也认为“没有对脑疝患者搬动行CT检查前需要签署知情同意书规范要求”等。究其原因，是对“特殊检查、特殊治疗”的概念范畴缺乏深刻的认识。《医疗机构管理条例实施细则》第八十八条规定，特殊检查、特殊治疗是指具有下列情形之一的诊断、治疗活动：①有一定危险性，可能产生不良后果的检查和治疗；②由于患者体质特殊或者病情危笃，可能对患者产生不良后果和危险的检查和治疗；③临床试验性检查和治疗；④收费可能对患者造成较大经济负担的检查和治疗。据此规定，肠镜检查有一定危险性，可能产生穿孔、出血等不良后果，属特殊检查，必须签署知情同意书；一般情况下行CT检查属普通检查，无须签署知情同意书，但对于脑疝患者，患者病情危笃，搬动可能加重病情，随时有呼吸停止、心脏停搏的可能，对患者产生严重的不良后果，同样属于特殊检查，应当签署知情同意书。凡此种种，需要鉴定中分析辨别作出判定。

（二）对“病情和医疗措施”的说明告知

对病情和医疗措施的说明告知亦是法定要求，此种说明告知与“实施手术、特殊检查、特殊治疗”的知情同意告知作用有所不同。对病情和医疗措施说明告知的目的是为了让患者或其家属知晓患者病情的具体情况及采取医疗措施的必要性和可能达到的治疗目的，以便取得患者及其家属的理解和配合。此种说明告知义务包括：

①对住院患者的入院医患沟通、出院医患沟通、手术前后医患沟通和住院期间病情变化时的医患沟通等；②对门诊患者和出院后患者的“医嘱式”说明告知。

由于门诊患者和出院后随访患者的诊疗缺少连续性，对其病情和诊疗措施的“医嘱式”说明告知方显重要，未履行告知义务、错误告知、告知缺少针对性等情况，常常使患者的疾病得不到规范的诊疗，从而因延误诊断治疗造成损害，鉴定中应对其情况认真对待，不能以“告不告知和诊疗无关”“医方已经注明‘按期随诊’，已履行告知义务”，草率断定医方无过错。临床大部分疾病的诊治都是需要患者的积极配合和参与的，而患者一般不懂医学知识，不知道到底应该怎样配合医治、不懂得诊治中如何规避风险，怎样做才不会加重病情、保证治疗成功，这就需要医师向患方履行必要的、充分的讲解告知义务。这种告知义务是对患者诊疗措施的一个环节，当属“相应诊疗义务”的一部分，所以也是鉴定的内容。涉及医方未能履行此类应当以医嘱的形式体现的、需要患方以行动配合诊治的指导性告知，使患方没能配合医师诊疗，造成本不该发生的人身损害结果，鉴定时有必要追问患者“知不知情”“是不是你的签字”，以查清有无确凿书面证据证明医方已经向患方履行充分必要的告知义务。例如：对使用耳毒性抗生素的患者，应告知一旦出现耳鸣、眩晕等不适立即停药，及时来院就诊；对诊断为前置胎盘的孕妇，应充分告知其妊娠晚期可能有大出血的风险，应当在何适当时候提前住院待产；对骨折尚未痊愈的出院患者，应告知其回家养伤时应采取什么样的固定体位，给患者明示复查和负重的时间等。

六、病历书写问题

《医疗事故处理条例》要求医疗机构按照国务院卫生行政部门规定的要求，书写并妥善保管病历资料。为规范医疗机构病历书写行为，提高病历质量，保障医疗质量和医疗安全，强化医疗机构病历管理，维护医患双方的合法权益，国家卫生健康主管部门先后印发了《医疗机构病历管理规定》《病历书写基本规范》等规范性文件，其中《病历书写基本规范》第三条明确了病历书写的基本要求：病历书写应当客观、真实、准确、及时、完整、规范。医疗鉴定作为一种回顾性的专业技术鉴定，病历在鉴定时的重要性不言而喻，常常是医疗鉴定不可或缺甚至唯一的证据性材料，故而病历书写问题常常成为医疗鉴定中的焦点问题。

（一）病历相关概念和内容

《病历书写基本规范》第一条将病历定义为：病历是指医务人员在医疗活动过程中形成的文字、符号、图表、影像、切片等资料的总和，包括门（急）诊病历和住院病历。第二条将病历书写定义为：病历书写是指医务人员通过问诊、查体、辅助检查、诊断、治疗、护理等医疗活动获得有关资料，并进行归纳、分析、整理形成医疗活动记录的行为。

（二）有关病历书写或保管法律责任规定

《中华人民共和国民法典》第一千二百二十二条规定，患者在诊疗活动中受到损害，有下列情形之一的，推定医疗机构有过错：①违反法律、行政法规、规章以及其他有关诊疗规范的规定；②隐匿或者拒绝提供与纠纷有关的病历资料；③遗失、伪造、篡改或者违法销毁病历资料。

《医疗事故技术鉴定暂行办法》第十六条规定，有下列情形之一的，医学会中止组织医疗事故技术鉴定：①当事人未按规定提交有关医疗事故技术鉴定材料的；②提供的材料不真实的；③拒绝缴纳鉴定费的；④卫生部规定的其他情形。

鉴于《中华人民共和国民法典》第一千二百二十二条规定的推定医疗机构有过错的②和③两种情形及《医疗事故技术鉴定暂行办

法》规定的中止组织医疗事故技术鉴定的①和②两种情形，医疗鉴定实践中，对于诸如未能提供相关病历、病历资料不真实（伪造、篡改）的医疗纠纷，因医疗纠纷处理部门不委托或医学会等鉴定机构终止鉴定而不进入医疗鉴定程序，对于此种情形的病历书写问题在此不做深讨。

符合要求的病历书写能真实、客观、完整地反映出患者的就医经过和医务人员对患者疾病的诊疗行为。病历重现了医务人员通过准确的病史采集、详细的体格检查、必要的辅助检查，在此基础上去伪存真、综合分析、演绎推理作出临床诊断，继而给予规范的治疗这一临床诊疗思维。在医疗鉴定中有时会遇到虽非伪造、篡改病历，但病历书写中存在不客观真实反映病情的发生发展经过、病历记载不准确和不完整等不符合病历书写要求的情形。鉴定过程中，个别专家认为这是病历书写管理的问题不予评定，或者仅以“病历书写不规范”“病历书写不客观”“病历书写不完整”“病历书写不及时”“病历书写存在不规范之处”等一笔带过。事实上，医疗鉴定不同于病历质量评价，在鉴定中应当主要考察病历能否证明医务人员的诊疗行为符合诊疗护理规范常规、是否尽到符合当时医疗水平的诊疗义务。面对病历中存在的问题，我们应当区别对待，综合现场调查或其他资料进行分析、评定。

（三）病历书写不客观的认定原则

《现代汉语词典》对客观的释义为：①属性词，在意识之外，不依赖主观意识而存在的（跟“主观”相对）；②按照事物的本来面目去考察，不加个人偏见的。按照国家卫生健康委员会的相关规定，住院病历有客观病历与主观病历之分，但无论是客观病历还是主观病历，其制作均必须要具备客观性。病历书写的客观性指医务人员的病历记录要能够不加个人偏见的反映患者的病史、临床表现、辅助检查结果、病情的发展变化、手术操作情况、知情告知及治疗等诊疗行为的全过程，不能凭自己的主观想象书写。在医疗鉴定实践中，我们应当仔细查阅病历，结合现场调查作出判定。例如：青年男性患者凌晨急诊，急诊医师记录主诉为“突发腰部疼痛5小时，伴右腰部及右下肢麻木”，建议外科会诊；外科医师记录主诉为“转移性右下腹痛6小时”，诊断为阑尾炎，急诊在腰麻下行阑尾切除术，术后患者截瘫，进一步检查确诊为急性脊髓炎。回顾性分析，本案首诊医师记录的“突发腰部疼痛5小时，伴右腰部及右下肢麻木”主诉，印证了急性脊髓炎的诊断，反映了患者疾病的真实情况，而外科医师存在先入为主、有主观意向——记录为“转移性右下腹痛6小时”（阑尾炎的典型临床表现），没有反映出患者当时客观的临床表现，病历记录不客观、存在过错，过错行为导致对患者疾病的误诊误治，造成患者人身损害的不良后果。

（四）病历书写不真实的认定原则

《现代汉语词典》对真实的释义为：跟客观事实相符合；不假。病历内容的真实性是指病历本身形成过程是客观真实的且内容要能够客观反映待证事实。具体来说，病历中患者的病情、诊疗措施、医师或患者签名等任何内容都不得伪造、篡改，保证真实。病历的真实性与客观性有时是一致的，没有客观记录不等于不真实，但记录不真实显然是不客观。实践中经常出现医师不认真询问病史、不认真检查患者、不仔细观察病情等情形，想当然凭印象书写病历，有的医师之间互相模仿签字或代替签字，有的医师代替患者或非患者委托代理人签字。这些都造成了病历的失真，事后极容易导致患者的质疑，因病历不真实引起的矛盾往往比较容易激化。当然，医疗鉴定中也要注意，病历记录不真实与虚假病历/篡改病历性质是不同的，应当区别对待。病历记录不真实指原始记录与实际情况之间存在差异，可以进一步查证、还原事实；而虚假病历/篡改病历则指对已形成的病历进行篡改、重新制作的行为，这属于过错推定的情形，无须进行医疗损害鉴定。如：患者前路颈椎减压术后皮下出血窒息死亡案例。依据病历记录：发现患者呼吸困难，3分钟后气管插管成功，5分钟后入ICU予呼吸机辅助呼吸。仅仅依据病历记录，医方的抢救及时、准确。但现场调查发现，患者床旁未准备气管插管或气管切开包，医方在发现患者呼吸困难后，电话联系麻醉科医师，麻醉科医师到场插管后患者送入ICU诊疗；患者所在的骨科病区与麻醉科相差5个楼层，医方所记录的“发现患者呼吸困难，3分钟后气管插管成功”不符合常理，即3分钟内难以完成查看患者、电话联系麻醉科、麻醉科医师经5个楼层到场、完成气管插管。显而易见，医方的病历记录与客观事实不符，未能真实反映当时对患者病情的观察、抢救过程，不能证明医方已尽到诊疗义务，存在过错。

（五）病历书写不准确问题的认定原则

病历书写的准确性通俗地说就是要求病历记录正确无误，即应当避免出现矛盾或错误。现实中，尤其电子病历中电脑的复制粘贴功能的使用，极大地方便了病历的记录，但带来许多错误，如对患者病情症状描写、病情变化的时间等方面的错误；还有一些低级错误，如将患者的姓名、年龄、左右记录错误，甚至男性患者出现月经史、女性患者记录精索情况等。前后矛盾错误主要体现在门诊病历记录与住院病历不一致、病程记录与护理记录不一致、病程记录与医嘱单不一致、转出科室与转入科室记录不一致等。在医疗鉴定中，这些病历记录不准确的问题大多数虽然不至于影响对患者疾病的诊断治疗，也不至于给鉴定带来实质性影响，但这种过错行为产生的根本原因就是医务人员责任心不强，也会让患方对医务人员的其他诊疗行为存在责任心不强产生合理怀疑。

（六）病历书写不完整问题的认定原则

《中华人民共和国民法典》第一千二百二十五条规定的病历资料包括：医疗机构及其医务人员保管的住院志、医嘱单、检验报告、手术及麻醉记录、病理资料、护理记录等病历资料。《病历书写基本规范》中对病历的内容亦有详细的规定：其中门（急）诊病历内容包括首页（门诊手册封面）、病历记录、化验单（检验报告）、医学影像检查资料等；住院病历内容包括住院病案首页、入院记录、病程记录、手术同意书、麻醉同意书、输血治疗知情同意书、特殊检查（特殊治疗）同意书、病危（重）通知书、医嘱单、辅助检查报告单、体温单、医学影像检查资料、病理资料等。

在医疗鉴定实践中，我们发现个别案例虽然医疗机构提交的病历资料从形式上看是“完整”的，但从具体内容上看存在诸多不完整的问题，如：①门（急）诊病历记录不完整或缺失。注重门（急）诊病历的书写，对初诊患者往往存在书写项目不全，主要表现在无既往史和过敏史、现病史和体格检查过于简单、无初步诊断、甚至无医师签名等，急诊病历患者就诊时间未具体到分钟、未记录患者的生命体征等，对于复诊门诊病历，很多医师就不写病历，有时就几个字“复诊，病史同上”等。②住院病历不完整。病程记录不完整或过于简单、缺失，缺少对患者病情变化情况、重要的辅助检查结果及临床意义、上级医师查房意见、会诊意见、医师分析讨论意见、所采取的诊疗措施及效果、医嘱更改及理由、向患者及其近亲属告知的重要事项等；手术记录不完整或有缺失；化验报告或检查记录单等缺失等。鉴定实践中，对此种病历不完整的问题应认真分析、区别对待。部分案例中病历不完整仅体现在没有按照病历书写管理要求来记录病历，并不涉及鉴定中技术问题，我们可以以“违反病历书写规范”或“病历书写不规范”，“过错行为与损害后果之间无因果关系”作出判定。但多数案例中，由于病历不完整，医方不能证明举证说明已尽到与当时的诊疗水平相符的诊疗义务而存在过错，承担相应的赔偿责任。例如：患儿肌内注射苯巴比妥（鲁米那）后有臀部皮下硬结、跛行案例，查看医方病历记录只有“诊断：低钙症。治疗：10%葡萄糖60ml＋10%葡萄糖酸钙10ml静滴，1次/天，2天；鲁米那35mg肌内注射，1次/天，2天”。医方书写的病历不完整，无主诉、无现病史、无既往病史、无查体记录和辅助检查，低钙症诊断无诊断依据，鲁米那使用无适应证，承担完全责任。又如：新生儿缺血缺氧性脑病案例。经分析专家组考虑本例患儿缺血缺氧性脑病系急性胎儿宫内窘迫所致，查阅病历缺少产前胎心监护资料，医方不能举证说明已经尽到仔细观察、及时发现并处理急性胎儿宫内窘迫，承担相应的赔偿责任。

（七）鉴定工作中有关病历方面的注意事项

鉴于病历书写问题在医疗鉴定中的重要性，常常成为医患双方关注的焦点问题，如果在鉴定工作中处理稍有不慎便容易引发新的矛盾。为避免上述问题的发生，在医疗鉴定实践中要注意以下几点。

1. 把好病历资料收集的关口

（1）病历资料完整：在审理案件时，依据争议要点和案件的焦点，仔细翻阅已提交的病历资料，发现缺少相关病历资料，及时要求委托方再次补交，直至病历资料能满足鉴定需要。

（2）病历资料真实：对于病历资料是否存在伪造、篡改的问题，医学会和鉴定专家不予评判，应由委托方（法院）质证解决，对于未经质证或当事人不认可病历资料的案例不予受理或中止鉴定。

2. 鉴定中发现病历问题　对于已按要求提交了“完整”的且经质证“真实”的病历资料，在鉴定中发现由于医务人员疏忽大意、责任心不强（并非恶意伪造、篡改）造成病史采集不客观、病历记录不详细、监测记录不完整等问题，以医方举证不能处理，依据诊疗护理规范、常规作出科学、公正的判定。

3. 鉴定中“不真实的部分”病历的处理　鉴定中经常遇到患方“以点带面”否定病历的真实性，鉴定人应当正确面对。当事人提出病历中某一个文件、某一个部分“不真实”，甚至有证据证明该内容“不真实”，由此推断全部病历不真实。鉴定时可以考虑，不将“不真实的部分”纳入鉴定依据的范畴，不影响其他部分病历作为鉴定依据。尽量不要对病历全盘否定。必要时与办案单位沟通，听取办案单位的意见。

（高 觉）

第二节 损害后果

无论是《医疗事故处理条例》（第三十一条 医疗事故技术鉴定书应当包括下列主要内容：医疗过失行为与人身损害后果之间是否存在因果关系），还是《医疗纠纷预防与处理条例》（第三十六条 医学会、司法鉴定机构作出的医疗损害鉴定意见应当载明并详细论述下列内容：是否存在医疗损害以及损害程度），抑或是《最高人民法院关于审理医疗损害责任纠纷案件适用法律若干问题的解释》（第十一条 下列专门性问题可以作为申请医疗损害鉴定的事项：诊疗行为与损害后果之间是否存在因果关系以及原因力大小），如何评估和认定损害后果以及对损害后果及其程度的评估都是医疗鉴定中不可缺少的内容，同样也是调解或人民法院裁判的重要依据。本节从损害后果的类型、损害程度分级、鉴定时机以及鉴定中检查方法等四个方面分别进行论述。

一、损害后果分类

（一）概述

在法理上，损害后果是指违法行为或违约行为侵犯他人或社会的权利和利益所造成的损失和伤害，包括实际损害、丧失所得利益及预期可得利益。损害结果可以是对人身的损害、财产的损害、精神的损害，也可以是其他方面的损害。医疗损害责任是民事侵权责任的特殊类型，其损害后果是指因医疗过错导致患者的健康权、生命权以及与医疗有关的其他合法权益遭受损害。

（二）损害后果类型

《中华人民共和国民法典》第一千一百七十九条规定，侵害他人造成人身损害的，应当赔偿医疗费、护理费、交通费、营养费、住院伙食补助费等为治疗和康复支出的合理费用，以及因误工减少的收入。造成残疾的，还应当赔偿辅助器具费和残疾赔偿金；造成死亡的，还应当赔偿丧葬费和死亡赔偿金。参考一般人身损害赔偿的规定，结合医疗损害责任的特点分析，损害后果是指有以下表现形式：死亡、残疾、其他损害后果（如因病程延长或病情加重所增加支出的医疗费用以及所需要的误工、护理、补充营养等费用，错误出生）。

1. *死亡* 死亡是最严重的损害后果，指患者作为自然人的生命终结。死亡案例的关键主要在于查明死亡原因。尸体检验及组织病理学检验是否为确定损害后果的必要因素。《医疗纠纷预防和处理条例》第二十六条规定，患者死亡，医患双方对死因有异议的，应当在患者死亡后48小时内进行尸检；具备尸体冻存条件的，可以延长至7日。尸检应当经死者近亲属同意并签字，拒绝签字的，视为死者近亲属不同意进行尸检。不同意或者拖延尸检，超过规定时间，影响对死因判定的，由不同意或者拖延的一方承担责任。全面、系统的尸体解剖是确诊疾病查明死亡原因的有效手段，在医疗损害鉴定中具有重要意义。长期以来，国内尸检率极低，相当一部分未能及时尸检的案例由于死因不清、责任不明直接影响案件的鉴定和处理。实践中，一部分可以通过对病历、各种医学实验室检验和辅助检查等诊疗材料进行回顾性分析，对患者的死因作出医学推断，并在此基础上实施鉴定；但也有一部分病例因诊疗资料不够充分，特别是发病至死亡时间间隔短、尚未及时采取足够诊疗措施的情形，很可能无法准确推断亡原。所以说尸体解剖对于正确处理医疗损害鉴定意义重大。

当然，一方面，尸体解剖是死亡判断的“金标准”，死因推断相对于尸体解剖存在一定不确定性，另一方面，尸体解剖也有一定的不确定性，对于尸检未见明显结构异常者的“阴性解剖”往往需要综合分析病史资料进行死因推断。有学者在9例已行解剖的心脏相关医疗纠纷案例统计中发现，死因推断结果与真实死因接近比率达88.8%，一定程度上反映死因推断对于解决医疗纠纷具有一定的科学性。

2. 残疾　残疾是较严重的损害后果，指患者的肢体、器官和组织结构破坏或者不能发挥正常的生理功能，工作、学习乃至社会适应、日常生活因此受到影响，有时需他人适当给予帮助，甚至存在医疗依赖、护理依赖和营养依赖的情形。

3. 其他后果

（1）遗留明显损害后果：虽遗留明显损害后果，但严重程度未达到伤残等级（十级）标准。

（2）一过性损害：患者未遗留组织器官缺失、缺损或功能障碍。

（3）延长病程或加重病情：医疗过错延长了病程或加重病情，但未导致患者原有伤残等级提升，仅是增加支出的医疗费用以及所需要的误工、护理、补充营养等费用。

（4）错误出生：近年来，我国因产前检查存在偏差，先天残疾儿童的父母提起诉讼的案件逐渐增多，大多以医疗损害赔偿为由提起诉讼，原告往往既有孩子，又有孩子的父母。与出生缺陷相关的诉讼被称为“错误出生”之诉。“错误出生”是指当胎儿可能存在严重畸形或其他严重残疾的情形时，本应通过医疗手段加以发现，但医师未能及时发现或者未给孕妇合理的医学建议，最终导致先天缺陷儿童出生。由此产生的诉讼，在美国的审判实践中被称为“wrongful life”“wrongful birth”之诉。“wrongful birth”通常被译为“错误出生”或“不当出生”，是指“因医疗失误致使有缺陷的婴儿出生，其父母可提起诉讼，主张因过失的治疗或建议而使他们失去了避孕或终止妊娠的机会”。

错误出生之诉大概从20世纪60年代开始在美国频繁出现，经历了一个从被否定到被肯定的过程。随着我国妇幼保健医疗水平的进一步提高，以1995年6月1日《母婴保健法》的实施为分水岭，与胎儿畸形相关的纠纷和诉讼呈明显上升趋势。我国大陆地区在处理医疗纠纷的诉讼时，通常主张构成违约和侵权的竞合，由原告择其一进行诉讼，不过，实践中仍以侵权责任之诉为主。近年有学者认为错误出生诉讼应当在侵权法理论中得到肯认，作为医疗损害赔偿责任的一个类型。

司法行政行业标准《医疗损害司法鉴定指南》（SF/T 0097—2021）将错误受孕、错误生产及错误生命作为损害后果的一种形式。错误受孕是指因医方建议或应用避孕措施不当，导致妇女意外受孕；错误生产也称错误分娩，是就新生儿的父母而言，孕妇妊娠期间虽经产前检查但未避免分娩缺陷胎儿；错误生命（也称“错误出生”），是由新生儿本人主张其母亲在妊娠期间虽经产前检查但未发现异常或者未作出必要提示，导致自己出生时即带有缺陷。上述损害后果的实质是丧失生育（出生）选择的机会，而非生育（出生）本身。上述情形可以统一归纳入“错误出生”之诉的范畴。

“错误出生”作为损害后果，本质上是指孕妇及其家属丧失了选择是否继续妊娠乃至分娩的机会，而不是新生儿的先天缺陷本身。在实际鉴定中应当加以明确，否则可能误导此后的处理。

（三）损害后果认定中的注意事项

1. 关于低治愈率疾病的诊疗过错　对低治愈率患者（如恶性肿瘤晚期或临终关怀）误诊误治，医方确系存在过错行为，但患者死亡的根本原因是其自身疾病，不能确认医疗过错与患者死亡之间存在直接因果关系，此时难道就可以说不存在损害后果吗？如果有损害后果，又应如何描述？

《医疗损害司法鉴定指南》提出丧失生存机会和丧失康复机会，实践中也常参考存活机会丧失理论，低治愈率患者因医疗过错使得其原本较低的存活或治愈可能性丧失，医方需要赔偿的不是患者死亡之损害，而是存活机会丧失本身或者是期待适当治疗利益。而由于生存可能性实质上只是某种概率程度的救命可能性，且产生的损害及其核算相当困难，我国法律没有将“机会”规定为一种权利，理论和实践均承认患者“生存率、治愈可能性”或“接受符合现代医疗水准之医疗的期待”是值得法律保护的利益。在我国目前缺乏存活机会丧失赔偿原则的法律依据的情况下，将人身损害及精神损害（侧重精神损害）作为赔偿对象是可取和可行的。

《人民法院案例选》节选的翟某武等诉某医院医疗损害责任纠纷案中，法官认为：在低治愈率患者医疗损害赔偿案件中，患者依照传统因果关系理论难以证明其损害与医疗过失行为之间存在因果关系，因此，获得赔偿的可能性极小。为平衡医方和患方利益，在此类医疗损害赔偿案件中可借鉴存活机会丧失理论，阐明患者可期待的适当治疗利益，并以比例因果关系的形式提出鉴定意见，由法官酌定赔偿数额。

医疗鉴定中，如果专家组认定医疗过错降低了患者的存活机会，通常会以死亡作为判定等级的基础（一级甲等），以责任程度（原因力大小）调整原有疾病和医疗过错在死亡中所占的比例关系。如果医疗过错只是造成器官缺失或功能损害，但与患者死亡无关，鉴定中不能以死亡作为等级判定的唯一标准，而应考虑该损害是否对患者存活期间生活的不利影响，以过错直接造成的人身损害后果作为等级判定基础。例如，医疗过错与患者截瘫有关，但患者死亡系自身疾病脑出血所致，截瘫与脑出血并无关联，此时可以以截瘫程度（一般以病历记录或其他证明材料为准）判定事故（残疾）等级。

2. *死亡和丧失生存机会的界定* 有学者认为：患者的死亡完全或主要是由于医务人员的医疗过错行为所造成的，则可以判定为“医疗过错导致患者死亡”，即损害后果的形式为死亡。若患者死亡的主要原因是疾病本身危重，医疗过错行为不是造成患者死亡的主要原因，这种情况常见但也较为复杂，实践中应考虑为“丧失生存机会”。美国著名法学教授Joseph King是“机会丧失理论”的积极倡导者，他主张将“机会丧失”本身作为损害进行赔偿，但在司法实践中难以操作。在医学会的实践中，即使医疗过错不是患者死亡的主要原因，也不影响将死亡作为损害后果，可以通过原因力大小的评定在医患双方之间实现公平的救济。

3. 多家医疗机构参与同一患者的同一医疗事件导致损害　在临床上，患者的病情发生变化时，或抢救需要，或个人意愿可能辗转多家医院。当出现医疗损害后果后，患者大多仅起诉一家医疗机构，但也不乏有两家或两家以上医疗机构被列为共同被告。

例如，患者甲因腹痛去A医院急诊，A医院因检查不充分导致误诊，病情加重，之后转入B医院，行腹腔镜手术，术中误伤胆总管，后行胆肠吻合术。

如果A医院的过错在一定程度上增加了手术难度，与造成胆总管损伤存在一定因果关系，即A医院和B医院共同以“胆总管损伤、胆肠吻合术”评定等级，两家医院的责任程度（原因力大小）可以有所不同。

如果A医院仅导致患者病程延长、病情加重，并不会增加胆总管损伤的风险，胆总管的损伤是由于B医院操作错误所致，此时，A医院和B医院不能归结为同一损害后果，应当分别评定（如A医院造成病程延长，可以参照四级医疗事故确定等级；B医院造成的损害结果符合三级丙等医疗事故的标准）。

4. 对称性器官的医源性损害如何评定伤残等级　例如，患者甲的左眼球萎缩，右眼因外伤于A医院就诊，诊疗中因医疗过错导致右眼失明。虽此次医疗行为导致右眼失明，但对于甲而言，其后果是双目失明，必然严重加重其视力残疾对生活的影响。医疗事故技术鉴定中通常会按双眼受损的最终情况确定事故等级，医疗过错和原有疾病共同导致甲患者双目失明，左眼球的萎缩作为减轻责任程度的理由。医疗损害鉴定也是同理，应以双眼视力丧失的结果评定其伤残等级，同时对原左眼球萎缩的情况进行说明（包括其对应的伤残等级），供计算赔偿的差额时参考。考虑到左眼球萎缩也是双目失明的原因之一，按双目失明评定伤残等级后，左眼球萎缩也是原因力之一，故鉴定意见中的原因力大小会相应降低。

5. *死胎与活产的鉴别* 胎儿出生后在母体外是否进行过呼吸是判断新生儿活产还是死产的标志，已呼吸过的为活产，未呼吸过的为死产。因胎儿在法律上不属于自然人，所以不能享受与自然人同等的民事权利（包括与自然人相当的赔偿）。在临床上，Apgar评分是评估新生儿出生后即刻状态的一种公认且普遍使用的方法，根据心率、呼吸、肌张力、对刺激的反应和皮肤颜色进行评分，每项0～2分，满分为10分。然而，Apgar评分带有一定主观性，并不是一个绝对客观的指标。医疗鉴定时原则上以医方病历资料记载的内容为准，即以Apgar评分来判断新生儿出生的状态。

若医患双方对胎儿是活产还是死产存在争议，可以通过尸体检验及法医组织病理学检查进行进一步确认。值得一提的是，考虑到抢救过程中的正压通气可以使肺泡扩张，尸检中最常用的肺浮扬试验可能并不能准确区分新生儿的肺泡扩张是自主呼吸动作还是正压通气所致，而应结合有无临床抢救（正压通气）、尸体腐败程度、肺组织病理改变以及肺内异物（如羊水、胎粪等）进行综合判断。

二、损害程度的分级

本节介绍的损害程度分级实则为伤残程度分级。国家目前尚未出台专门适用于医疗纠纷赔偿案件的统一的伤残评定标准。医疗事故技术鉴定一般适用《医疗事故分级标准（试行）》。医疗损害赔偿鉴定除参考《医疗事故分级标准（试行）》以外，还有《人体损伤致残程度分级》。

《医疗事故处理条例》自2002年9月1日起施行。为了科学划分医疗事故等级，正确处理医疗事故争议，保护患者和医疗机构及其医务人员的合法权益，专家鉴定组在进行医疗事故技术鉴定、卫生行政部门在判定重大医疗过失行为是否为医疗事故或医疗事故争议双方当事人在协商解决医疗事故争议时，应当按照《医疗事故处理条例》确定的基本原则和实际情况具体判定医疗事故等级。标准中列举的情形是医疗事故中常见的造成患者人身损害的后果。标准中医疗事故一级乙等至三级戊等对应伤残等级一至十级。

2018年，原国家卫生计生委在对部门规章进行全面清理的过程中，由于《医疗事故分级标准（试行）》不符合部门规章的形式，故不再作为部门规章管理，而是纳入规范性文件管理的文件目录，该标准至今依然有效。

《人体损伤致残程度分级》由最高人民法院、最高人民检察院、公安部、国家安全部、司法部联合发布，自2017年1月1日起施行。标准规定了人体损伤致残程度分级的原则、方法、内容和等级划分。其范围“适用于人身损害致残程度等级鉴定”，分为一至十级残疾。判定依据为损伤对组织器官结构破坏与所造成的功能障碍，结合其对生活、工作、社会活动能力的影响。

三、鉴定时机

（一）统一鉴定时机的意义

涉及伤残等损害后果的案件，鉴定时机的确定因无统一标准可能会产生争议。在鉴定实践中确系存在同类型案件不同处理的情形。正确把握鉴定时机是体现鉴定公正性的重要内容之一。所以统一鉴定时机是客观公正出具鉴定意见的保障，从而为医疗纠纷的调解、处理和裁判提供有力证据。

（二）鉴定时机的判定依据

鉴定时机应以损害和确因损害所致的并发症医疗终结为准。医疗终结是指临床医学一般原则所承认的临床效果稳定。临床治愈或者好转标准是判断是否达到医疗终结的依据。在医疗损害鉴定案件中，患者自身疾病因医疗过错所致后果（医源性损害及其与之确有关联的并发症）经过临床一般医疗原则的治疗与必要的康复，症状已经消失或者稳定，体征达到相对固定，经评估其组织器官结构破坏或功能障碍符合难以继续恢复的情形时属于医疗终结，满足鉴定时机。当然，鉴定时机的把握既要考虑疾病病程转归的共性，也要结合个案特点，具体问题具体分析。应根据个案情况判定是否符合鉴定时机的要求，从满足医疗终结起直至终审判决以前均可以进行致残程度等级的鉴定。

在医疗鉴定中一些患者的疾病处于不断发展甚至恶化的进程，很难达到医疗终结的标准，但医疗事故或医疗纠纷的处理对鉴定又有迫切需求，此时可视具体情况在伤情相对稳定时实施鉴定，必要时可以根据鉴定时的情况暂定等级。

四、鉴定中的检查方法

（一）检查的基本原则和要求

应遵循实事求是的原则，在对送检资料中已有病历及相关实验室检查、辅助检查结果进行全面、仔细审阅的基础上，对损害后果（包括所引起的并发症或者后遗症）进行规范的检查，关注阳性及关键的阴性症状和体征，同时做好客观、完整、清晰和准确的记录。查体、辅助检查和实验室检查项目可根据具体疾病的特点，结合被检者的陈述，有重点、有选择地进行，但不应遗漏对鉴定意见可能造成影响的检查项目。

检查女性身体隐私部位时应有被检者家属或女性工作人员在场。对被检者存在体表损伤、缺损、畸形或功能状况异常的情形，应拍摄能清晰显示损伤或功能状态的照片，必要时应在受检部位附近放置唯一性标识和标尺。检查被检者身体隐私部位时，应获得其本人或监护人的同意。

（二）检查方法

1. 中枢神经系统（颅脑和脊髓）

（1）意识状态检查：应通过观察、接触和交谈了解被检者的思维、反应、情感、计算及定向力等情况。意识障碍根据其程度不同可有以下表现：嗜睡、意识模糊、昏睡、昏迷（轻度、中度、深度昏迷）。

（2）十二对脑神经检查。

（3）感觉功能检查：浅感觉、深感觉。

（4）运动功能检查：一是肌力。应嘱被检者作肢体伸屈动作，检验人员从相反方向给予阻力，测试被检者对抗阻力并继续完成动作的能力，应注意两侧比较。肌力的记录采用以下六级分级法：0级，肌肉无任何收缩现象，肌力完全消失；1级，可见肌肉收缩但关节不能有效运动；2级，在减重状态下能作全幅运动，即能作平面移动；3级，能克服重力作全幅运动，不能抵抗外加阻力；4级，能克服重力，并能抵抗部分外加阻力，但抗阻力能力较健侧或者正常人明显降低；5级，能克服重力并能正常抵抗外加阻力运动，与健侧肢体或者正常人通常的肌力相当。二是肌张力。应嘱被检者肌肉放松，检验人员根据触摸肌肉的硬度及感知其伸屈肢体时肌肉对被动伸屈的阻力作出评估，判断其肌张力是否适度，是否存在肌张力增高或降低。三是不自主运动检查。四是共济运动。

（5）神经反射检查：浅反射（角膜反射、腹壁反射、提睾反射、跖反射、肛门反射）、深反射（肱二头肌反射、肱三头肌反射、桡骨膜反射、膝反射、跟腱反射）、病理反射（Babinski征、Oppenheim

征、Gordon 征、Hoffmann 征）

（6）持续性植物状态检查：①认知功能丧失，无意识活动，不能执行指令；②不能理解和表达语言；③能自动睁眼或在刺激下睁眼；④可存在无目的性的眼球运动，可存在睡眠-觉醒周期；⑤丘脑下部和脑干功能基本保存。

（7）失语症检查：①运动性失语，完全运动性失语表现为语言表达严重困难，词量严重缺乏，难以实现语言交流；不完全运动性失语表现为语言表达困难，词量减少，讲话犹豫，语句常简短且不合语法，语言交流存在一定困难。②感觉性失语 。③混合性失语。

2. 视听觉功能

（1）视觉功能检查：按受检者主诉视觉功能障碍的情况检查其视力、视野等视觉功能情况。眼部结构检查，按先右眼、后左眼，或者按先健眼、后伤眼的顺序，依次进行眼附属器、眼球前段、眼球后段结构的检查。其中裂隙灯显微镜检查、眼底检查等需在暗室内进行。必要时选择进行屈光、眼压、眼球运动、眼球突出度、双眼视、泪器和眼部影像学（超声、OCT）等针对性检查。应实时、客观、全面记录检查结果；有条件的应对检查结果摄片存档，以备复核。对于疑有伪盲或伪装视力降低情况需进行鉴别检查的，可选择进行相应伪盲或伪装视力降低的检查，或者进行视觉电生理（ERG 及 PVEP 及 FVEP）检查。

（2）听觉功能障碍检查：在送检资料中确证有引起听力障碍的损伤或疾病等原因，询问听力障碍的临床症状和诊疗过程，详细全面地进行耳科检查和体格检查，并尽可能获取伤前的听力资料。听力测试项目包括纯音气导和骨导听阈，声导抗，听觉诱发电位及耳声发射测试或耳蜗电图测试。对于上述听力测试结果显示异常的，应常规摄颞骨 CT，必要时摄内耳或听神经 MRI 了解中耳、内耳有无病变或者畸形。

纯音听阈级测试是目前能够比较真实反映听敏度的方法，但在有伪聋或夸大聋情况时，其真实听力主要依赖客观听力测试方法进行评估。应主、客观方法结合，建议选择纯音听阈、听性脑干反应以及1～2项有频率特性的听觉诱发电位（如40Hz听觉相关电位短纯音或短音听性脑干反应、听性稳态反应、听觉皮层诱发电位）作为客观听阈测试的基本项目。

3. 心肺功能

（1）呼吸功能检查：①观察并检查被检者有无缺氧的全身表现，包括被检者是否有呼吸不畅、空气不足、呼吸费力等不适感，是否出现呼吸频率增快、呼吸幅度加深、呼吸节律改变，是否出现运动（如平地步行、上楼等）后症状加重，是否出现鼻翼扇动、发绀、端坐呼吸，是否在给氧或者采取其他呼吸辅助措施后症状有所好转；②必要时测量动脉血氧饱和度和动脉血气分析等辅助检查，行肺功能测定有助于呼吸功能的评定，但需要被检者的理解和配合，实际检查时注意必要的重复。结合肺及其他胸部病变，结合被检者年龄、基础疾病等情况，全面分析，综合评定。

（2）心功能检查：①应根据病历资料，明确有无器质性心脏损害，查体时检验心率、心律、血压，同时注意观察全身状况。必要时可复查心电图、24h心电监护及心脏影像检查。②根据需要进行心功能评估，注意有无运动后症状加重，有无全身表现（如肢体，尤其下肢水肿，肺部听诊啰音等）。再有针对进行彩色超声心动图与脑钠肽（BNP）等辅助检查，结合被检者年龄、基础疾病和伤前状况等因素，全面分析，综合评定。

4. 腹部及盆部疾病检查　腹腔脏器缺损程度计算可以手术记录为准，同时结合影像学检查前后对比进行综合判断。确证大小便失禁应结合疾病有无引起大小便失禁的病理基础，同时以客观检查为依据，如尿动力学检查和直肠内压试验，进行综合判断。

5. 脊柱、骨盆和四肢检查　肢体缺失应观察并检验损伤肢体缺失（截肢）的平面，检查残端的瘢痕及皮肤情形，注意残端与相邻关节的关系（如截肢平面位于膝关节以上或者以下），测量残肢及对侧相应肢体的长度，必要时可行X线片明确骨缺损情况，或者行CT扫描并图像后处理测量残肢长度。关节活动检查，仅骨性损伤以关节被动活动为准，骨性损伤合并神经损伤以关节主动活动为宜。

6. 体表检查 一般情况下，体表瘢痕计算可采用“九分法”或“手掌法”进行估计。如果经初步评估，被检者瘢痕面积所占比值邻近相关鉴定标准规定的数值时，应采取更为精确的测量方法，如为小面积瘢痕，可采用转换为规则几何图形的测量计算法和坐标纸描记法，必要时也可选择三维扫描等技术。

（施晓玲）

第三节 因果关系

在医疗鉴定工作中，正确理解、掌握因果关系概念、理论及判定方法是一项十分复杂而又重要的工作。医疗事故技术鉴定和医疗损害鉴定中所称因果关系可以理解为“因”（医疗侵权行为）与“果”（患者的损害后果）之间具有引起与被引起的客观关联性。其特点表现为：①时间序列性。必定是医疗侵权行为发生在前，患者的损害结果发生在后。②复杂性。客观事物之间联系的多样性，尤其是医学的复杂性，决定了因果关系的复杂性。③逆反性。从已经发生的损害结果出发，查找损害发生的原因。④科学性。因果关系是事物发展变化的客观规律，是自然界中的客观存在，不以人们的意志为转移，只有人们认识到该科学规律，才能揭示因与果之间的因果关系。

一、因果关系在鉴定中的意义

因果关系是医疗侵权责任构成中的核心要件，是连接医疗侵权行为和患者损害后果的客观要件，是判断患者的损害后果与医疗侵权行为之间是否存在引起与被引起的逻辑联系的客观依据，更是医疗侵权行为归责的前提。换言之，在医疗侵权责任认定中，只有当医疗机构及其医务人员的医疗过错行为与患者的损害后果之间具有相应的因果关系，医疗侵权责任才能成立。进而依据因果关系的成立，医疗机构就自己的医疗侵权行为对患者的损害后果承担相应的损害赔偿责任。可以说，因果关系对医疗侵权责任范围的确定也有重要意义，有时甚至是确定责任范围的直接依据。

医疗事故技术鉴定和医疗损害鉴定的主要内容是就对医疗侵权行为的构成要件（医疗行为是否存在过错、患者是否存在损害后果、医疗过错行为与患者的损害后果之间是否存在因果关系）及过错的责任程度或原因力大小进行鉴定。在医疗侵权行为的构成要件中，医疗行为是否存在过错以及患者是否存在损害后果比较容易判断，而因果关系的评判不仅是医疗事故技术鉴定和医疗损害鉴定中的关键点，更是鉴定中的难点，同时也是确定医疗过错责任程度或原因力大小的基础，因而显得尤为重要。如果因果关系的评判不客观、不公正、不准确，必然会损害医患一方甚至双方的合法权益。因此，在鉴定中需要正确把握评判因果关系的方法和尺度。

虽然因果关系作为侵权责任的核心要件已被学术界和实务界普遍接受，但纵观国内相关立法，目前尚无关于医疗侵权责任因果关系认定标准与责任分配原则的规定，现行的《中华人民共和国民法典》也延续了《中华人民共和国侵权责任法》的做法，未设置独立的因果关系条款，因此因果关系的认定标准以及与因果关系相关的责任分配原则目前尚无确切法律依据。

二、因果关系分类

（一）事实因果关系和法律因果关系

因果关系是法学上一个非常重要的概念。有关因果关系的分析和判断既是一个事实问题，也是一个法律问题，更是一个科学问题。在法律层面上一般把因果关系分为事实因果关系和法律因果关系两类。

法律因果关系是从法律层面对特定行为与特定损害结果之间的关联性所作出的判断，它不同于事实因果关系，涉及立法、司法对相关法律关系保护的价值取向。

事实因果关系是指从纯粹的客观科学规律和事实的角度出发，观察和分析加害人的加害行为与受害人受到损害结果之间的内在的客观联系，即从客观事实的联系上分析归纳出导致损害结果的原因范围，这与一般的科学探索活动相同。一般而言，所有对结果发生具有一定影响力的事实，都可称为引起该结果的事实上的原因。寻求事实上的原因的过程，是从已经发生的损害结果出发，逆向探索和推导一切可以导致该结果的具有原因力的事实。

医疗事故技术鉴定和医疗损害鉴定中所分析、评判的因果关系应该是事实因果关系，而非法律因果关系。其原因在于通过医疗事故技术鉴定或医疗损害鉴定来明确因果关系，判断的主体是掌握某一个医疗领域专门知识的专家，并非精通法律和审判实务的法官，鉴定人或鉴定专家只能从医学科学知识和理论出发，对案件中医疗侵权行为与患者的损害后果之间的关联性从医学科学的角度进行判断。在事实层面因果关系成立的基础上，法官还要结合法律规定、政策、公平等价值因素从法律层面上综合判断医疗责任主体所应承担的责任大小。

（二）有因果关系和无因果关系

1. 医疗事故技术鉴定和医疗损害鉴定中鉴定结论分类

（1）无医疗过错行为，患者亦无损害后果：鉴定分析时可分别阐述认定无医疗过错及无损害后果的依据。

（2）无医疗过错行为，患者有损害后果：认定无医疗过错的依据；明确患者的损害后果；阐述患者损害后果发生的机制或原因。

（3）有医疗过错行为，患者有损害后果：认定有医疗过错的依据；明确患者的损害后果；阐述医疗过错行为与患者的损害后果之间有无因果关系。

2. 医疗事故技术鉴定和医疗损害鉴定中因果关系的鉴定　应该是上述第三种情形，即在明确存在医疗过错行为和患者损害后果的前提下，进一步明确医疗过错行为与患者的损害后果之间是否存在因果关系。因果关系可以分为无因果关系和有因果关系两大类。有因果关系的又可分为一因一果、一因多果、多因一果、多因多果几种情形。

（1）无因果关系：医疗行为有过错，患者有损害后果，但患者损害后果的出现与医疗过错行为之间无因果关系，即损害后果的出现是由于医疗过错以外的原因所致，可有以下几种情形：①损害后果是患者自身所患疾病发生、发展的转归所致。②损害后果是疾病治疗过程中难以避免的并发症所致（前提是医方对并发症的发生并无过错）。③损害后果是治疗所需药物的副作用所致（前提是用药有指征，用药剂量、疗程、配伍等都符合规范）。④损害后果是患者体质特殊性所致。⑤损害后果是其他因素所致，如患方就医不及时、不遵从医嘱、不配合治疗所致；损害后果系其他医疗机构的医疗过错行为所致；因不可抗力所致。

（2）有因果关系：①一因一果，因一种医疗过错行为，导致患者一种人身损害后果。这是最为简单的因果关系类型，也最容易判断。②一因多果，因相同的医疗过错行为，导致患者不同的人身损害后果。鉴定时应分别论证该医疗过错行为与各损害后果之间的因果关系。③多因一果，因不同的医疗过错行为，导致患者同一种人身损害后果。鉴定时应分别论证各个医疗过错行为与患者损害后果的因果关系。④多因多果，因不同的医疗过错行为导致患者多种人身损害后果。鉴定时应分别论证各医疗过错行为与患者某种损害后果的因果关系。

（3）无法判断是否存在因果关系：①现有临床病历资料有限；②患者死亡后未行尸体病理解剖，而根据现有资料临床又难以推断死因；③目前的医学水平难以进行评判。

三、因果关系判定方法

医疗侵权纠纷案件具有复杂性、不确定性、未知性等特点，加之目前尚缺乏科学、权威的因果关系认定标准与责任分配原则的法律规定或标准，使得如何判断因果关系及责任程度、原因力成为医疗侵权案件以及医疗事故技术鉴定和医疗损害鉴定中的难点。

根据医学科学原理和临床实践，医疗过错行为的发生可能会造成患者某种损害后果的发生，则认为医疗过错行为与损害后果之间存在因果关系。也就是说，医疗事故技术鉴定和医疗损害鉴定中因果关系评判的本质就是鉴定专家或鉴定人基于医学理论、临床实践经验，对医疗过错行为和患者的损害后果进行分析，以评判医疗过错行为是否增加患者损害后果发生的概率，即在客观上增加损害后果发生的可能性。

（一）判定依据

医疗过错与损害后果有因果关系的判定依据包括：①医学科学原理；②临床实践经验，即案件所涉医学专业专家的经验；③研究数据，如统计学上有关疾病致损、并发症发生概率等经验数据。

（二）医疗过错与损害后果有因果关系的判断方法

1. 医疗过错行为是医疗损害后果发生不可或缺的条件　若无此医疗过错行为，通常不产生此种损害后果；若有此医疗过错行为，通常足以产生此种损害后，则判断医疗过错行为与损害后果之间有因果关系。

2. 医疗过错行为增加了患者损害后果发生的可能性　若医疗

过错行为增加了损害后果发生的概率，则判断医疗过错行为与损害后果之间有因果关系。

（三）医疗过错与损害后果无因果关系的判断方法

若无此医疗过错行为，必不产生此种损害；有此医疗过错行为，通常亦不产生此种损害者，则无因果关系。如，患者目前后果与其自身疾病等其他因素有直接因果关系；从医学科学技术角度及临床实践角度分析，无法证明医疗过错行为与患者损害后果之间存在因果关系；即使没有医疗过错行为，损害后果仍会发生。

（四）典型医疗过错的因果关系评判

1. 误诊的因果关系评判　①有过错的误诊，但未导致延误治疗、误治，或者不影响疾病的发展进程及转归，则无因果关系。②有过错的误诊，进而造成延误治疗或误治，有下列几种情形，A误诊，延误了疾病的治疗时机，如不影响治疗效果或结局，则与患者目前的损害后果无因果关系，但与延长了患者的病程、增加了患者的痛苦之间有因果关系；B误诊，延误了疾病的治疗时机，影响治疗效果或结局，则与因此而出现的损害后果有因果关系；C误诊后导致误治，实施了不该实施的治疗，或者耽误了疾病的治疗，造成损害的，则有因果关系。

2. 并发症的因果关系评判　并发症不是医疗机构免责的法定事由。需要判断医疗机构对并发症的发生是否尽到预见义务、防范义务、告知义务及救治义务，如未能尽到上述义务，则与并发症的发生有因果关系。

3. 告知有过错的因果关系评判　①告知有过错，但没有造成患者损害，则认定没有因果关系。②未告知替代医疗方案，造成患者丧失接受某种治疗的机会，需要对丧失治疗机会是否造成患者治愈率降低或者损害后果加重的可能进行分析，如确有造成患者治愈率降低或损害后果加重的可能，则有因果关系。③未告知替代医疗方案，造成患者丧失放弃某种治疗从而规避其治疗风险的机会，则与多实施的治疗（如手术）及延长病程、增加患者痛苦之间有因果关系。④未将医疗风险充分告知患者，导致患者作出错误选择，属于机会丧失的因果关系问题，需要根据具体情况具体分析。

四、责任程度和原因力大小

责任程度、原因力、参与度等概念都是因果关系的定量表达用语，只是出现在不同的规范性文件中。鉴定人员在鉴定过程中对因果关系作出定量判断时仅仅考虑的是技术因素，不涉及非技术因素，在鉴定书中应当说明，或者以必要的方式向办案单位说明，办案单位最终如何认定因果关系，如何认定责任比例，则是案件承办人的分内之事。

（一）责任程度

在医疗事故技术鉴定中一般采用医疗机构承担的责任程度的表述。《医疗事故技术鉴定暂行办法》第三十六条规定，专家鉴定组应当综合分析医疗过失行为在导致医疗事故损害后果中的作用、患者原有疾病状况等因素，判定医疗过失行为的责任程度。医疗事故中医疗过失行为责任程度分为：①完全责任，指医疗事故损害后果完全由医疗过失行为造成；②主要责任，指医疗事故损害后果主要由医疗过失行为造成，其他因素起次要作用；③次要责任，指医疗事故损害后果主要由其他因素造成，医疗过失行为起次要作用；④轻微责任，指医疗事故损害后果绝大部分由其他因素造成，医疗过失行为起轻微作用。

（二）原因力

1. 原因力的概念　《中华人民共和国侵权责任法》实施以后，医疗侵权纠纷案件的处理以及医疗损害鉴定中引入原因力的概念。原因力可以理解为在引起同一损害结果的数个原因中，各致害原因对于该损害后果的发生或扩大所发挥的作用力。原因力的基本规则是：在数个原因引起损害结果的侵权行为案件中，各个原因构成共同原因，每一个原因对损害结果具有不同的作用力；无论共同原因中的每一个原因是违法行为还是其他因素，行为人只对自己的违法行为所引起的损害后果承担与其违法行为的原因力相适应的赔偿责任份额，对于非因自己的违法行为所引起的损害结果，行为人不承担赔偿责任。

正是由于医疗行为介入之后患者身上发生的损害后果往往不是单一因素造成的，经常是涉及伤-病-医及其他多种因素共同作用的后果，往往难以清晰认定医疗过错因素究竟造成多大比例的损害，因此原因力规则在我国当前医疗侵权纠纷案件的处理及医疗损害鉴定中被普遍适用。

医疗损害鉴定中的原因力是医疗过错行为的原因力，是指同时存在医疗过错行为、患者疾病因素等众多致害因素的医疗侵权纠纷案件中，医疗过错行为对损害结果的发生或扩大所发挥的作用力，即医疗过错行为与患者损害后果之间的因果关系程度，或者说是医疗过错因素对于损害后果的作用强度。通过原因力大小的评判，以确定医疗机构仅需对其过错医疗行为所引起的那一部分损害后果承担责任。

2. 医疗过错原因力的分级　根据《最高人民法院关于审理医疗损害责任纠纷案件适用法律若干问题的解释》第十二条规定，鉴定意见可以按照导致患者损害的全部原因、主要原因、同等原因、次要原因、轻微原因或者与患者损害无因果关系，表述诊疗行为或者医疗产品等造成患者损害的原因力大小。

3. 原因力与因果关系的区别　原因力与因果关系是不同的概念：因果关系侧重于关联，原因力侧重于作用；因果关系是定性分析，原因力是定量分析；因果关系的作用主要在于侵权责任的成立，即归责，而原因力的作用主要在于损害赔偿责任的分担及损害赔偿范围的确定。适用原因力的前提是医疗过错行为与患者的损害后果之间具有因果关系。医疗过错原因力的确定是对过错医疗行为与患者损害后果之间因果关系的定量划分，是因果关系的进一步具体化、直观化。

（三）判断责任程度和原因力大小需要考量的因素

1. 医疗过错因素　是否存在问诊不到位、检查不到位、诊断不正确、病情评估不到位、治疗方案不当、治疗时机不当、手术操作不当、药物使用不当、病情观察不仔细、告知不到位等医疗过错。

2. 疾病因素　到医疗机构就诊的患者，通常有原始疾病或损伤，要考虑原始疾病、损伤本身的严重程度及疾病本身的发展、转归。

3. 患者自身因素　如：患者体质的特殊性；患者既往的健康状态；患者是否存在延误治疗、不配合治疗的情况。

4. 医学的局限性　在现有医学科学技术条件下，难以治疗、难以预料或者难以防范的情形。

5. 当时当地的医疗水平

6. 不可抗力

通过对上述因素的考量，以确定哪些因素是医疗损害结果发生的原因，进而进行责任程度或原因力大小的判定。

（四）责任程度和原因力大小的判断依据

1. 完全责任或完全原因　患者因病就医，经医疗机构的系列诊疗行为后出现损害后果。患者损害后果发生完全是医疗过错行为导致。

【评定依据】

（1）医方的医疗过错明确，患者损害后果的发生完全是医疗过错所致，也就是医疗过错能够独立解释损害后果的发生机制。

（2）患者虽因病就医，但出现的损害后果并非其原始疾病或损伤的自然转归，与患者原有疾病或损伤的严重程度无关。

（3）损害后果与患者自身因素（体质特殊性、遵医情况等）无关。

（4）损害后果与其他因素无关。

（5）若没有医疗过错行为，患者的损害后果不会发生。

【示例】

诊疗经过：患者，女，1967年4月出生。2019年5月17日患者因发现“颈部包块1年余”入住某三甲医院。诊断：双侧甲状腺占位。5月22日行左侧甲状腺全切除手术，创面置引流管1根自切口右端引出。5月27日考虑患者颈部引流量较少，予以拔管处理并出院。10月4日患者至医方复查B超示：甲状腺左叶切除，局部管状结构。10月8日患者至外院行CT检查示：甲状腺左侧叶缺如，左颈部管状致密影，考虑引流管。10月15日第二次入住医方，行左颈部异物取出术，术中于颈总动脉内侧探及管状异物，完整取出。

鉴定分析：根据现有资料分析，考虑系第一次手术所置引流管拔除时断裂残留于患者颈部伤口内，后经二次手术后取出。

修剪过的引流管可能会在拔管过程中发生断裂而存留于体内，故拔管时一定要及时对引流管的残端进行检查，以便及时发现、及时取出。由于医方未对引流管的长度、置入的深度进行记载，拔管时又未按规定对引流管的末端进行认真检查，以致断裂的引流管存留于体内未能被及时发现。

患者拔管后，由于异物的刺激即感颈部明显疼痛等诸多不适，并持续存在，向医方反馈，但医方未能引起重视，未认真进行原因分析，未进行体格检查，未安排进行超声检查，致使患者颈部异物长期存留，既增加痛苦，又延长病程，并且不得不行二次手术取出残留的引流管。

综合分析，医方未尽到高度谨慎和注意义务，存在过错，与患者颈部的异物长期存留和需要行第二次手术取出之间存在因果关系，延长患者的病程、增加患者的痛苦，医方过错的原因力大小为完全原因。

2. 主要责任或主要原因 患者因病就医，经医疗机构的系列诊疗行为后出现损害后果。医疗过错行为是导致患者损害后果发生的主要原因，其他因素起次要作用。

【评定依据】

（1）医方的医疗过错明确，患者损害后果的发生主要是该医疗过错所致，也就是医疗过错是损害后果发生的基本条件、必备条件，或与损害后果的发生高度相关。

（2）其他因素［如患者自身因素（健康状况、病情特点、体质特殊性、遵医情况）或者限于当时医疗水平］一般不会独立导致损害后果的发生。

（3）其他因素［如患者自身因素（健康状况、病情特点、体质特殊性、遵医情况）或者限于当时医疗水平］与患者损害后果的发生也有一定的相关性，起次要作用或轻微作用，或增加损害后果发生的可能性。

（4）若没有医疗过错行为，患者的损害后果一般不会发生。

【示例】

诊疗经过：患者，女，1980年8月出生。2018年5月8日20:00患者因“停经38^{+4}周，不规则腹痛1小时余，要求剖宫产”入住某市妇幼保健院。2005年曾行剖宫产术，既往流产3次（2016年人工流产1次）。入院诊断：G_4P_1孕38^{+4}周待产，左枕位；瘢痕子宫。入院后完善相关检查，签署《手术知情同意书》，告知“术中损伤、切除邻近脏器或组织的可能”等风险。当日21:16～5月9日01:25行经腹子宫下段剖宫产。术中娩出一男婴，胎盘胎膜娩出完整，子宫收缩欠佳，予麦角新碱0.2mg及欣母沛250μg注射后子宫收缩佳。探查双侧附件外观无异常，探查子宫无裂伤及破口，子宫切口常规缝合，腹腔出血3000ml，患者出现意识模糊，血压70/30mmHg，心率120次/分，备血同时急请外院专家会诊上台，探查发现脾胃韧带血管破裂，无法止血，行脾切除术，切除术后探查腹膜后巨大血肿，未见明显活动性出血，予纱布压迫止血，术中出血共约

5600ml。术后转外院继续治疗。出院诊断：G_4P_2孕38^{+4}周已产，左枕位；瘢痕子宫；脾胃韧带血管破裂；腹膜后巨大血肿；失血性休克。术后病理报告示：肉眼所见脾脏一只，15.0cm×8.0cm×5.0cm，脾脏表面附少量血块，脾脏未见破裂出血，切面暗红色，脾门处见有血块附着，范围2.0cm×2.0cm×1.0cm；病理诊断：（脾脏）脾脏组织伴脾门处被膜外出血。

鉴定分析：腹腔出血是剖宫产手术常见的并发症，腹腔出血部位若发生在下腹部或盆腔尚能认为是剖宫产手术正常的出血部位，而本例患者的出血部位发生在上腹部，属非正常部位，结合患者自身并不存在自发出血的基础性病变，综合分析如下。

（1）根据医方手术记录及外院术中所见，结合医方脾脏病理检验情况，并未发现患者自身存在有可导致腹腔内出血及腹膜后巨大血肿的基础性病变。

（2）患者剖宫产术中腹腔内出血及腹膜后巨大血肿的形成与医方手术过程中的操作有关。根据现有病历资料中手术记录的描述，进腹后未见腹腔内有积血情况的描述，医方的手术记录显示系胎儿娩出、子宫缝合好、查双侧附件未见异常后发生腹腔内积血。现有资料尚不支持医方所持“进腹前发现腹膜紫蓝色、考虑腹腔内出血”的论点。根据鉴定会现场调查，医方对解剖结构模糊，加之手术记录描述不详细，未能全面客观反映手术过程，分析考虑患者剖宫产术中出现的腹腔内出血与剖宫产术中的操作不当有关。不排除在助娩胎儿、胎盘的过程中有施行腹部加压或胎盘娩出后擦拭宫腔的力量有欠均匀，亦不排除医方在发现产妇宫缩欠佳时，予麦角新碱及欣母沛注射之前，曾经进行过经腹手法按摩子宫时动作有欠规范。综合分析考虑，系医方剖宫产术中操作不当，挤压、牵拉致网膜血管损伤，从而致大出血无法止血行脾脏切除。

（3）患者既往有剖宫产手术史，腹腔内粘连不可避免，客观上造成手术难度增加。也因为患者系再次剖宫产术，手术操作更需慎重，动作应更轻柔，以防范医源性损伤的可能。虽然医方在剖宫产手术前履行了相关风险告知义务，但其在实际操作过程中未尽到高度注意义务，未能有效规避医疗风险的发生。

综上分析，医方的医疗行为中存在过错，与患者腹腔内出血及腹膜后巨大血肿的发生和目前的损害后果之间有因果关系，鉴于患者有剖宫产的指征，加之既往曾行剖宫产术，二次剖宫产术手术难度增加，故酌定医方医疗过错行为的原因力大小为主要原因。

3. 同等原因（医疗事故技术鉴定中无同等责任这个档次） 患者因病就医，经医疗机构的系列诊疗行为后出现损害后果。医疗过错行为与其他因素共同导致患者损害后果的发生。

【评定依据】

（1）医方的医疗过错明确，医疗过错对患者损害后果的发生有参与作用。

（2）其他因素［如患者自身因素（健康状况、病情特点、体质特殊性、遵医情况）或者限于当时医疗水平］对患者损害后果的发生也有参与作用。

（3）医疗过错与其他因素在损害后果发生中的作用基本相当、难分主次。

（4）医疗过错与其他因素二者缺一，患者损害后果一般不会发生。

【示例】

诊疗经过：患者，女，1956年7月出生。2017年12月26日11:30患者因“胸痛1小时”入某三甲医院急诊抢救室。诊断：胸痛待查。予0.9%氯化钠溶液250ml＋硝酸甘油10mg静脉滴注等处理。予心电图、心肌梗死二联等检查，示：心肌肌钙蛋白I（cTnI）＜0.1ng/ml，心电图未见报告；12:26检验报告示：肌钙蛋白T 68.34ng/L ↑，肌酸激酶同工酶23.00U/L ↑。12:50复查心电图（未见心电图报告）。13:30予阿司匹林肠溶片300mg嚼服、波立维300mg嚼服。14:04收住心血管内科CCU病房［入院录病史：4小时前无明显诱因下突发胸痛，位于心前区，持续不能缓解，呈压迫样疼痛。查心电图提示

V_1～V_5抬高，结合患者胸痛症状，肌酸激酶（CK）-MB（＋），考虑急性前壁心肌梗死，患者发病在12小时以内，有急诊手术指征]。诊断：冠状动脉粥样硬化性心脏病，急性前壁心肌梗死，Killip Ⅰ级；高血压病3级（极高危）；2型糖尿病；甲状腺功能减低。入院后吸氧、重症监护、心电监护、血氧饱和度监测、抗血小板聚集、抗凝、稳定斑块、改善心功能、控制心室率和血压、扩冠、护胃等治疗。14:28复查心电图示：怀疑下壁梗死（急性）；前纵隔部梗死（近期内）；ST-T段异常；T波高耸。15:20患者在医护人员陪同下前往导管室行冠状动脉造影示：左前降支（LAD）中段完全闭塞，TIMI血流0级。造影结束拟行经皮冠状动脉介入治疗（PCI）时（16:03）患者突发室性心动过速心率，呼之不应，血压下降，予抢救措施，床边超声提示大量心包积液，心脏无机械活动，考虑心脏游离壁破裂，继予抢救措施，20:27宣布死亡。

鉴定分析：该患者死亡后未行尸体病理解剖，其确切死亡原因无法明确。根据患者的病史、临床表现、辅助检查结果，临床考虑患者死亡原因为急性心肌梗死并发自发性心脏破裂、心脏压塞可能性大。根据现有资料，尚无主动脉夹层、急性肺栓塞、气胸的诊断依据。

突发“胸痛”是心绞痛、急性心肌梗死最常见的临床表现，也是引起医务人员高度重视的临床症状，需要在第一时间进行心电图和心肌标志物检查，作为诊断和鉴别诊断的客观依据。根据急性心肌梗死心肌标志物出现和升高的规律，本案患者的急诊床边cTnI＜0.1ng/ml，虽不支持急性心肌梗死的诊断，但不能绝对排除急性心肌梗死。结合12:26的心肌标志物检查结果（肌钙蛋白T 68.34ng/L、CK-MB 23.00U/L），以及患者持续胸痛的症状，应密切观察病情，动态进行心肌标志物检查，尤其是心电图检查。医方存在急诊医疗文书（两次心电图报告）缺失的过错，致明确患者急性心肌梗死的时间无法评判。但根据现有资料显示患者急诊期间心电图提示V_1～V_5抬高，结合患者胸痛症状，CK-MB（＋），已考虑急性前壁心肌梗死。在此情况下，医方未能绕行CCU，未能直接将患者送进心导管室行急诊PCI

或急诊进行溶栓治疗，以尽快恢复患者冠状动脉血运、抢救缺血的心肌，存在再灌注治疗延迟的过错，延误了患者的抢救时机，对患者心肌坏死和进一步加重有不利的影响。故分析，医方诊疗行为中存在的上述过错与患者死亡之间存在一定的因果关系。

患者入住CCU后的心电图提示：广泛前壁心肌梗死，且Ⅱ、Ⅲ、aVF导联有ST段抬高，提示梗死范围大；冠状动脉造影（CAG）检查所示，患者LAD中段完全闭塞、TIMI血流0级，结合现场调查患方陈述是第一次突发胸痛，既往又有高血压病、2型糖尿病、甲状腺功能减退的病史，分析认为该患者与经常发生心绞痛和/或慢性冠心病患者相比而言，其心肌对大面积的缺血更缺乏耐受性，也是其心脏破裂的重要因素；患者从发病到明确心脏破裂的时间＜6小时，提示患者为超早期心脏破裂。上述情况均提示患者自身病情严重。

根据对现有记录及介入手术视频的审阅，患者发生心脏破裂不考虑与介入手术有关，属于自发性心脏破裂，是急性心肌梗死最严重的并发症。

综上所述，由于医方在对患者的诊治过程中存在一系列过错，客观上延误了患者急性心肌梗死的诊断及治疗时机，对挽救可能存活的心肌有不利的影响，故与患者死亡之间存在因果关系，鉴于患者自身病情的严重性，综合分析，患者自身疾病的严重性和医方的过错共同导致最终不良结果的发生，医方医疗过错行为的原因力大小为同等原因。

4. *次要责任或次要原因*　患者因病就医，经医疗机构的系列诊疗行为后出现损害后果。患者的损害后果主要是其他因素所致，医疗过错在患者损害后果的发生中仅起次要作用。

【评定依据】

（1）损害后果主要是患者自身因素（健康状况、病情特点、体质特殊性、遵医情况）或者限于当时医疗水平等因素造成。

（2）医疗过错因素仅在损害后果的发生或进展过程中起到促进或加重作用。

（3）若没有医疗过错因素，损害后果大概率仍然会发生，但损害后果发生的可能性会显著降低。

（4）医疗过错在一定程度上也可以导致患者的损害后果，可能性低一些。

【示例】

诊疗经过：患者，男，1950年8月出生。2018年10月5日患者因“进食后饱胀感3个月余”入住某三甲医院。诊断：贲门癌。入院后完善相关检查，限期手术治疗。颈部超声：双侧颈总动脉粥样斑块形成。10月10日行术前医患沟通，告知拟选治疗方案：手术治疗、内科保守治疗，患方选择手术治疗并签署手术知情同意书，告知“术后多器官功能衰竭、深静脉血栓、心脑血管意外、肺栓塞等严重并发症”等手术风险。10月11日13:30～17:05在全身麻醉下行食管癌根治术。术后麻醉清醒后于18:30返回ICU。18:30～22:57护理记录4次记载“患者频发室性期前收缩”并有血压升高，告知医师，未有处理。23:10患者突然意识丧失，呼之不应，全身湿冷，双侧瞳孔（左3mm，右3mm）对光反射迟钝，血压47/26mmHg，心率86次/分，血氧饱和度86%。予积极扩容、升压效果不佳。23:30请麻醉科气管插管呼吸机辅助通气，后患者心率变慢，血压进行性下降，脉氧继续降低，意识丧失，持续胸外心脏按压，积极扩容、升压、肾上腺素静脉推注等治疗，但效果不明显。23:51请心内科会诊。10月12日07:00宣布死亡。

鉴定分析：该患者死亡后未行尸体病理解剖，其确切死亡原因无法明确。结合患者的发病过程及相关检查资料，临床分析考虑其死亡为室性心律失常所致心源性猝死可能性大，肺栓塞的可能性较小。

该患者贲门癌诊断明确，行手术治疗有指征，术式选择可行，手术成功，术后发生心血管意外事件系手术并发症，对此手术风险，医方术前已行告知。患者术前检查胆固醇高、颈动脉有斑块，分析考虑其既往有心脏基础疾病（如冠状动脉病变），加之手术创伤、急性应激性反应，诱发室性心律失常，最终导致恶性心律失常所致心源性猝死。其死亡主要系其自身基础疾病及所患疾病需实施相关治疗的创伤等因素所致。

医方术前给予一系列辅助检查，包括颈动脉、双下肢B超检查、凝血功能检查、心电图检查等，显示医师对高龄癌症患者术前的关注、评估，但对患者术后重视程度不够，患者术后在ICU期间，出现室性期前收缩现象且血压偏高，护士反复将患者情况告知医师，但在患者于23:10病情突然变化前的4个多小时内，医方未能重视患者病情，未采取任何检查及处理措施（如行心电图、电解质等检查，请心内科会诊等，也未予临床处置），直至23:10患者发生病情恶化时才给予抢救措施，至10月11日23:51才请心内科会诊。尽管即便医方当时能够针对室性期前收缩、血压高及时行相关检查及处理，也难以完全避免患者恶性心律失常的发生，但医方未能及时分析患者频发室性期前收缩、血压升高的原因并采取相应的治疗措施，存在过错，在一定程度上丧失了挽救患者生命的机会。

综合分析，医方的过错与患者死亡之间存在一定的因果关系，其原因力为次要因素。

5. 轻微责任或轻微原因　患者因病就医，经医疗机构的系列诊疗行为后出现损害后果。患者的损害后果本质上是其他因素所致，医疗过错在患者损害后果的发生中仅起轻微作用。

【评定依据】

（1）损害后果本质上是患者自身因素（健康状况、病情特点、体质特殊性、遵医情况）或者限于当时医疗水平等因素造成。

（2）医疗过错因素仅在损害后果的发生或进展过程中起到一定的诱发或轻微的促进、加重作用。

（3）若没有医疗过错因素，损害后果大概率仍然会发生，但损害后果发生的可能性会降低。

（4）仅有医疗过错，一般不会独立导致损害后果的发生。

【示例】

诊疗经过：患者，女，1965年1月出生。2019年1月27日患者因

“体检发现甲状腺肿块1年余”入住某民营医院。诊断：右侧甲状腺乳头状癌。签署手术知情同意书，告知手术风险：损伤邻近血管、神经引起大出血、声音嘶哑、饮水呛咳等可能。1月28日行术前讨论，提及：“术中应注意喉返神经、喉上神经、甲状旁腺及颈部血管的解剖，不要误伤喉返神经、喉上神经、甲状旁腺及颈部血管，避免引起相应并发症”。1月29日09:10～11:20在全麻下行“右侧甲状腺全切除＋左侧甲状腺大部分切除术”，手术记录记载“术中保护好喉返神经”。术后病理提示右侧甲状腺微小癌。术后护理记录、病程记录均记载“患者声音无嘶哑”。2月3日出院。患者术后1个月至医方复诊时诉有声音嘶哑，医方未予处理。4月24日患者至外院就诊。行喉镜检查示：右侧声带固定、闭合有隙。诊断：声带麻痹（瘫痪）。

鉴定分析：医方在患者术前未行喉镜检查，故不支持患者术前即有喉返神经损伤，其喉返神经损伤考虑系术后发生，与甲状腺手术相关。

喉返神经损伤为甲状腺手术可以预见但难以完全避免的并发症。其原因可以分为患者原因（许多患者存在2～3支喉外神经分支）、疾病原因（再次手术、恶性肿瘤侵犯神经附近的软组织或直接侵犯神经）和医源性原因（手术经验和细致程度）。医源性损伤机制又分为切断（少见）、术中钳夹或牵拉伤、缝扎、缺血、热损伤、血肿或瘢痕（周围组织粘连）压迫等。根据现有资料分析，该患者术后出现喉返神经损伤的原因可能为术后瘢痕组织压迫。

医方对患者甲状腺癌的诊断成立，行手术治疗有指征，术中损伤喉返神经系该类手术可以预见但难以完全避免的并发症（指南及文献报道，甲状腺切除术后永久性喉返神经损伤发生概率为1%～3%）。医方在术前对手术易损伤喉返神经有预见（术前讨论中提及“术中应注意喉返神经，不要误伤喉返神经，避免引起相应并发症”）、术前签署手术知情同意书时也对喉返神经损伤的风险尽到告知义务，患者签字同意手术，表明愿意接受该风险。同时，手术记录也提到“术中保护好喉返神经”，尽到一定程度的避免并发症发生的注意义务。

医方的过错主要在于患者术后因声音嘶哑就诊时未能行进一步检查以明确病因，且未能给予相应的处理措施，一定程度上影响了患者喉返神经损伤的及时诊治，不排除对其预后有影响。

综上分析，患者在医方行甲状腺手术后出现喉返神经损伤，鉴于医方对手术致喉返神经损伤并发症的发生有预见、有告知、有防范措施，故患者喉返神经损伤的损伤后果主要系其疾病所需治疗可以预见但难以完全避免的并发症所致。医方诊疗行为中存在的上述过错与患者目前的损害后果之间也有一定的因果关系，医方承担轻微责任。

（柏巍巍）

第四节　三 期 评 定

一、什么是“三期评定”

所谓“三期”，是指人身损害赔偿案件中受损害人员因实施临床医学一般原则所承认的诊疗以及必要的康复所需的误工、护理和补充营养的期限。当纠纷各方对“三期”有争议时，根据《最高人民法院关于审理人身损害赔偿案件适用法律若干问题的解释》的规定，往往就需要启动“三期评定”。“三期评定”的主要作用是为法庭审理和确定相关的赔偿费用提供专业性意见，并经法庭质证后成为司法裁判的依据。

（一）误工期

所谓误工期，也经常被称为休息期，是指人身损害后因接受诊疗及必要的康复以达到临床医学一般原则所承认的治愈（即临床症状和体征消失）或者好转（症状稳定、体征固定），受损害人员不能从事正常的工作（学习、参与相应活动）所需经历的期限。

实践中普遍的共识认为，误工期评定中所说的工作，仅指普通人都能从事的一般工作，如简单的办公室工作或者轻微的体力劳动，不涉及特殊技能或者特殊工种。其实际恢复工作的时间，即应视为误工期的终止。

（二）护理期

所谓护理期，有时也称为“陪护期”，是指人身损害后的临床医疗及康复期间，受损害人员因日常生活活动能力受到一定程度的限制，全部或部分依赖他人照料或者需要他人提供必要帮助的期限。

一般认为，健康成年人无须他人协助，在日常生活中具有自主完成以下必须反复进行的、基本的、具有共同性身体动作的活动：进食，床上活动，穿、脱衣，修饰，洗澡，大、小便及行走等。当受损害人员因损害导致上述日常生活活动的基本能力受到一定限制，需给予护理；当上述能力实际恢复，护理期即应终止。

护理期与护理依赖显然不同。前者指损伤后治疗康复阶段需要护理的情形，通常需时较短，一般仅限于至定残日前一天，也无须护理程度（护理人数）的评定，实践中可根据实际已发生的情况综合裁定；后者指损伤后伤情稳定、达医疗终结后，因遗留残情致定残后仍需持续（长期）护理的情形，按照《人身损害护理依赖程度评定》（GB/T 31147-2014）的规定，需评定护理依赖程度。

（三）营养期

所谓营养期，又称为“营养补充期”，是指人身损害后的临床医疗及功能康复期间，为提高治疗质量或者促进康复，需要补充必要营养物质或者提供特殊饮食的期限。

实践中一般认为，受损害人员因人体不能接受正常饮食或者仅依赖普通饮食不利于损伤康复，需以特殊饮食或补充某些营养物质维持生命、促进损伤痊愈的，均应当视为需要补充营养；当完全恢复日常正常饮食时，视为营养期的终止。

二、“三期评定”的法律依据和技术标准

2004年5月1日正式实施的《最高人民法院关于审理人身损害赔偿案件适用法律若干问题的解释》，首次对司法审判之中人身损害赔偿案件相关赔偿项目作出明确的规范性规定。在该司法解释之中，提出了“医疗费”“误工费”和“营养费”的赔偿项目。

2010年7月1日正式实施的《中华人民共和国侵权责任法》第十六条明确规定：侵害他人造成人身损害的，应当赔偿医疗费、护理费、交通费等为治疗和康复支出的合理费用，以及因误工减少的收入。造成残疾的，还应当赔偿残疾生活辅助具费和残疾赔偿金。造成死亡的，还应当赔偿丧葬费和死亡赔偿金。

2021年1月1日正式实施的《中华人民共和国民法典》第一千一百七十九条进一步明确规定：侵害他人造成人身损害的，应当赔偿医疗费、护理费、交通费、营养费、住院伙食补助费等为治疗和康复支出的合理费用，以及因误工减少的收入。造成残疾的，还应当赔偿辅助器具费和残疾赔偿金；造成死亡的，还应当赔偿丧葬费和死亡赔偿金。

以上可见，误工减少的收入（误工费）、护理费和营养费是我国民事诉讼相关法律、司法解释明确规定的法定赔偿项目。尽管上海市医学会开展“三期鉴定”是按照2015年的上海市地方标准《人身伤害受伤人员休息期、营养期、护理期评定准则》（DB31/T875-2015），但2014年颁布实施的中华人民共和国公共安全行业标准《人身损害误工期、护理期、营养期评定规范》（GA/T 1193-2014）（以下简称《评定规范》）作为“三期评定”的行业标准在实践中应用范围广泛，本节以此为基础进行介绍。

三、“三期评定”的要点

（一）评定人员的要求

“三期评定”属于司法部2020年5月14日颁布的《法医类司法鉴定执业分类规定》“法医临床鉴定领域”中第十七条规定的“赔偿相关鉴定”分领域。赔偿相关鉴定分领域还包括与“三期评定”相关的医疗终结时间鉴定、定残后护理依赖、医疗依赖、营养依赖的鉴定等。

具备法医学专业知识或经过法医临床培训获得司法鉴定人执业资格的法医临床鉴定人或临床医师在“三期评定”中更有经验，因而也更具权威性。

（二）评定时机的要求

《评定规范》指出，评定时机应以外伤直接所致的损伤，或确因损伤所致的并发症经过诊断、治疗达到临床医学一般原则所承认的症状及体征稳定为准。

关于“临床医学一般原则所承认的症状及体征稳定”表述，实际上为临床治愈或好转稳定的判断标准，具体可参考《道路交通事故受损害人员治疗终结时间》（GA/T 1088-2013）、临床各专业教科书、临床路径、临床指南或共识以及临床公认专著列举的临床治愈或者病情稳定判断标准。

在实际案件办理工作中，确因法院审理需要需实施鉴定的案件，建议遵循如下专家共识。

1. 时机要求　伤病情治疗一般至少需满90日。

2. 伤病后在90～180日可以开展“三期评定”的情形　①原发性损伤为肢体缺失、组织器官切除或修补术后未出现异常并发症者；②骨折类损伤行内固定术或外固定术后，骨折愈合良好无并发症者；③视力、听力障碍或其他功能性障碍病情稳定者。

3. 伤病后需在180日以上开展“三期评定”的情形 严重颅脑损伤遗留精神障碍、持续植物生存状态、外伤性癫痫、非运动性肢体瘫、脊髓损伤遗留四肢瘫或截瘫、周围神经损伤；骨折畸形愈合；累及肢体大关节伴有明显关节功能障碍的骨折；肝肾功能明显障碍。

（三）特殊案件评定程序要求

针对不能满足以上评定时机要求，但由于特殊原因必须予以鉴定的情形，尚无全国统一的规定。北京地区司法鉴定业协会的专家共识中要求必须满足以下程序要求，①委托方提出明确的鉴定委托和说明；②鉴定人进行审查认为基本满足鉴定工作需要；③鉴定人与委托方、双方当事人进行协商说明，获得一致书面签字同意；④明确告知“三期评定”依据的相应条款，遵循损伤临床治疗的一般规律进行鉴定；⑤鉴定文书附上建议：今后必要时可委托进行复检。

（四）评定原则的基本要求

行业标准《评定规范》“三期评定”应以本次诉讼直接相关的原发性损伤以及出现的后果为依据，包括损伤当时的伤病情、损伤后的并发症和后遗症等，并结合治疗方法及效果，全面分析个体的年龄、体质等因素，进行综合评定。评定注意事项如下。

1. 需要排除既往损伤和/或疾病的影响 在医疗鉴定中涉及的“三期评定”，应排除受损害人原发疾病诊疗所需的相应期限，依据《评定规范》的规定，对本案诉讼相关的损害后果作出专业性评定。

2. 本次诉讼相关直接损伤所致“三期”的临床治疗终结时间 若低于《评定规范》规定的期限，应按照临床实际发生的期限评定。评定人员应当对临床治疗终结时间进行认真核对和计算。

3. 对进入调解程序或法院诉讼阶段的案件的评定时限　若损伤后临床治疗时间较长，已经超出《评定规范》规定的评定时限（但仍在2年之内），可以将“三期”的最高限确定至伤残评定的前一日，但前提是已经进行了伤残程度评定或正同时进行伤残程度评定。

4. 对多发伤、复合伤的“三期评定”　应坚持综合评定的要求，不能直接将多处损伤的“三期”进行简单累计作出评定。鉴定时一般以“三期”期限最长的损伤为基础，结合其他损伤的期限和实际治疗情况综合评定。

5. 遇有多次住院治疗情形的“三期评定”　实践中可以分别考虑每一次住院期间的具体治疗情况，结合每次住院间隔时期的诊疗情况，综合评定“三期”期限。

6. “三期评定”的最长时限　原则上不超过24个月。

四、“三期评定”鉴定文书需注意的问题

“三期评定”的实际操作中，特别是在鉴定文书撰写中，还需注意以下问题。

（一）“三期评定”的类比原则

遇有《评定规范》以外的伤病类型，可以依照《评定规范》附录A.7的规定，比照最为接近或最为相似的情形作出评定。

（二）“三期评定”的个体化原则

由于患者自身的个体差异、潜在疾病、年龄（或性别）、出现继发性损伤及并发症或合并症、临床治疗局限性等因素介入，导致“三期”的期限可能存在个体特点，或与行业标准《评定规范》列举的期限存在明显差异情形，此时不应完全局限于《评定规范》提出的时限建议，而应依据《评定规范》附录A.8和A.9的规定，具体分析其病情特点涉及的治疗时间、护理时间和需要给予营养补充

时间，作出具有针对性的评定。

（三）“三期”鉴定意见的表述原则

三期鉴定意见若能够作出具体期限（包含具体时间节点）的评定意见，可提出明确的鉴定意见；若难以明确具体期限的，可按照《评定规范》推荐的期限范围，作出具有一定时间跨度的期限鉴定（如90～120日）。

（何颂跃）

第五节　诉讼中的举证责任与鉴定

一、概述

《中华人民共和国民事诉讼法》第六十四条中规定，“当事人对自己提出的主张，有责任提供证据”。证明案件真实情况的一切事实都是证据，民事证据的形式包括：当事人陈述、书证、物证、视听资料、电子数据、证人证言、勘验笔录、鉴定意见等八类。

上法院打官司，原、被告各自主张对自己有利的事实，并向法官提供相应的证据，以获得法官内心确认。谁有责任来证明这些事实，就是一个举证责任分配的问题。法官审理案件必须以法律事实为依据，而法律事实的存在与否必须依靠证据来证明。因此，证据制度已成为民事诉讼的重要制度，而举证责任的分配又被认为是证据制度的核心。

举证责任包括行为意义上的证明责任和结果意义上的证明责任这两层含义。前者是指对于诉讼中的待证事实，应当由谁提出证据加以证明的责任，又称形式上的举证责任、主观的举证责任、提供证据的责任；后者是指当待证事实的存在与否最终在真伪不明状态时，应当由谁承担因此而产生的不利法律后果的责任，又称为实质上的举证责任、客观的举证责任、说服责任。

行为意义上的举证责任主要是指形式上举证责任的归属。一般情况下，原告对自己主张的诉讼请求所依据的事实有责任提供证据加以证明，被告为反驳原告主张及其所依据的事实有责任提供证据加以证明。结果意义上的举证责任就是举证不能或者举证不足的后果究竟由谁来承担，主要是指在事实真伪难以判定时，主张该事实的当事人承担不利诉讼后果的责任，即结果责任。

医疗鉴定本质上是一种协助司法机关解决诉讼中某些专门性问题的科学认识活动，旨在补充司法人员专门领域知识的不足，以达到正确判断之目的。它既有科学性的内容，又有法律性的要求，体现了法律性与科学性的统一。

由于医学本身的专业性，诊疗行为有无过错及其与患者损害后果有无因果关系、原因力的大小等都需要通过医疗鉴定来解决。医疗鉴定意见属于证据的一种，申请鉴定是当事人履行自己举证责任的范畴，当事人需要鉴定意见来证明自己提出的主张时，应当申请鉴定，否则就有可能承担举证不能的法律后果。人民法院在案件审理过程中，为查明事实，也可依职权启动医疗鉴定。

二、鉴定的目的是为裁判提供证据

《中华人民共和国侵权责任法》及《中华人民共和国民法典》实施后，最高人民法院出台并修订了《最高人民法院关于审理医疗损害责任纠纷案件适用法律若干问题的解释》(以下简称《司法解释》)。《司法解释》第四条规定，患者依据民法典第一千二百一十八条规定主张医疗机构承担赔偿责任的，应当提交到该医疗机构就诊、受到损害的证据。患者无法提交医疗机构或者其医务人员有过错、诊疗行为与损害之间具有因果关系的证据，依法提出医疗损害鉴定申请的，人民法院应予准许。医疗机构主张不承担责任的，应当就民法典第一千二百二十四条第一款规定情形等抗辩事由承担举证证明责任。

医疗侵权诉讼举证责任采用“谁主张，谁举证”以及特定条件下的举证责任转移方式。在一般情况下，应当由患者就医疗机构存在过错承担初步举证责任，该举证责任可以通过提交相关证据或者鉴定意见的方式完成。如果有医疗机构隐匿或者销毁患者病历资料等情形，则可以推定医疗机构有过错，举证责任转移至医疗机构。

患者虽然起诉医疗机构的医疗行为因过错导致患者的损害，但通常无法确定医疗行为违规违法的具体环节和内容，以及对自身损害的大小和伤残等级等。医疗机构在抗辩的过程中，可能提出与患方不同乃至相反的意见，其中的内容、特别是专业性意见同样难以得到患者的认可。显然这样的举证并没有达到支持裁判的要求，因此需要借助医疗鉴定加以明确。

三、鉴定在举证中的作用

《中华人民共和国民法典》和《司法解释》的相关内容，进一步明确了当事人在举证困难的情况下，可以向人民法院申请鉴定，通过鉴定帮助其进行举证的规定。

（一）举证责任的具体分配及其法律意义

《司法解释》第四条规定明确了医疗损害责任纠纷案件举证责任的分配制度。

1. 患者提交证据　患方应当提交到医疗机构就诊的证据和受损害的证据。

2. 患方无法举证证据　当患方对医疗机构或者其医务人员的诊疗行为有过错及诊疗行为与损害后果之间有因果关系的证据无法举证时，可以申请进行医疗损害鉴定，通过鉴定意见完成举证责任。

3. 医疗机构主张不承担责任的情形　应当按照《中华人民共和国民法典》侵权责任编规定的减免责任的情形提出主张并提供相

应证据：①系受害人故意行为或者不可抗力造成的损害；②系患者或者其近亲属不配合诊疗造成的损害；③不良后果系患者生命垂危等紧急情况所致，医疗机构已尽到合理诊疗义务；④不良后果系限于当时的医疗水平难以诊疗等。实践中，针对患者不配合，需鉴别是故意不配合、不遵从医嘱，还是由于患者医疗知识的缺乏，对诊疗措施难以正确理解所致；针对抢救生命垂危的患者等紧急情况下，需关注如何判断合理诊疗义务，医疗机构对患者紧急病情的判断是否准确，治疗措施是否合理恰当，病情及治疗措施的告知是否到位，实施的救治措施对患者造成的损害是否控制在合理限度之内；针对限于当时的医疗水平难以诊疗，需关注医疗机构所在的地域医疗技术水平、医疗机构的等级、医务人员的资质水平以及医学科学本身的发展等因素。上述专业性极强的问题，经常需要通过专业鉴定，才能向法庭澄明。

（二）有关知情告知的举证责任及其法律意义

《司法解释》第五条规定，患者依据民法典第一千二百一十九条规定主张医疗机构承担赔偿责任的，应当按照前条第一款规定提交证据。实施手术、特殊检查、特殊治疗的，医疗机构应当承担说明义务并取得患者或者患者近亲属明确同意，但属于民法典第一千二百二十条规定情形的除外。医疗机构提交患者或者患者近亲属明确同意证据的，人民法院可以认定医疗机构尽到说明义务，但患者有相反证据足以反驳的除外。

1. 患者主张医疗机构承担赔偿责任　患者应当按照医疗损害责任举证责任的一般规则提供就医疗机构违反告知义务侵权责任构成要件事实相应的证据。

2. 医疗机构未尽到说明义务及其因果关系问题的专业判断　医疗机构应当说明的内容多、范围广，因具体疾病的不同而不同，违反相应义务者还存在程度上的差异，完全由患者举证经常存在困难。为了缓和患者举证困难，允许患者通过申请鉴定的方式解决。

除了患者一方可以申请鉴定，医疗机构为维护自身诉讼权益及实体利益，也可以就有关专业性问题积极举证，当然也有权通过申请鉴定的方式来确定有无过错及责任大小。

3. 医疗机构在某些情形下有取得患者或者患者近亲属书面同意的义务 首先是医疗机构要尽到具体说明的义务，未尽到说明义务即存在过错。其次是针对实施手术、特殊检查、特殊治疗等影响较大的诊疗行为，医疗机构必须举证证明有患者或者患者近亲属明确同意的证据。第三是如患者一方提供了相反证据证明的情况下，仍应认定医疗机构未尽到说明义务，以有效保护患者合法权益。实践中，书面同意内容和说明义务内容有时可能不一致，对此即使书面同意了，就认定医疗机构尽到了说明义务，对患者一方可能存在不公平，此时如果患者一方有相反的证据证明，应注意鉴别，类似问题常常需要通过鉴定加以解决。这一条也体现了缓和患者举证责任，平衡了医疗机构和患者的权利和义务。

4. 医疗机构不必就其尽到具体说明义务及取得明确同意的问题承担举证责任的情形 《中华人民共和国民法典》第一千二百二十条规定，因抢救生命垂危的患者等紧急情况，不能取得患者或者其近亲属意见的，经医疗机构负责人或者授权的负责人批准，可以立即实施相应的医疗措施。在此情况下，医疗机构不必就其尽到具体说明义务及取得明确同意的问题承担举证责任。实践中，关键要关注什么是生命垂危，什么是紧急情况，是否属于难以取得患者或者患者近亲属意见的情形，以及批准程序是否合规等问题，有时也需通过鉴定来澄清事实。

（三）涉及推定医疗过错情形的举证责任及其法律意义

根据《中华人民共和国民法典》第一千二百二十二条规定，患者在诊疗活动中受到损害，若医疗机构在医疗过程中违反法律、行政法规、规章以及其他有关诊疗规范的规定，医疗机构隐匿或者拒绝提供与纠纷有关的病历资料，以及遗失、伪造、篡改或者违法销毁病历资料，推定医疗机构有过错。《司法解释》第六条就上述条款所述病历资料作出解释：病历资料包括医疗机构保管的门诊病历、住院志、体温单、医嘱单、检验报告、医学影像检查资料、特殊检查（治疗）同意书、手术同意书、手术及麻醉记录、病理资料、护理记录、出院记录以及国务院卫生行政主管部门规定的其他病历资料。患者依法向人民法院申请医疗机构提交由其保管的与纠纷有关的病历资料等，医疗机构未在人民法院指定期限内提交的，人民法院可以依照民法典第一千二百二十二条第（二）项规定推定医疗机构有过错，但是因不可抗力等客观原因无法提交的除外。

1. *病历资料保管方* 隐匿或者拒绝提供与纠纷有关的病历资料可能有违举证责任，不仅限于医疗机构，也包括患者。住院病历资料的提供主要针对医疗机构，因为住院病历资料的制作、保管均由医疗机构一方完成，从证据的角度讲，医疗机构对住院病历资料的掌握和控制具有强势地位。门（急）诊病历资料的提供主要针对患者一方，根据《医疗机构病历管理规定》，目前门（急）诊病历原则上由患者负责保管，在医疗损害责任纠纷诉讼中，门（急）诊病历不仅属于证明医疗关系存在的基本证据材料，而且对于确定诊疗过错大小乃至责任大小也具有重要作用。

2. *与纠纷有关的病历资料* 隐匿或者拒绝提供的病历资料是指与纠纷有关的病历资料。患者申请医疗机构向人民法院提交由其保管的与纠纷有关的病历资料，医疗机构未及时提供的，视为医疗机构隐匿或者拒绝提供病历资料，按照举证证明责任分配的规则，推定医疗机构存在过错，医疗机构承担相应的不利后果。如果涉及患者一方门（急）诊病历资料，存在隐匿或者拒绝提供的情况，按照举证证明责任分配的一般规则，由患者一方承担不利的后果。

无论医疗机构还是患者一方隐匿或者拒绝提供病历资料，首先要考虑以该病历资料对于纠纷的事实认定具有实质性影响为前提，如果通过其他病历材料或其他证据能够进行鉴定或者认定事实的，应当根据该证据来判定，而不是简单按照举证证明责任分配规则来判定；其次是是否存在不可抗力因素导致无法及时提交的情形。这些就需要通过鉴定来澄清事实。

3. 关于伪造、篡改或者销毁病历资料问题　伪造、篡改或者销毁病历资料不仅反映医疗机构存在恶意行为，还严重影响医疗纠纷的处理，必须严厉惩罚。但是关于病历资料的伪造、篡改情形，实践中有些仅涉及个别字句方面的瑕疵，如患者姓名、性别、年龄、页码等，而有些涉及重要内容的伪造或篡改，如手术记录、产程记录、病程记录等，还有些涉及整个病历的全部或大部分伪造或篡改等。多年来的鉴定实践，此种情况复杂多端，具体案件要区别对待，要结合伪造或篡改的具体情节与患者损害后果的因果关系及原因力大小，既要保证患者的权利不受侵犯，也要让医疗机构客观、恰当地承担相应的责任，显然有必要通过鉴定完成。

（四）涉及医疗产品的过错情形的举证责任及其法律意义

《中华人民共和国民法典》第一千二百二十三条规定，因药品、消毒产品、医疗器械的缺陷，或者输入不合格的血液造成患者损害的，患者可以向药品上市许可持有人、生产者、血液提供机构请求赔偿，也可以向医疗机构请求赔偿。患者向医疗机构请求赔偿的，医疗机构赔偿后，有权向负有责任的药品上市许可持有人、生产者、血液提供机构追偿。《司法解释》第七条规定，此种情况下，患者应当提交使用医疗产品或者输入血液、受到损害的证据。患者无法提交使用医疗产品或者输入血液与损害之间具有因果关系的证据，依法申请鉴定的，人民法院应予准许。医疗机构，医疗产品的生产者、销售者、药品上市许可持有人或者血液提供机构主张不承担责任的，应当对医疗产品不存在缺陷或者血液合格等抗辩事由承担举证证明责任。

1. 过错责任原则　《司法解释》第七条中明确了患者应当提交使用医疗产品或者输入血液、受到损害的证据。患者无法提交使用医疗产品或者输入血液与损害之间具有因果关系的证据，依法申请鉴定的，人民法院应予准许。该条款明确了医疗产品和输入血液之侵权责任仍然适用过错责任原则，患者一方举证困难的情况下，通过申请鉴定来解决。

2. 关于医疗产品生产者、销售者的责任　受害人可以向产品的生产者要求赔偿，也可以向产品的销售者要求赔偿。属于产品生产者的责任，产品销售者赔偿的，产品销售者有权向生产者追偿；属于产品销售者的责任，产品生产者赔偿的，产品生产者有权向产品销售者追偿。医疗产品缺陷及其与患者损害事实之间因果关系的举证证明责任，无论患者一方，还是医疗产品生产者、销售者，其举证证明有困难需要通过鉴定的，应由相应的鉴定机构进行，此类鉴定通常不属于医疗鉴定之范畴。

3. 关于医疗产品的医疗机构责任　《中华人民共和国民法典》从便利患者受到损害后主张权利，规定患者可以向医疗机构请求赔偿，医疗机构要举证证明自身无过错，尤其要证明在使用医疗产品中无过错，其诊疗行为与患者损害后果之间无因果关系。如果属于医疗产品生产者或者销售者责任的，医疗机构有权向医疗产品生产者或者销售者追偿。这里涉及是医疗产品生产或者销售环节存在问题，还是医疗机构使用产品存在问题，以及都不存在问题。关键是医疗机构在使用医疗产品中有没有过错，医疗机构在使用医疗产品中有没有过错需要医疗机构证明，否则医疗机构就要承担赔偿责任。《司法解释》第七条中相关内容明确规定了医疗机构主张不承担责任的，应当对医疗机构使用医疗产品过程中不存在过错等抗辩事由承担举证证明责任。此类专业问题一般均需通过鉴定来澄清。

4. 血液提供机构追偿　输入不合格的血液造成患者损害的，患者可以向血液提供机构请求赔偿，也可以向医疗机构请求赔偿。患者向医疗机构请求赔偿的，医疗机构赔偿后，有权向负有责任的血液提供机构追偿。

患者一方据此请求血液提供机构或者医疗机构赔偿的，应当提供以下证明材料：使用输入血液的证据（包括与医疗机构存在输血的诊疗关系）；受到损害的证据；输入血液与损害之间具有因果关系的证据。如不能提供上述有关输入血液与损害之间具有因果关系的证据，可以依法向人民法院申请鉴定，这既是患者一方举证的途径，也是缓和患者举证责任的一种重要方式。医疗机构或者血液提供机构主张不承担责任的，应当对血液合格等抗辩事由承担举证证明责任。关于输入血液造成患者损害的情形，类似于医疗产品生产机构的血液提供机构，其血液质量问题属于医疗行为之范畴，在患者一方，或者血液提供机构自身举证有困难的情况下，可以通过医疗鉴定来完成，这一点与医疗产品的质量问题或者缺陷不同。

5. 血液采集或者临床用血过程中输血感染或者其他损害情况　针对血液提供机构和医疗机构在采血和用血过程中可能发生的输血感染或者导致其他损害的情况，需证明血液提供机构或者医疗机构在血液采集或者临床用血过程中有无按照有关法律法规和规范的要求进行操作。目前我国规范血液提供机构的法律法规和规范有《中华人民共和国献血法》《血站管理办法》和《血站质量管理规范》等，规范医疗机构用血输血的规定有《医疗机构临床用血管理办法（试行）》和《临床输血技术规范》等。需要证明的具体内容有：采供血环节，是否检测或者是否未检测出应当检测出的病毒，采血过程中是否存在血液受到污染，血液保管过程中是否存在因保管措施不当导致血液变质，血液运输过程中是否存在因设备配置不当导致血液变质等；临床用血环节是否存在血液保管、管理不当致使血液受到污染或者变质，是否存在使用过期输血器具或者消毒不严致使患者受到损害，是否存在对患者特殊体质考虑不周，是否因不当输血导致患者受到损害等。上述问题，常需要通过医疗鉴定方能明确。

6. 无过错输血　司法实践中还有一种情形，血液提供机构和医疗机构各项流程操作均符合规范，限于献血者处于早期病毒感染，其病毒标志物在血液中难以检出，医学上称之为“窗口期”，处于“窗口期”的献血者的血液在按照操作规范检查时通常显示为正常，这类检查合格的血液作为正常血液输入人体后有可能发生病毒感染，基于目前医学科学的局限性，临床实践中尚难避免，此类情形属于“无过错输血”。针对类似事件如何救济处理，尚无明确的法律法规规定，也不属于医疗鉴定应该考虑的范畴，但究竟是否属于无过错输血，显然需要鉴定专家的辨别。

（蒋士浩）

第六章 医疗鉴定文书

本书所称医疗鉴定文书是广义公务文书的一种，指医学会在医疗鉴定活动中为履行职能、处理事务而按一定程序和格式形成的文字材料或书面意见。鉴定文书既包括鉴定结果的载体——鉴定书和鉴定意见书，也包括鉴定工作中与委托人、当事人等沟通商洽的各种通知、函复，还包括记录鉴定活动的文字材料。尽管文书包括电信文书、声像文书等多种形式，但医疗鉴定活动中最常用的是纸质文书。

医疗鉴定文书在鉴定工作中发挥着不可替代的作用，正确制作和使用鉴定文书是对医疗鉴定人员的基本要求。中华医学会对医疗事故技术鉴定书和医疗损害鉴定意见书的格式进行了规范，而其他医疗鉴定文书，目前并无统一的格式和要求。各地医学会在多年实践工作中，不断探索，相互交流，逐渐形成了符合实际工作需要的系列鉴定文书格式或模板。

本章对医学会医疗鉴定文书的种类、总体要求等内容进行梳理，重点介绍鉴定书的书写和制作。

第一节 医疗鉴定文书的种类和总体要求

文书种类的划分因观察角度不同而有多种方式。鉴定文书是一种实用文体，可以按性质划分，也可以按功能、用途划分，还可以按来源或文书对象划分，在鉴定工作中按照流程阶段划分则显得更为实用。

一、常用鉴定文书

（一）专家库组建阶段的文书

专家库组建阶段的文书，如：①专家库成立或换届工作的请示、批复；②关于推荐专家库成员候选人的通知；③关于专家库成员聘任的通知。

（二）审查、受理阶段文书

审查、受理阶段文书，如：①关于提交鉴定材料的通知；②受理通知；③不予受理通知；④缴纳鉴定费的通知；⑤鉴定有关事项的说明。

（三）材料收集阶段的文书

材料收集阶段的文书，如：①关于要求补充材料的通知；②鉴定材料签收单；③调查取证函；④启封资料确认记录；⑤鉴定材料确认单。

（四）抽取专家确定专家组阶段的文书

抽取专家确定专家组阶段的文书，如：①抽取鉴定专家会议通知；②抽取专家有关事项的说明；③鉴定专家回避申请或记录单；④抽取鉴定专家结果及确认单；⑤补充抽取鉴定专家确认单。

（五）鉴定会及组织阶段的文书

鉴定会及组织阶段的文书，如：①鉴定会通知（医患双方、委托人、鉴定专家）；②鉴定会签到表；③鉴定会会场纪律；④鉴定专家承诺书；⑤鉴定专家个人意见；⑥现场查体记录单；⑦会议记录；⑧鉴定专家合议意见（鉴定结论）；⑨鉴定书文稿。

（六）鉴定书

（七）鉴定会后的文书

鉴定会后的文书，如：①鉴定书送达函；②鉴定材料退（返）还清单；③质询、质证的回复；④鉴定意见补正说明；⑤补充鉴定意见。

（八）其他

其他文书，如：①收费标准的公示、公告；②中止函；③终止函；④鉴定有关事项的协议；⑤延期召开会议的通知。

上述文书并非鉴定文书的全部。医学会还有因特定情况对委托人、当事人的回复，与上级管理部门、兄弟医学会或其他鉴定机构之间因鉴定工作需要而形成请示、报告、函、通知、会议纪要（记录）等工作文书。为提高工作效率，有的医学会还会根据实际情况，将多项内容合并在一份文书中，鉴定文书的命名也会根据实际情况和表达习惯进行相应调整。

中华医学会鉴定信息系统中收录了大量鉴定工作文书模板，并不断更新完善，各地医学会可以参考使用。由于内容较多，也较为具体，本书不再一一列举。

二、医疗鉴定文书的作用

医疗鉴定文书是医学会与委托人、当事人及有关单位联系沟通、传递信息最常用的方式，贯穿于医疗鉴定工作的整个过程，包括鉴定专家库的建立、案件受理、抽取专家、出具鉴定书等环节。鉴定文书的制作和使用具有重要意义。

（一）沟通指导作用

作为医疗鉴定工作的组织者，医学会在日常工作中需要与鉴定专家、委托单位、医患双方、其他有关单位或个人联系沟通，告知鉴定进展情况和有关事宜，对接收对象的下一步工作进行指导。尽管联系沟通的方式有很多种，但重要事项通常应采用鉴定文书形式通知对方，进行指导、布置、答复或商洽，使相对方知晓并了解鉴定活动的时间、程序、内容和要求，并引导各方积极配合，为提高工作效率和工作质量打下基础，推动鉴定工作高效、正常、有序地进行。

（二）规范管理作用

绝大多数当事人参与鉴定活动较少，对鉴定相关的法律法规不够熟悉，加之有些规定原则性较强、不易理解，需要通过鉴定文书了解鉴定参与方在具体案件、具体程序中的权利和义务。医学会通过鉴定文书展示鉴定相关规定，行使鉴定活动管理职能，传递鉴定活动的各种信息，提出相关要求，在约束各方（包括医学会自身）行为方面有举足轻重的作用，为鉴定的顺利进行提供保障。

（三）凭证依据作用

医学会向有关单位或个人出具的各种通知类鉴定文书，如，受理通知、会议通知、提交鉴定材料通知等，记载了医学会开展的各项鉴定活动，体现出公开原则，对医学会和接收方来说都是开展或参加鉴定活动的凭据。还有一些文书，如鉴定材料、签收单、鉴定专家回避记录单、鉴定结论单、会议记录等，本身就有立此存照、固定证据的意味。鉴定活动完成后，相关文书还需要建立工作档案，成为研究、审查的重要资料。如果无正当、充分的理由而未能按照文书中明示的要求参与鉴定活动，需要承担相应的法律责任。

（四）展示宣传作用

鉴定文书是体现鉴定工作质量和鉴定工作能力的重要窗口。鉴定文书记载着鉴定的全过程，在鉴定文书形成的过程中，体现鉴定工作的公开原则。当事人、委托人或有关单位不能全面接触鉴定工作，更多时候是通过审阅得到的鉴定文书，审查鉴定程序及鉴定意见合法性、规范性、科学性，作为评价医学会鉴定工作的重要依据。规范的鉴定文书制作，能更好地维护鉴定工作的权威性，彰显医学会鉴定的社会公信力。

三、医疗鉴定文书的总体要求

医疗鉴定文书在鉴定工作中发挥着十分重要的作用，但并非多多益善。文书制作和使用首先要以问题为导向，明确文书的必要性，做到有的放矢，讲求实效，制作过程中要求严谨、依据充足，表达准确、规范、客观，避免因工作疏忽引起不必要的麻烦。在鉴定文书的制作和使用中主要把握以下三个原则。

（一）合法性

医疗鉴定文书中大多是要向办案部门、医患双方出具的具有法律意义的文书，需要严肃对待。既要考虑发文对象的合法身份，也要考虑自身制作或使用鉴定文书的法定权限；文中内容，包括鉴定的程序、活动方式、主要要求等方面，不能与现行法律法规或有关规定发生冲突；文书的制作和发出过程要符合上级部门和本单位的管理规定，确保鉴定文书的合法、有效。

（二）时效性

医疗鉴定程序严格，其中时限方面的规定较为明确，作为记录鉴定全过程的鉴定文书要遵循时效性的原则，在内容上要有明确的时间或时限要求，在发文流程上要及时制作和发出。时效性既是对医学会工作人员的约束，也是对医患双方当事人及委托人的约束，无正当理由未按规定时效实施或参加相关鉴定程序的，将会导致鉴定不能正常进行。

（三）规范性

既要规范使用公文种类，如通知、函、意见等，也要注重语言使用符合规范，应做到客观、严谨、准确、完整、简练。

1. 一致性　文中内容与标题和文体相统一，避免文不对题，或

“小马拉大车”；写作风格与公文写作相一致，体现严肃性，避免口语化；本单位同一类文书尽量做到格式统一、表述一致；文书之间、文书上下文之间，同一名词或概念的表述使用的词语基本一致。

2. 严密性　鉴定文书的结构与语言表达要完整齐全，严谨缜密，明确地阐明约束的对象及程序、范围；清楚地告知有关职责、权利、义务的规定与时限要求；所提各项要求应有切实可行的检查衡量指标。

3. 准确性　文中内容、概念、时间、数字、单位等都要确实可靠，准确表达文书的核心意思，尽量避免使用“一般”“大概”“似”等不确定的词语，不要使用比喻、拟人等写作手法，不能留有漏洞，避免使人产生歧义，更不能出现文字错误。

4. 条理性　为保证鉴定文书的可读性，需要层次分明，理序顺畅，分类合理，主题突出，排列合理有序。条理性能够反映出文书制作者思路是否清晰，层次是否分明。维护文书的条理性，可以保持各部分内容的系统性与连贯性，避免出现混乱、脱节、遗漏或重复的现象。

5. 简明性　鉴定文书是为了解决问题，应当开门见山，简单明了地表现出行文目的和要求，多用陈述句，便于理解、记忆和执行。日常工作中的鉴定文书以说明为主，不必议论分析或做过多的解释。文字尽量简洁精确、高度概括，言简意明，要尽量少用生僻的术语，不用令人难以理解的词句。

（陆　泓）

第二节　医疗鉴定书的内容和格式

本文所指鉴定书是医学会组织鉴定专家，将鉴定资料、鉴定过程、鉴定依据、鉴定意见等内容，按照规定的格式和要求制作完成的书面报告，包括医疗事故技术鉴定书和医疗损害鉴定意见书两种。医疗事故技术鉴定书和医疗损害鉴定意见书格式由中华医学会统一制定。

一、医疗事故技术鉴定书的内容和格式

医疗事故技术鉴定书的内容是由《医疗事故处理条例》(国务院令第351号)所规定，格式由中华医学会根据《医疗事故技术鉴定暂行办法》(卫生部令第30号)的授权统一制定。

(一)医疗事故技术鉴定书内容

《医疗事故处理条例》第三十一条规定，医疗事故技术鉴定书应当包括下列主要内容：①双方当事人的基本情况及要求；②当事人提交的材料和负责组织医疗事故技术鉴定工作的医学会的调查材料；③对鉴定过程的说明；④医疗行为是否违反医疗卫生管理法律、行政法规、部门规章和诊疗护理规范、常规；⑤医疗过失行为与人身损害后果之间是否存在因果关系；⑥医疗过失行为在医疗事故损害后果中的责任程度；⑦医疗事故等级；⑧对医疗事故患者的医疗护理医学建议。

《医疗事故技术鉴定暂行办法》第三十五条对医疗事故技术鉴定书主要内容作出了相同的规定，并进一步提出，经鉴定为医疗事故的，鉴定结论应当包括上款第④～⑧项内容；经鉴定不属于医疗事故的，应当在鉴定结论中说明理由。

(二)医疗事故技术鉴定书的格式

2002年中华医学会根据《医疗事故技术鉴定暂行办法》(卫生部令第30号)第三十五条“医疗事故技术鉴定书格式由中华医学会统一制定”的规定，制定印发了医疗事故技术鉴定书的格式，对各地医学会顺利开展医疗事故鉴定发挥了积极作用。在鉴定书格式的使用过程中，尤其是2021版医疗损害鉴定意见书格式颁布

和鉴定信息系统升级后，各地普遍反映原版鉴定书中部分项目与实际工作不适应，建议修改。为提高鉴定书书写质量，便于开展工作，中华医学会组织鉴定管理和法律方面的专家进行了研究，对原鉴定书格式和填写说明进行了调整，形成2022版医疗事故技术鉴定书格式。

新版医疗事故技术鉴定书格式主要由封面、首页、正文和落款四部分依顺序组成。封面项目包括：鉴定书类别、鉴定书文号、医学会名称、鉴定日期；首页项目包括：委托人、患者姓名、医疗机构名称、鉴定结论；正文项目包括：基本情况、委托事项、争议要点、鉴定材料、诊治概要、现场查体情况、鉴定过程说明、鉴定分析说明、鉴定结论、医疗护理医学建议；落款项目包括：鉴定日期、医疗事故技术鉴定专用章；其他项目包括：页码、页眉、页脚，以及鉴定书各页之间加盖医疗事故技术鉴定专用章作为骑缝章。2022版医疗事故技术鉴定书格式见附录。

二、医疗损害鉴定意见书的内容和格式

（一）医疗损害鉴定意见书的内容

1.《医疗纠纷预防和处理条例》中相关内容　第三十六条规定，医学会、司法鉴定机构作出的医疗损害鉴定意见应当载明并详细论述下列内容：①是否存在医疗损害以及损害程度；②是否存在医疗过错；③医疗过错与医疗损害是否存在因果关系；④医疗过错在医疗损害中的责任程度。

2.《医学会医疗损害鉴定规则（试行）》中相关内容　第二十四条规定，鉴定意见书一般包括：①委托人及委托鉴定的要求；②医患双方的基本情况；③鉴定相关材料；④对鉴定过程的说明；⑤诊断、治疗的基本情况；⑥围绕委托鉴定事项对是否存在损害后果以及损害程度、是否存在医疗过错行为、医疗过错行为与损害后果是

否存在因果关系、医疗过错行为在医疗损害中的原因力大小等内容的详细论述；⑦鉴定意见。鉴定意见书由鉴定专家组成员签名或者盖章，载明其学科专业和职称，并加盖医疗损害鉴定专用章。

（二）医疗损害鉴定意见书的格式

2021年2月25日中华医学会下发《中华医学会关于印发〈医学会医疗损害鉴定规则（试行）〉的通知》（医会鉴定发〔2021〕33号），该通知的"附件2"为医疗损害鉴定意见书格式。

医疗损害鉴定意见书格式主要由封面、首页、正文、落款四部分依顺序组成。封面分封面一和封面二，封面一项目包括：鉴定书类别、鉴定书文号、医学会名称、鉴定书印发日期；封面二项目包括：声明、医学会地址和联系电话；首页项目包括：委托人、患者姓名、医疗机构名称、鉴定意见、专家鉴定组情况；正文项目包括：基本情况、委托事项、争议要点、鉴定材料、诊治概要、现场查体情况、鉴定过程说明、鉴定分析说明、鉴定意见；落款项目包括：鉴定书印发日期、医学会医疗损害鉴定专用章红印；其他项目包括：页码、页眉、页脚，以及鉴定书各页之间加盖医疗损害鉴定专用章作为骑缝章。医疗损害鉴定意见书具体格式见附录。

三、医疗事故与医疗损害鉴定书格式的异同

由于医疗事故和医疗损害鉴定的相近性，经过多年实践后医疗损害鉴定意见书与医疗事故技术鉴定书格式已经趋于一致，但由于法律法规的要求不同，在格式设计时两种鉴定书也难免存在不同。

（一）关于鉴定专家签名

为做好与司法鉴定的衔接，目前医学会的医疗损害鉴定意见书

首页最下方留出了鉴定专家签名或盖章的位置。医疗事故技术鉴定书首页下方没有设计专家组成员签名或盖章，如果今后鉴定工作发展需要鉴定专家签名时，可以在此处进行格式调整。

（二）医疗损害鉴定意见书没有对患者的医疗护理医学建议

《医疗事故处理条例》第三十一条要求，对医疗事故患者的医疗护理医学建议是鉴定书的内容之一。因此，在医疗事故技术鉴定书中，对构成医疗事故且仍需要护理和/或进一步治疗的患者，需提出医疗护理医学建议。考虑到在医疗损害鉴定工作实践中护理依赖是作为专门性问题委托鉴定的，各地做法不一，多数地区更愿意单独出具关于“三期”或“护理依赖”等方面的鉴定意见，故医疗损害鉴定意见书格式设计时没有特意增加医疗护理医学建议这一项目。

（三）用词的区别

1. 鉴定书的名称　医疗鉴定出具鉴定书属于鉴定意见，一些专家认为称作“鉴定意见书”更为准确。考虑到《医疗事故处理条例》第二十九条要求医学会出具“医疗事故技术鉴定书”，且大家对鉴定书的性质已经公认，没有必要改为“医疗事故技术鉴定意见书”，就保留了“医疗事故技术鉴定书”的名称。医疗损害的鉴定书，按照前述原则，使用了“医疗损害鉴定意见书”的称谓。

2. 封面的鉴定编号规则　医疗损害鉴定书是“××医损鉴［20××］××号”，医疗事故技术鉴定书则是“××医鉴［20××］××号”，从编号中可以对两种鉴定进行区分。

3. 鉴定结论与鉴定意见　为与《医疗事故处理条例》《医疗事故技术鉴定暂行办法》中的名称统一，医疗事故技术鉴定书中仍使用“鉴定结论”一词，而医疗损害鉴定意见书中则使用“鉴定意见”表述。

四、规范鉴定书内容和格式的重要性

鉴定书是专家鉴定意见的载体，是法定的诉讼证据，保持鉴定书内容的完整性、严肃性，按照规范统一的格式制作，既是科学公正鉴定的必然要求，也是鉴定活动、鉴定行为规范化的必然体现。

（一）有利于体现证据的严肃性

《中华人民共和国民事诉讼法》第六十六条规定的证据包括“鉴定意见”，因此，从法律层面上讲，鉴定书属于一种具备法律效力的文书，在诉讼中可作为法定诉讼证据使用。按照规范的内容和格式制作鉴定书，既是鉴定书作为法律文书的基本要求，也体现了证据的严肃性，是全面推进法治社会背景下，保障鉴定工作对社会公平正义的要求。如果鉴定书格式五花八门、字体编排杂乱无章，其作为证据的严肃性将大打折扣，影响其证据价值。

（二）有利于正确处理医疗纠纷

鉴定书是专家鉴定意见的载体，专家鉴定意见具有很强的专业性，由于主办法官及当事人对医疗专业问题的了解和认知有限，内容全面客观、语言表达准确、用词严谨、格式规范统一的鉴定书，有利于得到当事人、办案部门的认可，有利于鉴定意见的采信，有利于问题的有效解决。反之，内容缺失、表述模糊、分析说明不合逻辑、格式不规范的鉴定书，会使人产生歧义或对鉴定意见的权威性提出质疑，给人以鉴定不公的印象，影响鉴定意见的采信。

（三）有利于对鉴定工作质量考评及监管

鉴定书的内容和格式是经过多方参与、反复论证而形成的，并在实践中印证了其使用价值，各地医学会应当遵守。上级部门对医学会鉴定工作的监督管理过程中，鉴定书的格式和内容是重点考察项目，鉴定书质量评价在鉴定工作质量控制工作中所占的比重也较大。

（四）有利于树立医学会良好的社会形象

格式规范统一、内容系统全面、文体结构层次分明、分析说明逻辑性强、论据可靠充分的鉴定书，能够展现出医学会鉴定的专业性、权威性，有利于医学会树立良好的社会形象。反之，鉴定书格式不规范，内容不全面、有瑕疵，不仅影响鉴定意见作为证据的合法性、权威性，影响鉴定意见的采信，也易引起当事人的投诉，降低社会公众对医学会鉴定的认可度，损害医学会的社会形象。

五、制作鉴定书的注意事项

鉴定书的制作是鉴定过程中的一个重要环节，在制作鉴定书时，应注意以下事项。

（一）内容格式

内容格式统一，符合相关法律、法规、规范的要求。

（二）纸张版面

纸张使用A4型纸，双面打印制作，版面编排符合一般公文要求。

（三）文字

一般使用简体中文，通用的外文缩写和无正式译名的症状、体征、疾病名称等可以使用外文。使用少数民族语言制作的鉴定书，语言文字应当符合少数民族语言文字规范。

（四）专业术语

专业术语一般使用全称，使用通用简称时，第一次出现时使用全称并附上简称，如：甲状腺功能亢进（简称甲亢）。不使用不规范的简称，如“急性上呼吸道感染”不能写成“感冒”。

（五）语言表达

语言表达要符合现代汉语语法规范，使用书面语言，文字简练，用词准确，语句通顺，描述客观。

（六）内容书写要求

内容系统全面，文体结构层次分明，分析说明逻辑性强，论据可靠充分，鉴定意见明确。

（七）字体、字号

字体、字号符合规定的格式要求。

（八）计量单位和符号

使用国家标准计量单位和符号。

（九）正确使用标点符号

标点符号常见使用错误有：①分号内套用句号，分项列举的各项有一项或多项已包含句号时，各项的末尾不能再用分号；②冒号后套用冒号；③连接号“—”“～”混用。“～”用于连接数字，如一天2～3次，口服；年份之间用“—”，如2002—2022年。

（十）避免歧义

避免使用有歧义的字、词、句，避免错别字。

（十一）专家签名字体颜色

专家签名使用蓝黑墨水或碳素墨水。

（十二）鉴定专用章

鉴定专用章红印尽量加盖在落款日期居中位置，专用章的下弧压在时间上面。

（十三）骑缝章

鉴定书各页之间要加盖鉴定专用章红印，作为骑缝章。

（十四）落款

落款应当与正文同页，排版后所剩空白处不能容下印章时，可以适当调整行距，不能用“此页无正文”的方法解决。

（十五）鉴定书的项目和内容要合理确定、适当调整

鉴定书的项目和内容可以根据鉴定案件具体情况合理确定，进行适当调整。如：在涉及对影像诊断或病理诊断争议的案件中，“现场查体情况”可以调整为“现场阅影像片”“现场阅病理片”，也可以既有现场查体情况，又有现场阅片情况；患者死亡，或无须查体的，此项可省略。

上述内容仅是鉴定书书写中需要注意的部分内容，鉴定书中各项内容需要注意的具体问题参见第三节。

（王聪灵）

第三节　医疗鉴定书书写要点

鉴定书不但是医学会呈现给委托人及医患双方的反映鉴定过程、鉴定结果的法定证据，也是医学会与社会连接和沟通的桥梁和纽带。鉴定书的价值在于为委托人、医患双方和社会公众所认可，彰显鉴定科学性、公正性，实现其证据价值，服务司法实践活

动，使裁判更具有公信力。提高鉴定质量取决于鉴定的科学性和公正性，这就需要医学会在鉴定书中完整、准确地体现鉴定的主要过程、事实依据和标准适用，进行充分的辨析说理。鉴定书中既要强化说理意识，提升说理能力和水平，也要增强说理的正确性和逻辑性。各地医学会为提升鉴定书书写质量，针对实现鉴定书要素齐全、格式统一、条理清晰、说理透彻、文字规范等方面开展了相应的培训，积累了大量经验。

医疗事故技术鉴定书和医疗损害鉴定意见书总体格式和内容有很多相同之处，为避免重复，本节对两种鉴定书主要项目的内容和要求进行了统一论述，对不同之处进行了标注或采取分别阐述的方式。另外，尽管鉴定中遇到的过错绝大多数属于过失的范畴，而非故意，但医疗事故技术鉴定书按规定需要使用“过失”一词，如“医疗过失”“过失行为”等，本节一些举例来源于医疗事故技术鉴定书，自然使用了“过失”；医疗损害鉴定意见书则使用“过错”一词，如“医疗过错”“过错行为”等。为述方便，除非必要，本节中二者统称为“过错（过失）”，大家可以根据鉴定类型加以区分、理解和运用。

一、委托事项

鉴定书中的委托事项是指委托人为确定专门性问题向医学会提出的鉴定需求的总称，包括鉴定类型、鉴定要求。鉴定类型包括医疗事故技术鉴定和医疗损害鉴定；鉴定要求主要包括案件名称、鉴定事项，有时也会在鉴定事项中提出更为具体的要求。

尽管《医疗事故处理条例》中在卫生行政部门委托医学会开展医疗事故技术鉴定时使用了“交由”的表述，包含交办的意思，但并没有改变其“委托”的性质，故在卫生行政部门交由案件的鉴定书中也可称之为“委托事项”。

（一）委托事项的重要性

委托事项是审查鉴定书乃至医疗鉴定的合法性、有效性的重要内容之一。尽管在鉴定的受理阶段已经完成了对委托人身份和委托鉴定事项的确认，但鉴定书作为体现鉴定成果的法律文书，需要对此内容作出表述。在鉴定书的起始位置将“委托事项”明示，一是明确了委托与被委托关系，强调医学会是受委托人的委托而开展的鉴定，双方均有各自相应的权利和义务；二是明确鉴定类型，强调本例委托属于医学会鉴定业务范围，本次鉴定是按照所委托鉴定类型的鉴定程序、鉴定方法、鉴定标准等完成的；三是明确委托的鉴定事项，强调鉴定事项的合法性，也提示医学会和鉴定专家组在本次鉴定中要按照委托人的要求，在鉴定事项范围内就有关问题进行鉴定并出具鉴定意见，既不能遗漏，也不能随意超出。

（二）委托事项的书写要点

委托事项的主要要素有委托人、被委托人、鉴定类型和鉴定要求。

1. 关于委托人和被委托人　“委托事项”中要体现出委托和被委托的关系，就需要准确表述委托人和被委托人的身份。由单位委托或移交的鉴定，委托人应使用该单位全称。医患双方共同委托的，委托方可写为“医患双方共同委托”。被委托人可以使用医学会的全称，也可以写为“我会”。一般情况下，各地医学会负责医疗鉴定的组织和日常工作的部门（医鉴办）是由医学会设立的，并非独立法人，故委托事项中表述被委托人时避免使用“我办”或“××鉴定办公室”。鉴于委托人与被委托人的情况，在鉴定书一般情况中已有说明，故此项也可以省略。

2. 关于鉴定类型　本书的“医疗鉴定”是医疗事故技术鉴定和医疗损害鉴定的统称，尽管二者有较高的相似度，但毕竟是两种类型的鉴定，在委托事项中需要写明本次委托属于“医疗事故技术鉴定”还是“医疗损害鉴定”，不能混淆，也不能统称为“医疗鉴定”，或使用“鉴定”“医疗过错鉴定”“医疗纠纷鉴定”“医疗损害责任鉴定”等模糊或非正式的鉴定名称。

3. 关于鉴定要求　鉴定要求中有被鉴定案件的名称和鉴定事项两个要素。

（1）被鉴定案件的名称：也有人称为鉴定对象。由于被鉴定案件来源不一，对案件命名尚无统一规定，故委托书中对案件名称的表述多种多样。医学会一般会参考委托书中的案件名称，在此基础上形成本案在鉴定中使用的名称，如×××（患者姓名）与×××（医疗机构名称）的医疗争议案；如果患者死亡，可以表述为“×××（患者家属）与×××（医疗机构）就×××（患者）的医疗争议案”。有的地区将医疗争议案细分为医疗事故争议案、医疗损害争议案，也是可以的。

（2）鉴定事项：鉴定事项是委托人在委托书中列明或强调的需要出具鉴定意见的具体项目。

医疗事故技术鉴定的案件，鉴定事项已经固定为针对是否构成医疗事故（包括医疗行为有无过失、患者有无损害后果、医疗过失与损害后果有无因果关系）、医疗事故等级、责任程度大小进行鉴定，故鉴定事项的内容可以省略。

医疗损害鉴定因案情不同，鉴定事项也有所不同，一般情况下医学会直接引用委托书中的委托事项即可。如果委托书用词不够规范或条理不清，医学会可以进行整理，尽量能够准确反映原意。常见的医疗损害鉴定事项有：实施诊疗行为有无过错；诊疗行为与损害后果之间是否存在因果关系以及原因力大小；医疗机构是否尽到说明义务、取得患者或者患者近亲属明确同意的义务；医疗产品是否有缺陷、该缺陷与损害后果之间是否存在因果关系以及原因力的大小；患者损伤残疾程度；患者的护理期、休息期、营养期；其他专门性问题。

4. 其他　如果属于补充鉴定、重新鉴定或委托人有其他要求，应在委托事项中载明。对鉴定人的资质、鉴定人的组成、鉴定程序、鉴定意见、鉴定人承诺书、鉴定期限等对鉴定程序提出的要求，不属于委托事项的内容。

（三）示例

1. 示例一　××市第二中级人民法院委托我会对张××与××市中医院的医疗纠纷进行医疗损害鉴定。鉴定事项为：①医方是否存在诊疗过错行为；②如存在诊疗过错行为，与张××的××损害后果是否存在因果关系；③诊疗过错行为在损害后果中的原因力大小。

2. 示例二　××市卫生健康委员会交由我会对张××与××县妇幼保健院的医疗争议进行医疗事故技术鉴定。

3. 示例三　××县人民法院委托我会对张××（死亡患者的亲属）与××市肿瘤医院就张×（患者）的医疗争议进行医疗损害鉴定。

（褚建欣　徐　琳）

二、争议要点

“争议要点”是对医患双方围绕本次鉴定委托事项提出的不同观点和诉求的简要表述。

（一）“争议要点”的重要性

“争议要点”所列内容，是医患双方认为需要通过鉴定解决或确认的核心问题，鉴定过程中需要给予重点关注。“争议要点”是鉴定书中的项目，但总结归纳“争议要点”的工作要早于鉴定会，甚至在受理鉴定阶段就需要着手。

1. 归纳“争议要点”有利于确定本次鉴定专业组成　医疗鉴定涉及医学操作、医院管理、残疾评定等多个学科和领域，专业性较强，设定鉴定组专业时，需要参考医患双方的争议要点，以便在鉴定争议要点相关的专业中选取专家，为有效鉴定奠定基础。

2. 归纳争议要点有利于引导医患双方理性面对鉴定 医患双方，尤其是患方，医学知识和参与鉴定活动的经验均不足，陈述答辩材料往往不能围绕关键事实、要点问题发表意见，而纠缠于细枝末节。在争议要点归纳过程中与医患双方进行沟通，可以促进其聚焦鉴定，正确理解鉴定工作。

3. 归纳争议要点体现对医患双方观点的重视 医患双方的争议内容必然会对鉴定方向有影响，但鉴定书中不可能把医患双方的陈述答辩材料原封不动全部照抄上去，只能选取部分内容，而且是关键内容。“争议要点”涵盖了医患双方在本次鉴定中最为关切的问题，体现了双方的诉求，同时也提示专家组在鉴定中要对这些问题给予必要的关注，有助于实现鉴定在重点问题上的聚焦。

（二）“争议要点”的内容

1. 患方意见 患方意见一般包括四方面要素：①患方认为的医方存在哪些医疗过错（过失）行为；②患方认为患者存在何种损害后果；③医疗过错（过失）行为和损害后果是否存在因果关系；④如果患方有医疗事故等级（伤残等级）、责任程度（原因力大小）等方面的诉求，也应当在患方意见中表述。

2. 医方意见 医方意见是医方对患方所提意见的回应，理论上与上述患方意见要素一一对应进行抗辩，但在实际工作中，医方的意见可以集中于其中一个或几个要素，通常会集中在说明自己的医疗行为没有过错（过失），有的也会提及患者损害后果不存在或者没有那么严重，目的是想证明本次事件不具备医疗事故或医疗损害的构成要件。

（三）书写“争议要点”的注意事项

在总结归纳争议要点之前，要向医患双方阐明争议要点的重要性，对提交的书面材料提出明确的书写要求。遇到医患双方没有抓住主要问题，或表述模糊、篇幅过长、逻辑混乱等情况，应及时与其沟通，作出解释说明，进行必要的引导，以便能够聚焦与鉴定相关的主要问题。在鉴定书的“争议要点”书写中，应当注意以下几点。

1. *专家组具有在鉴定书中书写“争议要点”的法定权力* 有的观点片面地认为“争议要点”是医患双方意见，医患双方怎么写是他们的权利，医学会和专家不能改动。事实上，“争议要点”是鉴定书的项目之一，而鉴定书中所有的内容都是鉴定组确定后书写的，“争议要点”的书写自然是专家组的法定责任。专家组有权力通过审阅鉴定材料、听取医患双方的陈述答辩后，在不遗漏双方的主要观点或曲解其本意的基础上，总结出“争议要点”。当然，在实际工作中出于对医患双方的尊重，即便争议要点是专家组总结的，也尽可能要求医患双方对总结的争议要点予以确认。另外，鉴定会前一般会让医患双方列明争议要点并签字，提交到鉴定专家组供参考使用。如果医患双方提交的争议要点明确，且符合鉴定书书写要求，经专家确认后可以直接引用。

2. *需要对“争议要点”的局限性做以说明* 争议要点是在全部材料中总结提炼而得出的，但鉴定专家鉴定时不会将争议要点作为唯一的鉴定指向，而是要根据全部资料，包括医患双方的陈述材料以及在现场调查时发表的意见等，故有必要在争议要点标题后括注“本处是对主要争议的归纳，争议内容详情见双方提供的陈述、答辩材料”。

3. *按照鉴定书格式要求书写* 中华医学会的鉴定书格式中列出了“患方认为：……”“医方认为：……”，要求对医患双方的意见分别阐述。如果涉及多个医疗机构时可分别列出，以医方一、医方二进行区分。医疗机构的顺序可以根据就诊先后、争议大小或患方诉序排列灵活掌握。

4. *围绕鉴定事项书写* 在总结归纳争议要点时避免夹杂与本次鉴定无关的内容，例如：患方赔礼道歉的诉求、赔偿数额、与非本次鉴定涉及医疗机构的争议等。

（四）示例

患方认为：

医方在为患者诊疗的过程中存在过错，包括没有履行风险预见义务、风险告知义务、医疗救治义务，严重侵害了患方的知情权并导致损害后果的发生。具体为：

（1）所行面部神经微血管减压术手术指征不明确；

（2）术前MRI诊断显示右侧面听神经出脑干段与右侧小脑下后动脉关系密切，而术中探查见右侧面神经与周围静脉血管关系密切，前后诊断不符；

（3）麻醉过程可能存在过失，与患者术后昏迷不醒有关；

（4）外院CT诊断报告显示脑积水侧脑室穿刺引流术后，医方却据此CT诊断为大面积脑梗死，存在误诊。

医方存在误诊误治，导致患者死亡，应属于医疗事故，并应承担××责任。

医方认为：

我院对患者的诊疗符合规范，告知充分，不存在过错，患者死亡与治疗行为不存在因果关系。

（1）具有手术适应证，且术前我院对病情已经进行交代；

（2）MRI对面肌痉挛的诊断只有参考作用，其诊断主要依靠临床症状及患者的病史，术中发现患者静脉血管压迫，也是面肌痉挛的主要原因之一；

（3）我院选择手术方法没有过错，术中也证明患者面肌痉挛的原因主要为岩静脉压迫所致；

（4）手术在全麻下进行，术后麻醉恢复满意，患者神志完全清醒后拔出气管插管，并转至普通病房，并不存在患者术后一直未醒的情况；

（5）术后患者行颅脑CT时突发心脏停搏，出现全脑缺氧，患者所有一切都是由于突发心脏停搏后全脑缺血及肿胀所致。

医疗行为中没有造成患者心脏停搏的过错，故不属于医疗事故。

（褚建欣）

三、鉴定材料

鉴定材料是指在鉴定过程中，存在于各种载体上的与鉴定事项有关的一切信息的总和，包含实物、书面材料、视听资料等。鉴定书中的“鉴定材料”扮演着各方提交材料清单的角色，是鉴定书的必要组成部分。

（一）“鉴定材料”的重要性

1.“鉴定材料”是办案部门或医患双方重点审查的内容　鉴定要在事实清楚的基础上进行，对鉴定的审查，需要审查鉴定事实的来源是否合法有效。鉴定书“诊治概要”中的诊疗经过绝大部分内容摘自“鉴定材料”中的病历、检查检验报告等。“鉴定材料”部分做到全面客观、清晰准确，能够让审查人员知晓鉴定所依据的事实出处，增强鉴定书的证明力。

2. 鉴定材料的总结归纳集中体现了鉴定的严谨性和规范性　“鉴定材料”的书写是建立在鉴定材料收集整理基础上的，鉴定材料的收集通常需要医疗鉴定工作人员在鉴定会前完成。收集、整理鉴定材料，总结归纳形成鉴定书“鉴定材料”项目中的内容，反映了医疗鉴定工作人员对案件的熟悉程度和对鉴定的理解能力和组织能力。全面、准确、重点突出的“鉴定材料”，是医学会对鉴定工作认真负责、规范的体现，为鉴定会召开打下的良好基础。

（二）书写“鉴定材料”应遵循的原则

1. 完整性原则　完整性原则即全面汇总鉴定材料，不能出现遗漏，尤其是对鉴定有重要影响的材料。实践中，医疗鉴定所需的鉴定材料一般包括门（急）诊病历、住院病历、检查检验报告、医学影像检查材料、病理材料、医患双方陈述意见、医方执业许可证明材料及其他有关材料。“鉴定材料”中要与实际收到的材料一一对应，既不能增加，也不要随意减少。

2. 准确性原则 列出的鉴定材料名称、性质、单位、数量、编号等都应当与原始文件一致，做到准确无误，避免因工作马虎导致错字、漏字等情况，对鉴定材料要仔细核对，确保规范，不要出现错误。

3. 真实性原则 一方面，“鉴定材料”处要如实列出各方提交的材料，医学会不能虚构或伪造；另一方面，所列出的材料应当在材料收取时对真实性进行过确认，确保列入鉴定书中的鉴定材料委托人、医患双方对其真实性没有异议。

4. 合法性原则 对来源非法、提取过程严重违反程序的材料，不能作为鉴定的依据，亦不能列入鉴定书“鉴定材料”中。

（三）书写“鉴定材料”的注意事项

1. 注明材料的来源 通常包括委托单位、患方、医方提交或医学会调查取证。法院委托的鉴定一般都会统一提交，此处注明“法院提交”即可。医患双方委托的，应当分列。

2. 鉴定材料的顺序 通常为医患双方陈述材料，病历资料，单独的检查检验报告、医学影像检查材料、病理材料和其他材料。

3. 医患双方的鉴定申请及陈述 “当事方”＋“材料名称”＋“数量”＋“单位”。如患方鉴定申请书1份，陈述材料1份。

4. 门（急）诊、住院病历资料 一般按照“医疗机构全称”＋“材料名称”＋“性质”（原件、复印件）＋“数量及单位”＋（“编号”）。如：××市中心医院住院病历原件1份（病案号：××××）。没有病历编号的，可以注明该病历形成时间，如：患者××在××市中心医院就诊门（急）诊病历原件1份（无编号，首次记录为×年×月×日）。

5. 非病历资料 尸检报告等非病历资料可参照病历材料的表

述方式。

6. 材料较多的情况 材料较多时，尤其是辗转多家医院、反复门诊就诊、多次进行影像检验或慢性病患者，“鉴定材料”应当将关键材料信息记录完整，一般性材料可以适当简化，可以只列出材料名称和数量。如，某例与A医院的纠纷，同时提交了多份（张）外院门诊病历、影像片等，可以写为：××在B医院、C医院的门（急）诊病历6份，心电图检查报告5份，医学影像片16张。如果办案部分需要进一步审核，医学会可以提供材料签收的清单。

7. 其他鉴定相关资料 执业证书、调查笔录、证明材料、照片、实物等的原件或复印件，可以逐项或分类列出名称及数量；对鉴定影响不大的，可以统一列为“其他鉴定相关资料”。

8. 鉴定材料要准确无误 列出的鉴定材料必须要做到准确无误，尤其是在复制粘贴时要认真核对，避免发生漏项、错字或多出鉴定材料等情况，防止小瑕疵带来大麻烦。

（四）示例

××市人民法院提交：

1. 鉴定委托书、鉴定申请书原件各1份，民事起诉状复印件1份；

2. A医院住院病历原件1册（病案号：××××），检验报告单原件6张；

3. 患者在B医院门急诊就诊病历本1册（就诊时间×年×月×日）；

4. 医学影像片11张；

5. 患者在××医院、××卫生院等处的门（急）诊病历8份；

6. ××司法鉴定所司法鉴定意见书原件及复印件各1份（××司鉴字××）；

7. 其他鉴定相关材料。

患方提交：

1. 鉴定陈述意见1份；

2. 患者身份证复印件、死亡证明复印件；

3. ×××等其他鉴定相关材料。

A医院提交：

1. 鉴定答辩意见1份；

2. 医疗机构执业许可证复印件1份、当事2名医师执业资格证书及执业证书复印件各1份。

B医院提交：

1. 鉴定答辩意见1份；

2. 医疗机构执业许可证复印件1份、当事医师执业资格证书及执业证书复印件3份。

（褚建欣）

四、诊治概要

鉴定书中的“诊治概要”是对患者诊疗经过、损害后果等主要事实的摘录和归纳。

（一）书写诊治概要的重要性

1. 诊治概要是鉴定书格式性内容 《医疗事故处理条例》第三十一条规定，鉴定书包括的内容有“当事人提交的材料和负责组织医疗事故技术鉴定工作的医学会的调查材料”，诊治概要即是鉴定材料中所反映的内容的具体体现；《医学会医疗损害鉴定规则（试行）》第二十四条关于医疗损害鉴定意见书中所包括的“诊断、治疗的基本情况”，即属于诊治概要的内容。司法部《司法鉴定程序通则》关于司法鉴定意见书也有相关内容的要求。中华医学会制定的医疗事故技术鉴定书和医疗损害鉴定意见书的格式中均有“诊治概要”的项目。

2. 诊治概要是对分析意见的呼应 诊治概要是对患者诊疗经过、损害后果的描述，既反映诊疗的基本脉络，也包括对鉴定涉及的重点医疗行为。鉴定分析意见主要是对诊疗行为是否符合规范的分析，主要包括对委托事项要求的、医患双方争议的、专家认为的重点医疗行为的分析说明。因此，诊治概要要作为分析意见的事实支撑，与分析意见相呼应，让分析意见中引用“医疗行为”有据可查，体现专家是在事实清楚的基础上进行鉴定。

3. 诊治概要是审核鉴定的重点内容　委托人对鉴定进行审核，不仅要对参加鉴定人员的专业类别进行审核，还会对作出鉴定结论时所依据的事实进行审核。如果“诊治概要”书写简单，关键内容缺失或错误，审核中无法确定专家是在何种事实基础上进行的分析评价。

4. 诊治概要是案例研究工作的关注内容　深入挖掘鉴定案例，总结过错及过错发生规律，在医疗事故或医疗损害的防范中起到重要作用。在案例分析和研究的过程中需要了解诊断治疗的主要过程。如果每个案例都要翻看档案则效率很低，也不够现实，因此，开展研究时一般会将“诊治概要”作为说明诊疗过程的依据。如果鉴定书中的诊治概要不能提供有效信息，案例研究工作效率会大打折扣。

（二）诊治概要内容的来源

1. 诊治概要来源　诊治概要主要来源于委托人或移交单位提交的鉴定资料，如果当事方提交，得到认可的也可以使用。一般有病历资料、尸检报告、行政机关调查结论等。

2. 相关规定　根据《医疗事故处理条例》第二十八条、《医疗事故技术鉴定暂行办法》第二十八条的规定，医学会可以向双方当事人和其他相关组织、个人进行调查取证。医学会调查取证结果可以作为医疗事故技术鉴定书中诊治概要的来源。

3. 特定情况　在某些特定情况下因病历资料缺乏，当事人陈述意见可以佐证其诊疗行为的，且双方当事人在涉及鉴定的主要问题上无明显争议的，此时诊治概要可以引用医患双方的陈述或答辩材料。

（三）诊治概要需要书写的主要内容

诊治概要是对整个诊疗过程的摘录和归纳，要反映整个诊疗过程的基本脉络，突出重要时间节点和争议的主要内容。诊治概要一般按照时间顺序书写，通常包括：患者就诊（入院）时情况，主要诊疗经过，转归情况等。对委托书中明确要求鉴定的、医患双方主要争议的、专家认为需要评价的医疗行为，诊治概要中应作为重点内容摘录和归纳。

1. 患者就诊（入院）时情况　说明患者一般情况、来院时间、主诉、初步诊断、接诊方式（门诊、急诊、住院）、住院时间等。

【示例】

患者，男，59岁，2012年2月8日因“右足疼痛、麻木、肿胀10余天”，门诊以“右足疼痛，右足踝管综合征？”收入院治疗。

2. 患者主要诊疗经过　主要诊疗经过包括患者发病原因，发病后主要症状、体征和检查、检验结果，来院后疾病诊断和鉴别诊断情况，主要治疗方案，以及经治疗患者病情变化和进一步处理情况。对与患者本次鉴定有关的既往病史及诊疗情况也应重点摘录，反映出患者疾病情况。

对本次鉴定涉及的重点内容，诊治概要中要加以体现。如：委托书中明确要求鉴定的事项，医患双方主要争议点涉及的诊疗行为，专家认为需要评价的医疗行为等要尽可能详细记录。有的重点医疗行为要尽可能摘录或原文引用当时病历记载的症状、体征，主要检查结果，主要疾病诊断，涉及的具体治疗措施，如药物用法用量、手术记录、知情同意条款、医嘱、体温单等内容或具体证据要如实摘录。

【示例】

患者右足疼痛、麻木、肿胀，入院后专科检查：脊柱生理弯曲存在，双下肢肌肉明显萎缩，肌张力正常，肌力正常，双足马蹄样畸形，右足肿胀明显，皮温低，双足动脉及胫后动脉未触及搏动，右内踝、足跟部有淤血，压痛阳性，右拇趾皮温升高，压痛阳性，右踝屈伸活动度正常，跖趾关节及趾间关节活动受限，双足远端末梢血运差，初步诊断：①右足踝管综合征；②双下肢血管病变；③右拇趾骨髓炎。首次病程记录患者双下肢血管病变不除外血栓闭塞性脉管炎，进一步完善诊断。2月9日，患者诉右足部疼痛、麻木。2月10日仍诉右足疼痛，彩色超声检查报告：右侧股、腘、胫前、胫后动脉未见反向波，胫前胫后动脉管腔暗区欠清晰，彩色血流充盈欠佳，动脉频谱微弱。11日主任医师查房后指示：患者右踝管压迫引起右胫前后动脉狭窄，疼痛不缓解，无明显手术禁忌，安排明日行右踝管减压术，向家属说明手术方案和风险。

12日在全麻下行右足踝管综合征切开减压术。术中见皮下组织呈暗褐色，渗血不明显，踝管内充满白色糊状物溢出，踝管内约6cm长度胫后神经明显受压呈暗红色，胫后静脉闭塞，胫后动脉未见搏动。在踝管上下沿胫后神经及血管走行将神经及血管松解，再次检查见胫后静脉闭塞，胫后动脉仍未见搏动。术后修正诊断：右胫后血管闭塞性脉管炎。术后患者右足部仍疼痛，15日病历记录：患者一般情况差，仍诉右足疼痛、麻木，查体双足血运差，甲床泛红试验阴性，患者伤口远端皮肤已部分发黑，血运差。17日下肢CT血管造影（CTA）报告示：腹主动脉下段动脉粥样硬化，双侧腘动脉、双侧胫前后动脉及右侧腓动脉起始部管腔内血栓形成并血管节段性、弥漫性狭窄，右侧胫前动脉远端管腔局限性轻度狭窄，双侧足底、足背动脉网未见明显显示。

注：该案争议的焦点是术前诊断和鉴别诊断，以及误诊误治的问题。临床上不论是足踝管综合征还是脉管炎，都是因动脉缺血导致局部症状，因此患者右足局部缺血疼痛临床上需要对原因进行鉴别。本例“诊治概要”中按照病历记录的时间顺序，重点摘录了与诊断、鉴别诊断和损害后果相关的内容，包括：发病情况，入院专科检查情况，入院诊断和鉴别诊断情况，进一步超声检查情况，临

床诊断，医方诊疗过程和思路，手术情况，以及术后修正诊断，进一步血管造影印证诊断情况。既反映了诊疗经过，也反映了医疗行为存在的主要问题，与分析意见相呼应。

3. 患者预后　针对与本次鉴定相关的患者最终损害后果的时间和状态进行描述。患者经过诊疗，产生什么损害后果，发生后果的原因、过程要尽可能详细记录；损害后果包括组织器官损伤以及功能障碍或一过性损害等。损害结果可以通过体格检查明确的，详细记录体检情况，如肢体缺失、偏瘫、瘢痕等可能通过体检明确的，要有相应体检记录；对某些器官功能障碍，如甲状腺功能异常、肾功能异常等需要实验室检查确定功能障碍程度的，要记录相应的检查检验结果反应损害程度；死后进行过尸检的，需要摘录尸检结论。其他与损害后果有关的检查检验结果需要摘录的要具体摘录。

【示例】

25日患者伤口远端皮肤坏死，发黑范围逐步扩大，右足第五趾已明显坏疽，伤口内有恶臭分泌物，双足无血运。患者双下肢血管闭塞性脉管炎发展至右足坏死，需截肢解决疼痛和组织坏死。27日在全麻下行右小腿截肢术（手术记录在胫骨平台下约10cm处为截肢平面），术后抗感染、消肿、加强营养，定期换药等治疗，3月11日伤口愈合良好，患者出院。

注：本案患者预后是右下肢截肢的不良后果，诊治概要记录了右下肢截肢的部位、过程和原因，反映了患者损害后果、损害程度、发生时间以及与医疗行为的关系。

（四）书写诊治概要的注意事项

“诊治概要”涉及医学专业技术问题，也涉及事实认定的法律问题，因此不同于一般的医学文书或病历的书写。要注意突出重点内容，用词准确规范，客观真实表达。撰写高质量的“诊治概要”需要注意以下几点。

1. 相关规定　《医疗事故处理条例》第三十一条规定，鉴定书由专家鉴定组制作，因此，诊治概要应由医学会组织专家完成。但实际工作中诊治概要往往在鉴定会前由工作人员提前进行初步归纳整理，但不论由谁书写，最终需由专家组确认。

2. 诊治概要书写篇幅不宜过长　诊治概要的长短取决于案件复杂程度、诊疗过程的长短，以能够反映整个医疗行为的主要诊疗脉络和涉及的重点医疗行为为主，重点摘录与鉴定有关的主要医疗行为即可，简单总结、归纳与鉴定关联度不高的医疗行为，尽量减少与本次鉴定关联度不高甚至无关的诊疗过程描述。

3. 诊治概要应与分析意见相呼应　诊治概要以提供有价值的诊疗过程或相关依据为主，除反映出主要的诊疗脉络以外，还需要对重点评价的医疗行为详细摘录或归纳，反映出分析意见中所要分析的重点内容，彼此相呼应。

4. 诊治概要尽可能以摘录原文为主　诊治概要是书写者通过对鉴定材料的阅读、归纳、整理基础上，对整个医疗行为进行的总结、提炼。在归纳整理过程中，要真实体现诊疗过程，对重要的诊疗行为要尽可能摘录原文，避免简单归纳，防止歧义。引用原文需要认真核对，尽可能避免错误；归纳整理要注意与原文意思保持一致，避免因不必要的失误而引发争议。

5. 多家医疗机构诊疗情况　患者因同一疾病在多家医疗机构诊疗，虽只与其中一家医疗机构发生争议，但在书写诊治概要时，要考虑疾病最初发生发展以及后续诊疗的连贯性和损害后果的发生情况，一并摘录。

6. 诊治概要中的注释　对专业词汇和中英文缩写，要用中文加以注释。对于摘录中涉及的一些疾病名称、诊断和治疗的专业词汇、中英文缩写等，应用中文加以注释，便于理解。

7. 病历资料缺乏　缺乏病历资料，需要引用陈述答辩材料时，各方当事人的陈述分别摘录。

（宋红章）

五、鉴定过程说明

“鉴定过程说明”是对鉴定活动发生经过的介绍，医学会医疗鉴定书中主要包括：委托受理、鉴定材料收集（含调查取证）、专家鉴定组组成及产生、鉴定会情况、鉴定结论形成、中止及其他特殊情况的说明。

（一）鉴定过程说明的重要性

1. 鉴定过程说明是程序审查的重点内容　根据《医疗事故处理条例》《医疗事故技术鉴定暂行办法》《最高人民法院关于人民法院民事诉讼中委托鉴定审查工作若干问题的规定》等，人民法院、卫生行政部门作为委托单位和管理部门，有权依法对鉴定程序进行审查。在实际工作中，委托人在鉴定程序中获得的相关信息并不完整，且呈阶段性、碎片化，鉴定之后委托人也很少采用到医学会查阅档案等方式了解鉴定程序。多数案件，尤其是医患双方共同委托的案件，委托人主要通过“鉴定过程说明”对鉴定程序是否合规进行判断。

2. 鉴定过程说明是展示鉴定程序是否合规的必要内容　《医疗事故处理条例》《医学会医疗损害鉴定规则（试行）》均明确要求鉴定书中对鉴定过程进行说明，司法部在制定的司法鉴定意见书文书格式中，亦有“鉴定过程”的项目。“鉴定过程说明”是鉴定书的必要内容，也是医学会展示鉴定组织过程是否合法合规的重要窗口。鉴定书是具有法律效力的鉴定文书，医学会要通过“鉴定过程说明”载明鉴定组织工作中的重要环节、重要时间节点、重要事件，体现出鉴定的组织工作是在依法依规的基础上进行的。规范的“鉴定过程说明”能够体现出鉴定程序的合法性，对保障鉴定书具有法律效力，继而得到委托方认可有重要意义。

3. 鉴定过程说明对规范鉴定组织工作、提升业务能力有促进

作用　作为医疗鉴定的组织方，医学会对鉴定程序是否合法、合规负有责任。面对严格的审核，将琐碎的鉴定组织工作整理并表述在鉴定书上的确存在很大压力，经得起推敲的“表述”来源于同样经得起推敲的“工作”。这就要求医疗鉴定工作人员不断学习，提升业务能力，正确理解鉴定程序相关规定，熟练掌握工作方法，充分尊重医患双方权利，坚持依法依规办事。

（二）鉴定过程说明的书写要点

作为过程说明，一般应当按时间顺序书写，介绍本次鉴定自受理后经过的主要鉴定工作程序，包括委托受理过程、鉴定材料收取过程、鉴定组的构成和组成过程、鉴定会的准备和组织过程、专家组合议表决情况，以及曾导致鉴定中止的问题、解决情况等，力争将鉴定工作流程中的重点环节、重点事件表述清楚，展示鉴定程序的合规性。“鉴定过程说明”在书写中需要注意以下几点。

1. 委托受理过程　重点对收案时间和受理时间进行说明。

（1）收案时间：以第一次收到鉴定委托书的日期为准，如果后期变更委托，需要载明收到变更函（通知）的时间。

（2）受理日期：指针对本次委托医学会受理鉴定的时间，一般以受理通知书的时间为准。

（3）委托人和被委托人：表述委托人和被委托人时，由单位委托或移交的鉴定，委托人一般使用该单位全称，如果前面已经注明简称的，可以使用简称；医患双方共同委托的，委托人可写为“医患双方共同委托”；被委托人可以使用医学会全称，也可以写为“我会”。

（4）其他：受理过程中有补充材料、约定、变更委托内容的，可做简要说明。

2. 鉴定材料收集过程　鉴定材料收集过程主要包括鉴定材料交齐的日期、对争议鉴定材料的处理情况，如本案进行了调查取证，也应予以说明。

（1）鉴定材料交齐的日期：指最后一次收到与鉴定相关的陈述材料、病历资料、检查检验报告、资质证明或回函说明等鉴定材料的日期。

（2）对争议鉴定材料的处理情况：如在材料收集过程中医患双方对鉴定材料发生争议，即便处理后并未影响鉴定进行，也应载明争议提出方，并对处理方法和处理结果有所表述。

（3）调查取证情况：应载明调查取证的目的、时间、地点、参加人员及所取得材料的名称、数量（如有必填）等内容。

3. 鉴定专家组产生的过程　主要有抽取专家的时间、参与抽取活动的各方人员情况、鉴定组学科专业和专家人数设置情况。

（1）抽取专家时间：是指医学会组织召开抽取专家会议的日期，如果多次抽取或补充抽取，按时间顺序逐一注明。

（2）抽取形式和参与人员情况：一般情况下，应明确表达鉴定专家组专家是由医患双方及医学会共同抽取产生的；如其中一方或双方不能参加抽取活动的，应说明原因及解决方式。如果采取“指定”或者“抽取＋指定”，应予注明，必要时可以说明理由。

（3）鉴定组学科专业：应当将专家鉴定组的专业逐一列出，其中主要专业在前，其他专业依次记录，并注明各专业专家人数和总人数。规范使用专业名称，专家组专业名称应与专家库中的专业名称一致。

（4）鉴定组专家人数：抽取专家鉴定组人数应为3人或以上单数。

（5）回避情况：申请回避的方式有两种，一种是专家鉴定组成员自行回避；另一种是当事人申请回避。如有回避请求应载明回避的提起方、回避理由和回避专家人数。

4. 鉴定会组织和召开过程　主要包括鉴定会相关时间节点、各方人员到会情况、鉴定会主要环节、鉴定合议情况。

（1）鉴定会相关时间节点：①鉴定会召开日期；②通知医患双方、鉴定专家或委托人参加鉴定会的时间，以会议通知书发出时间为准。多次通知或多次召开鉴定会的按时间顺序逐一注明。

（2）各方人员到会情况：载明专家组到会人数，医患双方进入会场的人数及人员姓名，医学会工作人员参会人数。委托单位或其他人员参会的也应注明单位及人数。医方或患方因故不能到会，应予记载；鉴定专家因特殊情况不能到场的，应说明原因及解决方式。

（3）鉴定会主要环节：指医患双方陈述及答辩、鉴定专家组提问调查，现场查体或阅片（如有必填）、医患双方退场、鉴定专家组进行合议等情况，此处注明环节名称即可。

（4）鉴定合议情况：医学会医疗鉴定实行合议制度，应载明鉴定专家组合议表决情况，如“以一致意见形成鉴定结论”“根据半数以上专家的一致意见形成鉴定结论”等。

5. 鉴定过程中的特殊情况

（1）鉴定中止及重新启动：鉴定过程中如有中止的情况，要载明中止鉴定的时间和恢复鉴定程序重新启动的时间（均以相应函件发出日期为准）、中止的原因。常见中止原因有三种：一是未按规定提交鉴定材料；二是因材料真实性问题发生争议；三是未按要求缴纳鉴定费。有鉴定中止情况应载明中止原因。重启鉴定可载明申请重启方情况及中止因素解决情况。

（2）其他特殊情况：在鉴定过程中如有对鉴定程序较大影响的情况也应予记载。

【示例】

×年×月×日，我会收到××市中级人民法院关于本例医疗损害鉴定的委托书。经审核、协商及补充材料后，我会于×月×日发出受理通知。

×年×月×日，由于×方……，我会向委托方发出中止鉴定通知。×月×日收到××关于重启鉴定的申请，经审查后，我会于当日重新启动鉴定。

×年×月×日，我会组织医患双方抽取鉴定组专家。根据本案涉及的专业确定鉴定组由神经外科专业2名，呼吸内科专业1名，法医专业2名，共5位专家组成。完成回避程序后，医患双方及我会医鉴办工作人员在专家库中随机抽取正式专家和候补专家，抽取结果由三方确认签字后封存。

确定鉴定会时间后，×年×月×日我会书面通知委托单位和医患双方，告知鉴定会时间及参会注意事项；×月×日向鉴定专家邮送鉴定会会议通知和鉴定材料。

×年×月×日×时召开鉴定会。专家组5位成员全部到会，选举产生鉴定会专家组组长。参加会议的还有患方3人，医方2人，我会医鉴办工作人员2人，××市中级人民法院2人。会议首先由医学会工作人员宣布纪律与程序，然后由鉴定组组长主持会议，按照先患方后医方的顺序进行陈述及答辩，鉴定专家现场调查后，对患者进行现场查体，医患双方及法院人员退场。鉴定专家组合议后，以一致意见形成鉴定结论性意见。

（李　卫）

六、现场查体情况

鉴定书中的“现场查体情况”是鉴定过程中为明确患者是否存在器官组织缺失或功能障碍及其严重程度而进行的现场专科体格检查的记录。除鉴定会现场查体外，鉴定过程中医学会委派专家对患者进行的查体也可以在“现场查体情况”中书写。

（一）“现场查体情况”的重要性

1. 体现鉴定专家高度重视患者诉求　人身损害后果是构成医疗损害或医疗事故的要件之一，作为当事人，患者通常会提出自己受到何种损害。专家鉴定组针对患者所提的损害进行现场查体并记录于鉴定书中，反映出鉴定专家对患者诉求受到的损害后果给予理论必要关注，体现出认真负责的态度，也展现了鉴定工作程序的严谨性。

2. *固定患者是否存在损害以及其损害程度的事实* 医疗鉴定希望能够在患者病情稳定时开展，然而这种稳定状态是相对的，一些医疗事故或医疗损害的后果在鉴定前后会发生变化，有的病情还会渐进式加重。“现场查体情况”描述和记录的是查体当时的情况，有效固定了在这个时间点患者有无人身损害、损害情况和严重程度，为事故等级或伤残等级的判断奠定基础。虽然体格检查情况可以通过摄像、录像等方式进行记录，但无法取代鉴定书中“现场查体情况”的法定效力。

3. *反映医疗鉴定的专业性* 医疗鉴定中的现场查体多为专科检查，各专业查体的重点有所不同，判断标准也有相应要求，检查过程的规范性和检查方法的专业性必然会影响检查结果的准确性。由于鉴定工作和查体较为特殊，委托单位和其他人员无法在现场观看这一过程，只能通过鉴定书中的“现场查体情况”审查体格检查是否规范、是否专业，继而判断检查结果的可靠性。

（二）“现场查体情况”书写要点

完成对患者的现场查体后，检查者应当记录查体情况。在书写“现场查体情况”时，应对查体记录进行梳理和总结，保证查体情况真实、客观、准确、完整、清晰。

1. *围绕与本次鉴定相关的损害后果进行描述* 鉴定书中的“现场查体情况”并非全身体格检查的记录，而是要重点描述针对委托人要求鉴定的损害后果的检查情况，类似于临床中的“专科体格检查”。如果委托事项较为宽泛，不够具体，可以以患方诉求中的损害后果为准。即便委托鉴定或患者所述的损害后果与诊疗过错（过失）无关，也要记录围绕此“损害后果”进行的检查。不在委托鉴定范围内，也非患方诉求涵盖的伤病情况，无须记录。

2. 必要的检查项目应当完整记录，不遗漏重要阳性或阴性体征　全面记录能够反映患者损伤情况的检查结果，既包括检查中发现的阳性体征，也包括对鉴别诊断或伤残评定有重要意义的阴性体征。

3. 查体记录要与损害程度等级标准相对应　医学会医疗鉴定的损害程度分级主要参照《医疗事故分级标准（试行）》，部分地区开展医疗损害鉴定时也使用《人身损害致残程度分级》。查体记录要有意识地对应分级标准中有关条款，做到有的放矢，尤其是伤残情况处于标准中等级交界处，更要详细、准确表述，避免模糊不清，造成等级划分理解上的歧义。

4. 规范使用临床医学检查或法医学检查用语　医疗鉴定是专业性鉴定意见，无论临床医学检查或法医学检查，均有大量的专业术语或名词。“现场查体情况”中要规范使用，不能随意缩略或简写，也不能用白话。

5. “现场查体情况”应与专家查体的原始记录内容保持一致　原始查体记录是查体的总体情况，“现场查体情况”是在原始记录基础上整理形成，不必与原始记录顺序完全一致，内容也可以进行适当精简，但应反映原始记录的核心要点及本意，不得伪造或篡改。

6. 无须进行现场查体的，鉴定书中可以去除“现场查体情况”一项。

【示例】

（某个案例中，针对患者所诉术后左手手指出现麻木、疼痛、不能自主活动等情况）

现场查体情况：

外观：双侧肱二头肌、肱三头肌、前臂肌群及双手肌肉无萎缩，皮温正常。

运动：左侧前臂力弱，肌力Ⅳ级，左侧拇指、中指、示指、无名指不能对指，屈曲肌力下降。右侧前臂肌力Ⅴ级。

左侧肢体感觉：浅感觉异常，麻木、疼痛过敏。

（李　卫）

附件：体格检查表（表6-1）

表 6-1　体格检查表

患者姓名		性别	
检查时间		检查地点	
检查情况记录			
备注			
检查专家签字			

七、分析意见

分析意见是对鉴定结论性意见（医疗事故技术鉴定书中所列项目为“鉴定结论”，医疗损害鉴定意见书所列项目为“鉴定意见”）的分析说明。

（一）分析意见包括的内容

根据《医疗事故处理条例》第三十一条规定，分析意见是围绕鉴定结论对医疗行为有无过失，患者是否存在损害后果，过失与损害后果（之间）有无因果关系（及原因力大小），构成医疗事故的要对医疗事故等级和过失行为在损害后果中的责任程度等要件进行的分析和说明。

根据《医疗纠纷预防和处理条例》第三十六条规定，医疗损害鉴定意见应当载明并详细论述是否存在医疗损害以及损害程度，是否存在医疗过错，医疗过错与医疗损害是否存在因果关系，医疗过错在医疗损害中的责任程度（即原因力大小）。

根据分析意见的要求和医学会多年来分析意见书写的经验和习惯，分析意见的内容应包括：概述、对医疗行为有无过错（过失）的分析、对患者是否存在损害后果的分析、对医疗过错（过失）行为与损害后果因果关系的分析、过错（过失）行为在损害后果中的责任程度（原因力大小）进行分析，构成医疗事故或属于医疗损害的还要对损害后果的等级划分进行分析等。分析意见还包括对当事人争议的问题进行必要的解释说明。书写方式一般采用逐一叙述的方式，也可以根据案件实际情况和表述习惯在内容完整的基础上采用综合分析的方式。

（二）分析意见书写的重要性

1. 分析意见关系到鉴定意见是否被接受和采信　分析意见是鉴定书的核心内容。分析意见是否客观科学公正，是否依据充分，是否对鉴定结论意见作出令人信服的解释说明，是关系到鉴定结论性意见是否被当事人接受、是否被采信的关键，也是当事人最容易提出异议的内容。2020年《最高人民法院关于人民法院民事诉讼中委托鉴定审查工作若干问题的规定》中规定，鉴定意见和鉴定意见书其他部分相矛盾的，可以要求补充鉴定或重新鉴定。2020年《最高人民法院关于民事诉讼证据的若干规定》中规定：鉴定意见明显依据不足的，当事人申请重新鉴定的，人民法院应予准许。

2. 分析意见书写水平高低是鉴定质量的具体体现　医学会开展鉴定工作多年，虽然鉴定书质量在逐步提高，但仍有部分鉴定书的分析意见存在分析意见过于简单，过错（过失）行为认定含糊不清，因果关系表述、责任程度的分析不够明确。多表现为仅给出结论性意见，引用指南规范偏少等问题，致鉴定结论性意见容易产生争议，影响鉴定质量，这也是医学会鉴定受质疑的原因之一。因此，提高鉴定书分析意见的书写水平，对于提高鉴定质量有重要意义。

3. 书写分析意见是鉴定专家和医学会的职责　根据《医疗事故处理条例》第三十一条的规定：专家鉴定组应当在事实清楚、证据确凿的基础上，综合分析患者的病情和个体差异，作出鉴定结论，并制作鉴定书。目前多数医学会鉴定书分析意见的书写是由专家在鉴定会现场完成，由于现场时间有限，查阅资料困难，文字推敲过于粗糙，鉴定会后又缺乏进一步的归纳整理，因此，一些鉴定书分析意见说理性不够。有的鉴定专家认为参加鉴定会、作出鉴定结论就算完成任务，对鉴定书的书写，尤其是分析意见书写的重要性缺乏认识，同时医学会也未能在鉴定书分析意见书写方面发挥应有的作用。中华医学会《医学会医疗损害鉴定规则（试行）》第二十四条规定，医学会应当根据鉴定专家组的合议意见制作医疗损害鉴定意见书。因此，医学会有责任承担起组织鉴定书分析意见书写的任务，专家们应重视对分析意见的书写，共同为做好鉴定工作负责。

（三）分析意见书写的原则和注意事项

1. 医学会和鉴定专家应重视分析意见书写　鉴定专家组在鉴定会现场完成分析意见书写，而医学会会后未能组织专家进一步仔细推敲整理，是导致分析意见过于简单的主要原因。根据相关规定，医学会有责任组织专家完成鉴定书及鉴定书中的分析意见书写，专家也应重视对分析意见的书写，积极参与，做好鉴定书分析意见的书写。

2. 分析意见的书写要契合结论性意见　分析意见是对鉴定结论的详细分析说明。医学会医疗事故和医疗损害鉴定采用合议制的原则，鉴定结论是根据多数专家的合议意见得出的，因此，分析意见的书写内容要以专家合议意见为准，要围绕鉴定结论进行分析，不可以与鉴定结论相矛盾。分析意见是否契合鉴定结论意见关系到鉴定是否被采纳。

3. 分析意见要认定事实清楚，评价有理有据　专家鉴定组应当在事实清楚、证据确凿的基础上，综合分析患者的病情和个体差异，作出鉴定结论，分析意见书写要实事求是，对于认定的事实要有客观依据，对评价是否属于过错（过失）的医疗行为要有相应的法律法规和诊疗技术规范等依据支持，有理有据。

4. 分析意见要避免仅写结论　一些鉴定书的分析意见仅用一句话概括性评价某医疗行为是否符合规范，而对存在什么过错（过失），为什么认定属于过错（过失），哪些过错（过失）与损害后果有关，责任程度（原因力大小）的认定等缺乏具体分析说明，引用诊疗规范偏少，鉴定意见说理性不强，难以令人信服，导致争议多，出庭多，解释说明多，甚至有的鉴定不被采信。因此，分析意见一定要有详细的论据、充分的分析说理，避免用结论代替分析。

【示例】

“医方存在以下过失：①医疗文书不规范。②沟通不到位。③入院时存在胎儿窘迫，未及时施行剖宫产。本病例属于二级甲等医疗事故，医方承担次要责任”。

说明：该分析意见对具体为什么认定为过失缺乏分析，对过失与损害后果是否存在因果关系以及为什么判定为次要责任缺乏详细分析，说理性不够，结论容易受质疑。

5. 分析意见要抓住重点，尽可能避免与鉴定无关的内容　医疗行为分析不是病例讨论，是根据鉴定要求，围绕委托事项和争议要点展开，要对重点医疗行为、有争议的医疗行为等进行有针对性的分析，做到重点突出，以理服人，对和鉴定无关的内容尽可能避免，防止引起不必要的争议。如某鉴定分析意见中，医方过失导致产妇死亡。分析说明中有以下内容。

【示例】

“对医疗机构的建议：①加强基层人员（医护人员）的医疗知识、技术水平；②规范治疗常规；③加强产科绿色通道建设；④建立健全医院用血制度”。

说明：上述内容与鉴定事项无关，不应在鉴定书中作为分析意见表述。

6. 分析意见要尽可能做到表述条理清晰，用词准确规范　医疗行为分析涉及的是专业技术问题，一旦出现表述不清或用词不准确容易引起争议，因此，在分析表述过程中尽可能做到表述条理清晰，用词准确规范，避免歧义。

【示例】

“第一人民医院诊治过程中存在的过错：患者在就诊过程中B超检查未见明显异常、尿常规正常的情况下未予以重视，未做进一步检查诊断”。

说明：该分析意见表述语法不通，且未指出患者存在什么需要进一步重视和检查的线索，对为什么需要进一步检查，检查什么，分析表述含糊不清。

7. 分析意见中对当事人争议的问题要尽可能作出说明，释疑解惑　分析意见中对当事人争议的焦点问题进行分析是必要的。对当事人争议中要求作出解释的技术问题，专家分析虽可能与鉴定结论性意见无关，但因涉及争议，也应在分析意见中给予说明，释疑解惑，解决争议，化解矛盾。对于与技术鉴定无关的问题，则无须说明。

（四）分析意见的内容

1. 概述　概述是在诊治概要基础上，对患者主要病情、医疗措施、预后等进行的简要概括。

（1）概述的必要性：概述是在医学会多年鉴定书书写实践的基础上，根据分析意见书写体例的需求，增加的一段内容，使分析意见格式和内容更加完整。概述只是对患者诊疗经过事实的简单说明，为下一步进行医疗行为分析提供一个切入点，在鉴定书分析意见中起到承上启下的作用。

（2）概述的内容：患者什么时间、因为什么原因入院（或门急诊），主要疾病诊断，主要治疗措施，预后，依次表述。对上述内容的表述只需简单概括即可。

【示例】

患者因右足疼痛、麻木、肿胀10余天，于2014年2月8日入医方治疗，入院诊断考虑为右足踝管综合征、双下肢血管病变等，2月12日行右足踝管综合征切开减压术，术后修正诊断为右胫后血管闭塞性脉管炎。患者术后伤口愈合困难，右足血运差，伤口远端皮肤发黑、坏死，右足第五足趾坏疽，2月27日行右小腿截肢术，3月11日出院。目前右小腿安装假肢。

（3）概述书写的注意事项：①概述是对诊治概要的精炼和提取，高度概括，而不是缩写版的诊治概要，是对患者诊疗经过事实的简单说明，尽可能用一句话表述一段内容。②概述不需要做说明解释，判定与分析是鉴定分析意见内容。

2. 医疗行为分析

（1）医疗行为分析的定义：根据《医疗事故处理条例》第三十一条的规定，医疗行为分析是对医疗机构及其医务人员在医疗活动中是否违反医疗卫生管理法律、行政法规、部门规章和诊疗护理规范、常规等方面的分析。

根据《医疗纠纷预防和处理条例》第二条和第三十一条关于医疗损害鉴定的规定，医疗行为分析是指对医疗机构及其医务人员在诊疗活动中，医疗行为是否存在医疗过错的分析。

医疗事故鉴定和医疗损害鉴定的医疗行为分析并无原则性区别。对医疗行为的分析主要还是指对医疗机构及其医务人员的诊疗活动是否符合规范的分析。

（2）医疗行为分析的内容

1）诊疗活动中涉及的具体医疗行为：为明确疾病诊断而实施的各种检查行为，包括体格检查、实验室检查、影像学检查、病理检查等；为治疗疾病所采取的各种治疗措施，包括药物治疗、手术操作、康复治疗等；向患者和家属告知病情而实施的各种告知措施，以及为记录诊疗活动必须的病历记录、诊疗护理记录、医嘱单、体温单等。医疗行为分析可能涉及诊疗活动的各个环节。

2）分析意见中需要说明的医疗行为：专家鉴定组认为属于过错（过失）的医疗行为，争议要点涉及的医疗行为，有必要说明的医疗行为等。在具体分析时应当明确是否存在医疗过错（过失）及判定依据。

首先，医疗行为的分析是专家对医疗行为是否存在过错（过失）、具体存在什么过错（过失）、为什么认为属于过错（过失）的分析，是评价医疗行为是否规范的依据，是医疗行为分析的主要内容。

其次，对争议要点涉及的医疗行为要加以分析。争议要点是双方当事人对争议案件的各自观点和意见，也是鉴定所要评价的主要内容。争议要点涉及的内容与鉴定结论有关的，在分析中应重点分析说明；争议要点与鉴定结论性意见无关，但涉及的是对技术问题的争议，需要专家给予解释说明的，也应该加以分析，释疑解惑。

第三，有些医疗行为在委托事项中没有明确要求评价，甚至争议要点中也没有涉及，但专家组认为该医疗行为对鉴定影响较大，或者虽与鉴定结论无直接关联，但需要在鉴定中对医疗行为进行评价的，也应对此加以分析说明。

3）分析医疗行为的规范性：分析医疗行为时，要判断医疗行为是否规范，首先要清楚医方具体实施的医疗行为是什么。对实际实施的医疗行为，可以根据病历记录、医嘱单、手术记录等病历资料进行综合分析判断。对需要摘录的重点内容要如实摘录，需要引用的具体检查、检验结果要加以引用。判断所实施的医疗行为是否符合规范，应结合诊疗指南、技术规范加以说明；对于没有成文的诊疗规范的，可以采用行业内大多数公认的惯常做法进行评价。分析时尽可能引用相关诊疗规范。

【示例】

“由于医方第一次术前未作出血栓闭塞性脉管炎的诊断，影响了该病的及时治疗，并不恰当的实施了右足踝管减压术”。

“根据2013年人民卫生出版社出版的全国高等学校教材《外科学》(第8版)关于血栓闭塞性脉管炎(503～504页):‘血栓闭塞性脉管炎是血管的炎症、节段性和反复发作的慢性闭塞性疾病。多侵袭四肢中小动静脉，以下肢多见，好发于男性青壮年。表现为患肢缺血、疼痛、间歇性跛行、足背动脉搏动减弱或消失和游走性表浅静脉炎，严重者有肢端溃疡和坏死’。关于该病的诊断、临床表现、治疗等有详细论述。根据人民卫生出版社2010年出版的《中华骨科学》，足踝外科卷，关于踝管综合征(320～321页):‘是指胫后神经在踝管内受压所引起的一系列症状。原因包括:……。临床表现:……。查体:……。多数踝管综合征仅根据病史、症状和体征不能明确诊断，可使用肌电图检查帮助确定诊断，MRI可帮助发现踝管内占位病变。治疗包括非手术治疗和手术治疗’。该章节对该综合征有详细论述。”

患者右足内侧疼痛，剧烈难忍，夜间明显；右足肿胀明显，皮温低，右内踝、足跟部有淤血，压痛阳性，双足动脉及胫后动脉未触及搏动，双足远端末梢血运差；超声右侧胫前胫后动脉管腔暗区欠清晰，彩色血流充盈欠佳，动脉频谱微弱。患者上述表现提示有右足缺血，医方考虑右足踝管综合征是可以的，但未行肌电图等检查进一步确定诊断。患者的右足疼痛、肿胀，临床也不除外与右下肢血栓闭塞性脉管炎导致足踝部急性缺血相关。医方在首次病程记录中已经考虑到该病的可能，但未积极进行鉴别诊断，未请相关科室会诊、未行血管造影等检查，以至于术前未能作出血栓闭塞性脉管炎的诊断，影响了该病的及时治疗。

由于医方术前对患者的右足部疼痛仅考虑右足踝管综合征，未仔细分析病因，在患者右足存在明显缺血的情况下，行切开减压术，存在相对禁忌。患者因存在下肢血栓闭塞性脉管炎，右胫后动脉搏动消失，提示右足局部供血较差，导致术后伤口愈合困难，手术进一步加重局部组织损伤、缺血，最终因右足皮肤、组织坏死，右足坏疽，不得不行右下肢截肢术。

由于医方诊断和鉴别诊断欠规范，导致患者术前未能明确诊断，并导致错误实施切开减压术，最终造成截肢的不良后果，医疗行为存在过失”。

说明：该部分内容首先明确医方存在误诊误治的过失，提出所要分析的论点，随后针对为什么属于误诊、误治的过失展开分析。分析时引用了诊疗规范对血栓性脉管炎和足踝综合征的诊断治疗原则等加以说明。根据病历记录的医方查体、超声检查结果、大致诊疗经过、鉴别诊断情况、手术记录等呈现出医方针对患者疾病诊疗过程中具体实施了哪些医疗行为。同时结合诊疗规范具体说明了医方需要实施的医疗行为是什么，为什么属于因为鉴别诊断不充分而导致诊断失误，以及由于误诊导致不当的手术，最终不得不对患者实施截肢的损害后果。结合诊疗经过，引用诊疗规范，对医疗行为是否规范加以分析，最终定性为存在过失。分析过程引用事实清楚，说明问题清晰，判断依据充分，说理性强。

（3）医疗行为分析的书写格式：医疗行为分析书写没有固定的格式，一般采取的分析方式是对专家意见进行总结分类，然后逐条分列加以分析说明，案情简单也可以采用综合分析方式。但不论采用哪种方式，只是把专家鉴定组认为属于过错（过失）的医疗行为，争议要点涉及的医疗行为，以及有必要说明的医疗行为等重点问题阐述清楚即可。为了使分析意见层次更加清晰，建议逐条分析时可以围绕着需要重点分析的医疗行为展开，先肯定规范的医疗行为，然后指出存在过错（过失）的医疗行为。也可以根据诊断、治疗、说明告知、病历书写等诊疗流程依次加以分析说明。

（4）医疗行为分析的注意事项

1）避免变成病例讨论：医疗行为分析是指对诊疗活动是否符合规范的分析，主要是对重点医疗行为进行的分析。病例讨论是对疾病诊断和鉴别诊断、检查治疗等全过程的分析。医疗行为分析只需要对重点涉及的医疗行为加以分析即可，无须面面俱到。

2）避免只写判定性意见：医疗行为分析涉及的是专业技术问

题，专家虽然清楚所要表达的问题是什么，但多数当事人由于专业知识匮乏，对争议的问题往往需要作出合理解释才能取得其认可，因此在进行医疗行为分析的书写时，应该尽可能对判定医疗行为是否规范加以详细分析，确保依据充分。在分析中既要说明是什么，也要说明为什么。

3）依据要充分：分析判定医疗行为是否存在过错（过失），依据要充分，对于有明确诊疗指南规定的尽可能指出。大多数疾病都有明确的诊疗规范可以依据，有些疾病的诊疗一般业内公认，容易理解，比较常见，专家有时觉得是否引用意义不大，不会引起争议，加之书写麻烦，引用偏少，建议尽可能引用。对于没有成文的诊疗规范，可以采用行业内大多数公认的惯常做法进行评价。分析时可以以专家组认为属于过错（过失）的表述方式加以说明。

【示例】

医方在患者入院后对糖尿病足未及早考虑截肢。

患者入院时右足大面积溃疡、坏疽和感染，且膝下多处灶性溃疡，总体呈动脉供血不良表现。血常规化验提示存在感染情况，结合当时的照片中患者右足膝下皮肤及肌肉营养不良，坏疽感染呈急性炎症表现，入院时糖尿病足诊断明确，具备截肢指征，应尽早考虑右下肢截肢治疗，以控制感染，但医方未向家属告知病情风险及截肢的必要性，未及早实施手术治疗。医疗行为存在一定过错。

说明：本例分析说明认为患者糖尿病足晚期，有明确的截肢指征，但在具体分析中未引用指南对糖尿病足为何具备手术指征加以说明。虽糖尿病及糖尿病足为临床常见病、多发病，业内对该病的诊疗有明确共识，也有明确的指南和规范，但医疗行为分析中因缺乏诊疗指南的援引说明，依据略显不足。

4）对医疗行为是否属于过错（过失）的认定要对错分明，避免模棱两可：分析意见在对某一具体医疗行为进行分析时，要明确是否属于过错（过失），过错（过失）与损害后果是否相关等。不可模棱两可，似是而非。

【示例】

某患者行结肠镜检查，出现结肠穿孔的后果。鉴定分析意见是："患者腹泻月余，有结肠镜检查适应证；检查过程中结肠穿孔，说明结肠镜检查操作中不够谨慎，但也难以完全避免，且发现后及时诊断，行修补术后患者康复，属于三级戊等医疗事故"。

说明：该分析意见认为患者的结肠穿孔与结肠镜检查有关，并鉴定属于医疗事故，说明医方存在过失，过失与损害后果有关。虽分析意见认定患者具备结肠镜检查适应证，但分析说明中对医方在实施结肠镜检查过程中操作是否规范，是否存在过失，没有明确说明，仅认为操作不够谨慎，并不能说明存在过失。该分析说明对医疗行为的评价模棱两可，似是而非，对是否判定为医疗事故依据不足，分析说明不够充分。

5）对医疗行为是否存在过错（过失）的表述要规范：对符合规范的医疗行为，可以直接表述为诊疗行为符合规范；或者在不能认定属于过错（过失）的情况下，也可以表述为诊疗行为基本符合规范，不存在过错（过失）等。对过错（过失）行为的表述，原则上应表述为违反诊疗规范，存在过错（过失），或者医疗行为不妥、不当等。如"患者急性梗阻性化脓性胆管炎，感染性休克诊断明确。病情危重，具备急诊手术探查指征""医方对此危重患者术前、术中抗休克等措施不力"。以上表述对于是否属于过错（过失），认定直截了当，明确清晰。目前鉴定书中医疗行为存在过错（过失）的表述方式很多，如：不规范，不当，不合理等。明确表达出是否违反诊疗规范，是否属于过错（过失），对于表述为医疗行为存在不足、存在瑕疵、不够完善、欠规范等用词尽可能避免，因为这些词汇的词义尚不能认定属于过错（过失）。

6）引用法律法规、诊疗指南、技术规范等要规范：分析医疗行为是否符合规范，要依据法律法规、诊疗指南、技术规范加以说明。有明确的诊疗规范加以引用的，尽可能引用。对于分析说明中需要引用的法规、诊疗指南和规范等，可以在分析说明前引用，也可以再具体分析某一问题时引用，引用时应该尽可能原文加以摘录，同时对需要引用的相关规定和指南要详细列出出处。如某项规定由什么部门、以什么文号、什么时间发布，引用的第几条、第几款；引用教科书应标明哪年哪月出版，第几版，哪一章节，多少页等。

3. 损害后果的分析

（1）损害后果分析的定义：损害后果分析是对患者是否存在人身损害后果，以及损害程度的进一步分析说明。

（2）损害后果分析包括的内容

1）损害后果是否存在：分析意见中应指出专家组确认患者存在何种损害后果。损害后果包括死亡、器官缺失、缺损、畸形，功能障碍，以及其他明显人身损害的严重后果等。分析说明中列出认定损害后果存在的依据（病历资料、体检记录、相关检查检验报告、调查取证资料等）。与本次鉴定无关的人身损害情况不需要分析。

2）损害程度：分析意见中要有反映针对器官损伤、功能障碍程度大小的定性、定量数据，并明确该数据出处作为判定依据。如：心功能不全的患者要有相应级别医疗机构出具的反应心脏损害程度的临床诊断和检查检验结果，如根据临床表现、心脏超声等检查结果等综合判断临床心功能分级情况，反应损害程度和所对应的伤残等级等。对死亡患者，进行过尸检、死因明确的，可以引用尸检结论。死因有争议的，由专家临床分析判定死因，加以说明。对一过性损害后果，要有相应的检查检验结果，如药物导致的一过性肝肾功能受损等，要有相应的检查检验报告。

3）分析的方式：对人身损害情况的分析可以在分析意见中作为独立内容集中分析，也可以根据需要分散在等级判定或其他内容中，能够包含上述要素即可。

【示例】

2015年4月30日因结节性甲状腺肿行次全切除术后第二天即出现抽搐、低钙表现，术后一直补钙治疗。5月14日血钙1.88mmol/L，磷1.62mmol/L，全段甲状旁腺素3.98pg/ml。诊断：继发性甲状旁腺功能减退症。给予钙尔奇D、骨化三醇等口服。2016年2月28日查血清钙1.62mmol/L。2016年9月14日化验甲状旁腺素6.1pg/ml，后一直补钙对症治疗。鉴定会前2017年8月2日检验报告血钙1.74mmol/L（参考区间2.1～2.6mmol/L），磷1.78mmol/L（参考区间0.85～1.51mmol/L），甲状旁腺素6.80pg/ml（参考区间15～65pg/ml）。

患者术后2年余，目前仍存在低血钙、高血磷、甲状旁腺激素严重低下等甲状旁腺功能重度损害的表现，需长期口服钙剂以及不定期静脉滴注钙剂等治疗，存在药物依赖。

说明：患者甲状腺大部切除后术后很快出现甲状旁腺功能低下表现，根据患者长期抽搐，多次化验结果显示低钙，甲状旁腺激素功能低下的表现，长期钙剂药物依赖，说明患者存在甲状旁腺功能障碍，且病情严重，存在医疗依赖的损害后果。

（3）损害后果分析注意事项

1）构成医疗事故或属于医疗损害的鉴定：经鉴定认为构成医疗事故或属于医疗损害的，必然存在相应的损害后果，在分析意见中需对损害后果进行必要的分析。患方所主张的损害后果如果专家组认为不存在，也要有针对性地进行说明。

2）损害后果的表述要准确：《医疗事故分级标准（暂行）》中关于损害后果的表述，不论是原则性规定还是例举性条款，都是业内公认的标准。因此，为便于鉴定时比对，对鉴定时认定的损害后果，包括查体、检查等结果的表述要标准化，检查检验结果采用业内公认的标准格式，与分级标准中例举的格式一致，不可过于随意。

4. 因果关系分析

（1）因果关系分析的定义：因果关系分析是指对医疗过错（过失）行为与损害后果之间是否存在因果关系的分析。

（2）因果关系分析是鉴定分析意见的核心内容之一：因果关系分析虽然主要是对过错（过失）与损害后果的关系进行分析，但在实际分析过程中也包括对责任程度（原因力大小）进行分析和损害后果的原因分析，所以因果关系分析也是鉴定分析的核心内容之一。任何一起医疗争议造成损害后果的原因都是多方面的。因此因果关系分析也是对各种因素与损害后果的关系进行分析，原则上，应该对造成损害后果的各种原因和发生的机制进行进一步分析，深入说清是什么，为什么，这样才能真正厘清过错（过失）与损害后果的关系。分析意见中应重视对因果关系的分析，因果关系分析的缺乏容易导致鉴定结论依据不足。

（3）因果关系分析包括的类型

1）无损害后果：分析意见中不阐述因果关系。

2）有损害后果但无医疗过错（过失）行为：分析意见中应对损害后果发生原因进行分析，有必要的话对发生机制进行阐述。

诊疗过程中，医方不存在过错（过失），患者因某些其他因素导致不良后果，往往容易引起纠纷，此类情形属于鉴定中常见类型，目前鉴定书中对此类情形往往分析过于简单，缺乏具体说明，难以说服当事人。因此，鉴定分析中需要对损害后果发生的原因，可能的话对发生机制进行必要的说明，释疑解惑。虽然这样增加了分析难度，但更有利于解决问题。

【示例】

患者，男，41岁，因“上腹痛、腹泻1天”到院就诊。医方考虑急性胃肠炎？予抗感染、保护胃黏膜，退热、止泻、补液等治疗。输液后患者离院，第二日家属发现患者在家中死亡。死后尸检报告为“患者符合因房室结动脉高度狭窄，房室结区脂肪组织浸润致心源性猝死。

关于房室结动脉病变导致患者死亡的原因分析：

房室结动脉细小，供血范围有限，狭窄闭塞可能导致房室结区缺血性改变，房室结缺血会引起心脏传导异常，表现为房室传导阻滞。根据人民卫生出版社出版的第14版《实用内科学》房室传导阻滞一节中对此有详细论述。房室传导阻滞分为Ⅰ度、Ⅱ度、Ⅲ度，最严重的为Ⅲ度房室传导阻滞，又称为完全性房室传导阻滞。完全性房室传导阻滞表现为心房与心室各自由独立的起搏点控制，心室搏动由交界区或心室逸搏心律控制。房室交界区逸搏心律，心室率一般在35～50次/min；室性逸搏心律，心室率一般小于35次/min。完全性房室传导阻滞的症状及血流动力学变化取决于心室率减慢的程度及心肌的病变与功能状态。心室率过慢，心室起搏点不稳定或心室停搏时，可有短暂意识丧失，当心室起搏点自律性差，心室停搏超过15秒时可出现晕厥、抽搐和发绀——即阿斯综合征发作。恢复室性自主心律发作可立即终止，否则心室停搏会导致死亡。患者死亡原因为房室结病变导致严重房室传导阻滞，心室停搏死亡。

说明：本例鉴定认为医方诊疗过程不存在过错，患者死亡后进行了尸检，明确了死因，为解决争议，因此分析过程中对患者原发疾病与死亡的关系、发生原因和机制进行详细分析说明，并引用相关指南，依据充分，具有说服力。

3）有损害后果，有医疗过错（过失）行为，但过错（过失）行为与损害后果无因果关系：应该对其中的原因加以分析，有的患者有损害后果发生，也存在医疗过错（过失），但损害后果是其他因素造成，如，自身疾病发展的结果，不配合医疗，当地医疗水平有限等。分析时应明确说明过错（过失）行为为什么与损害后果无关，原因是什么。同时也应分析说明患者损害后果发生的原因是什么，这样分析更为清晰。

4）有损害后果且有医疗过错（过失）行为：需分别对各医疗过失行为是否与损害后果之间存在因果关系进行分析和判定，在对医疗行为的分析说明过程中，一般对医方存在的过错（过失）行为很多都详细分条罗列，但并不是每一种过错（过失）都与损害后果有关系，有的过错（过失）与损害后果有关，有的无关，因此在分析因果关系时，应该指出哪些过错（过失）与损害后果有关，为什么有关，那些与损害后果无关的过错（过失）行为也可以指出，并说明为什么无关，但应明确指出属于过错（过失）。

【示例】

过失行为与损害后果的因果关系分析。①医方第一次手术前对疾病诊断和鉴别诊断不够充分，未能及时作出血栓闭塞性脉管炎的诊断，其诊断存在延误，影响了该病的及时治疗，对患者预后有不利影响。②在右足缺血的情况下行减压术，存在相对禁忌。血栓闭塞性脉管炎治疗的目标是重建动脉血流通道，增加肢体供血，改善缺血引起的后果。由于患者存在下肢血栓闭塞性脉管炎，右足局部供血差，医方实施切开减压术进一步加重了患者局部组织损伤、缺血，导致术后伤口愈合困难，最终因右足皮肤、组织坏死，右足坏疽，不得不行右下肢截肢术。

医方的上述过失行为与患者的血栓闭塞性脉管炎未能得到及时诊断和治疗，并在术后病情进一步恶化，很快行右小腿截肢有因果关系。

医方两次术后均未行病理检查、对病情和手术风险向患者和家属未尽到充分说明，不影响损害后果的发生，因此与损害后果无关。

说明：该分析中对相关的过失行为与损害后果的因果关系，以及为什么有关进行了详细分析，因果关系明确。对与损害后果无关的过失行为也进行了分析并明确与损害后果无关。

（4）因果关系分析的注意事项

1）存在过错（过失）是前提：因果关系分析，是对医疗过错（过失）行为与损害后果之间是否存在因果关系的分析。要明确医方是否存在过错（过失），以及患者是否存在损害后果，然后对两者之间的关系进行分析。

【示例】

“医方在诊疗过程中对患者的诊断正确，手术指征明确，选择术式合理。术后患者出现右下肢神经损害的症状与手术操作有关。本例属于四级医疗事故”。

说明：该案构成医疗事故，说明医方诊疗过程中存在过失，患者有损害后果，过失与损害后果有关。本例在分析说明中认为患者存在右下肢神经损伤的后果，且损害后果与手术操作有关，但手术操作是否规范没有明确说明，未指出医方哪里存在过失。因此，因果关系分析中未明确原因，认定属于医疗事故的依据不足。

2）应当包括对损害后果原因的分析

【示例】

分析意见：①胫骨骨折诊断正确，手术指征明确，诊疗过程规范。②患者骨折术后骨不连，延迟愈合，属于骨折并发症。本病例不属于医疗事故。

说明：该分析意见认为不构成医疗事故，但患者确实有不良后果的发生，说明医方不存在过失或者过失与损害后果无关。就本例而言，仅仅认为术后骨折延迟愈合属于骨折并发症，不能令人信服，应该说明为何术后骨折不愈合，造成不愈合的原因是什么，如骨折的严重程度，是否粉碎性骨折，是否造成血管神经损伤，患者是否有吸烟、其他慢性疾病，以及营养差等影响骨折愈合，都应该加以分析。该分析说明对损害后果发生的原因和机制分析不够清楚，结论依据不足。

3）避免与鉴定结论性意见矛盾

【示例】

①患者术前已处于高凝状况，有深静脉先天不良因素（B超示：静脉瓣关闭不全），深静脉血栓形成是术后并发症，与医方手术没有直接因果关系。②医方在术前诊断不明确，没有及时发现患者已出现的血栓症状，医方负有一定的责任。本病例不属于医疗事故。

说明：该例最终结论不属于医疗事故，但分析过程中，“医方在术前诊断不明确，没有及时发现患者已出现的血栓症状，医方负有一定的责任”。实际分析中认为医方存在医疗过失行为，患者有一定损害后果，过失行为与后果有关，医方应负一定责任，应属于医疗事故，但最终结论不构成医疗事故，提示因果关系分析与结论矛盾。

4）避免使用不规范用语：如存在“不明确因果关系”“非直接因果关系”等。

5. 责任程度分析（原因力大小分析）

（1）什么是责任程度（原因力大小）分析：根据《医疗事故技术鉴定暂行办法》第三十六条，责任程度是指医疗过失行为在人身损害后果中的作用大小。医疗事故责任程度划分为：完全责任、主要责任、次要责任、轻微责任。

根据《最高人民法院关于审理医疗损害责任纠纷案件适用法律若干问题的解释》第十二条按照诊疗行为或者医疗产品等造成患者损害后果的原因力大小划分为：全部原因、主要原因、同等原因、次要原因、轻微原因、无因果关系。

《医学会医疗损害鉴定规则（试行）》第二十六条同样将医疗过错行为造成损害后果的原因力大小划分为：全部原因、主要原因、同等原因、次要原因、轻微原因、无因果关系。

（2）责任程度（原因力大小）的划分原则：患者的损害后果往往是多种因素共同作用的，包括原发疾病情况，个体体质，治疗本身不可避免的损害，医疗过错（过失）等。因此，责任程度（原因力大小）的判定是在综合分析医疗过错（过失）行为和患者原有疾病状况等因素的基础上进行评价的。医疗事故、医疗损害鉴定责任程度判定除医疗过错（过失）因素外，其他因素包括患者自身疾病（疾病的严重复杂性、个体差异性、临床表现不典型等），医疗行为的风险性，医学技术局限性，当时当地的医疗水平，医师的职称、医疗机构等级资质，患方依从性等。

（3）责任程度（原因力大小）的认定

1）完全责任（医疗损害称为全部原因）：指损害后果完全由医疗过错（过失）行为造成，判定为完全责任。表述为患者损害后果完全由医方医疗过错（过失）行为造成，医方承担完全责任；或者过错（过失）行为与损害后果有直接关系，医方承担完全责任。分析时应说明为什么其他因素无参与作用。

【示例】

患者结节性甲状腺肿，行甲状腺次全切除术，术后出现甲状旁腺功能低下的不良后果，鉴定认为医方存在手术操作不规范、未注意保护甲状旁腺的过失，应承担完全责任。

责任程度分析如下：患者为结节性甲状腺肿，临床常见疾病，属于良性病变，系第一次手术，甲状腺解剖结构正常，术野无粘连，不存在手术操作困难等不利因素。医方具备该手术资质，术者为高年资副主任医师，开展多例该类手术，有一定经验。医方手术操作不规范，术中未注意保护甲状旁腺的过失行为是导致患者术后很快出现甲状旁腺功能低下的直接原因。故本案构成二级丁等医疗事故，医方应承担完全责任。

说明：本例具体分析中指出为何认为过失行为是导致损害后果的全部原因，分别用事实加以说明。患者所患疾病为常见疾病，医师具备经验，医方有相应资质，根据当时当地的医疗水平诊治患者不存在困难，如果医方做到遵循治疗指南和操作规范，完全可以避免此类后果，但在医方具备手术能力和条件的情况下，未遵循临床技术操作规范，手术操作错误是导致患者不良后果的直接原因。该表述明确指出过失行为是不良后果的原因，并未发现其他因素对不良后果有一定作用，故判定为完全责任。

2）主要责任（医疗损害称为主要原因）：指损害后果主要由医疗过失行为造成，其他因素起次要作用，判定为主要责任。表述为患者损害后果主要由医方医疗过错（过失）行为造成，其他因素（具体何种因素）起次要作用，医方承担主要责任。分析时应说明为何过错（过失）因素起主要作用，其他原因起次要作用，原因是什么。

【示例】

由于医方术前鉴别诊断不足，未能作出血栓性闭塞脉管炎的诊断，在患者右足部供血较差的情况下，行右足踝管综合征切开减压术过于草率，导致术后很快出现伤口远端皮肤组织坏死，右足坏疽等，是患者最后行右下肢截肢术的根本原因。血栓闭塞性脉管炎病因尚不明确，患者自身存在双下肢血栓闭塞性脉管炎，是导致右下肢远端皮肤缺氧缺血性病变的病理基础。但患者来院时仅有右足疼痛、肿胀，并无末端缺血性溃疡或坏疽等，如及时诊断治疗可能改善或延缓病情恶化。因此，医方过失行为是导致患者右小腿截肢的主要原因。故本案属于医疗事故，医方承担主要责任。

说明：该分析说明中明确指出如果医方术前能积极鉴别诊断，不发生误诊，避免错误的手术，很大程度上可以避免不良后果的发生，但由于患者本身存在血栓闭塞性脉管炎，即使得到及时治疗，也有导致不良后果的可能，因此，过失行为是患者不良后果的主要原因，自身疾病因素起次要作用，故本案医方承担主要责任。

3）同等原因：即损害后果的造成，医疗过错行为和其他因素的作用难以确定主次。可以表述为患者损害后果由医疗过错行为和其他因素造成，但过错行为和其他因素起相同作用，原因力大小为同等因素。

4）次要责任（医疗损害称为次要原因）：指损害后果主要由其他因素造成，医疗过错（过失）行为起次要作用。表述为患者损害后果主要由其他因素（具体何种因素）造成，医方医疗过错（过失）行为起次要作用，或者表述为医疗过错（过失）行为与损害后果有一定因果关系，医方承担次要责任。分析时应说明为何其他因素起主要作用，原因是什么。

5）轻微责任（医疗损害称为轻微原因）：指损害后果绝大部分由其他因素造成，医疗过错（过失）行为起轻微作用，判定为轻微责任。轻微责任较次要责任说明过错（过失）参与度更低。可以表述为患者损害后果绝大部分由其他因素（具体何种因素）造成，医方医疗过错（过失）行为起轻微作用，医方承担轻微责任。轻微责任说明医方的过错（过失）很小，有时很难区分轻微责任和无责任，是责任程度分析中最为困难的，表述需要一定技巧，也有一定难度，有时也表述为不除外过错（过失）行为与损害后果有一定关系，或过错（过失）行为对损害后果有一定程度的不利影响等。

6）无因果关系：如果鉴定中专家组认为医疗行为（尤其是争

议中涉及的或委托事项中指明的医疗行为）存在医疗过错（过失），患方所述的人身损害后果也存在，但二者没有因果关系，应当在分析说明中予以明确。如，可以表述为医方的××医疗行为存在过错（过失），但患者××损害后果是由××等原因造成，与医疗过错行为无因果关系。

（4）责任程度（原因力大小）分析的注意事项

1）表述要契合鉴定结论性意见：责任程度（原因力大小）的认定是鉴定结论性意见的一部分，分析说明的表述要与鉴定结论性意见相一致。如为主要或完全责任，应表述为过错（过失）行为与损害后果有直接因果关系，次要或轻微责任，则可以表述为有一定因果关系更为恰当。如表述为医方的过失行为与患者损害后果存在一定因果关系，构成医疗事故，医方承担主要责任。存在一定因果关系，表明过错（过失）行为在损害后果中起到部分作用，主要责任（主要原因）则表示过错（过失）行为是导致损害后果的主要原因，因此用存在一定因果关系表述主要责任或完全责任欠妥。

2）要厘清争议案件中影响责任程度的各种要素：责任程度（原因力大小）认定关系到赔偿的比例，是当事人关注的主要因素。分析说明中厘清与患者损害后果相关的各种因素，每种因素所起的作用大小，尽可能准确表达为什么这样划分，说清理由，以理服人。

3）分析说明要客观准确：责任程度（原因力大小）认定虽然有各种影响因素存在，但有时也与鉴定人的自我心理倾向性有关。主要和次要责任之间、次要责任和轻微责任之间的范围如何把握，有时也确实难以区分。因此，分析说明中对为什么这样认定要做到准确分析并取得当事人的满意确实存在一定难度，如何阐述清楚责任程度的比例是分析意见的重点和难点。因此在分析说明中要分析清楚各参与因素在责任程度中所起的作用（原因力所占比例），认定时要善于分析，厘清轻重，客观准确把握。

4）涉及多家医疗机构责任程度（原因力大小）的分析：两家以

上医疗机构需要共同承担责任的，可能存在各自对损害结果作用力大小不同的情况，需要承担的赔偿数额或可能面对的行政处理方式也会有所不同，因此鉴定中应对每家医疗机构应承担的责任比例做进一步划分，在分析意见中要对划分理由做以说明。

5）责任程度（原因力大小）的分析不必单独分列：有的时候在分析因果关系的各种要素时一并分析责任程度（原因力大小）显得更为流畅。

6. 损伤程度的等级分析

（1）损伤程度的等级分析的定义：损伤程度的等级分析是对判定医疗事故等级或患者残疾等级的理由进行的说明，是将患者损害后果与等级判定的标准进行比对，确定所对应等级的过程。

（2）等级的划分

1）一级甲等：患者死亡，过失与死亡有关，属于一级甲等，无须专门分析。医疗损害鉴定表述损害后果为患者死亡。

2）四级医疗事故和一级乙等到三级戊等医疗事故：需要在分析中指出患者损害后果所对应的《医疗事故分级标准（试行）》的相应等级列举条款，如没有列举条款比对的，可以根据每一等级的定级原则加以判定。医疗损害伤残等级比对医疗事故分级标准一级乙等到三级戊等。

其中四级医疗事故，由于涉及情形较多，且原则性规定过于宽泛，列举条款过少，建议对于存在组织器官损伤，比对三级戊等医疗事故分级标准，不构成伤残情形的，或者存在一过性功能损害，经治疗痊愈或自愈的，原则上判定为四级医疗事故。医疗损害鉴定直接表述患者损害后果即可。

3）“暂定”或“无法确定”等级：因鉴定条件所限而使用“暂定”或“无法确定”等级等表述的，需注明原因。如晚期癌症患者治疗期间的等级确定，婴儿缺血缺氧性脑病的损害程度分级等。

（3）分析医疗事故等级的注意事项

1）每一种损害后果对应一个医疗事故等级（伤残等级）：分析

时要举例列出加以比对的条款，以完全符合或最接近某一条款确定等级。

2）根据分级原则确定等级：要列出分级原则和患者存在的损害后果，加以比对分析。分级标准中列举的条款有限，并不是所有损害后果都包括在内，多数损害后果可能会根据分级原则确定等级，因此依据分级原则确定伤残等级的，应作出解释说明为何确定该等级。

【示例】

患者原有左足全肌瘫，此次行右下肢截肢术，导致右小腿缺失，根据《医疗事故分级标准（试行）》“三级丁等医疗事故：器官部分缺损或畸形，有轻度功能障碍，无医疗依赖，生活能自理”的原则性规定，以及比对其中第18款“一侧膝以下缺失，另一侧前足缺失，可以手术重建功能或装配假肢”的规定，本例属于三级丁等医疗事故。

说明：本例患者损害后果为一侧下肢膝下缺失，另一侧足全肌瘫，比照《医疗事故分级标准（试行）》中无相关条款，但三级丁等医疗事故第18款“一侧膝以下缺失，另一侧前足缺失，可以手术重建功能或装配假肢”，基本相当，同时亦符合三级丁等的原则性条款：器官部分缺损或畸形，有轻度功能障碍，无医疗依赖，生活能自理。因此，分析说明时既比照了原则性条款，也参照了列举性条款。

（宋红章）

八、结论性意见

“结论性意见”反映的是专家组对鉴定事项合议后，形成的最终结论性意见。医疗事故技术鉴定书中称为“鉴定结论”，医疗损害鉴定书中称为“鉴定意见”。

（一）结论性意见的重要性

“结论性意见”反映了专家鉴定组对鉴定事项的最终判定结果，结论性意见的重要性体现在：一是体现鉴定书的合法性、完整性的必要内容之一；二是体现法律证明效力的核心内容，是医患双方当事人协商解决医疗纠纷、卫生行政部门处理医疗事故争议、人民法院审判医疗纠纷争议最直观的依据；三是对本次医疗鉴定定性、定责的明晰，是体现鉴定结果科学客观、严谨公正的重要内容。

结论性意见往往是委托方和当事人在接到鉴定书后第一时间关注的重点内容，必须经得起严格推敲，做到规范、准确、清晰，结论与事实、理由和法规相适应。

（二）结论性意见的内容和格式

1. 医疗事故技术鉴定书中的鉴定结论　自《医疗事故处理条例》颁布实施以来，由中华医学会制定的鉴定书中鉴定结论的模板一直用于各级医学会的鉴定书制作中。医疗事故的鉴定结论应当载明是否属于医疗事故，如果属于医疗事故，还需要明确医疗事故的等级和责任程度。其格式如下。

（1）不属于医疗事故：根据《医疗事故处理条例》等规定，本例不属于医疗事故。

（2）属于医疗事故：根据《医疗事故处理条例》《医疗事故技术鉴定暂行办法》《医疗事故分级标准（试行）》等规定，本例属于医疗事故，医疗事故等级为×级×等，医方承担××责任。

2. 医疗损害鉴定意见书中的鉴定意见　根据《医学会医疗损害鉴定规则（试行）》的相关规定，医疗损害鉴定意见在一般情况下应当包含以下内容：医疗机构在对患者的诊疗过程中是否存在诊疗过错；患者的损害后果；如存在诊疗过错，则过错行为与患者损害后果之间是否存在因果关系，是否构成医疗损害；过错诊疗行为对患者损害后果原因力大小及其责任程度（参与度）。其格式通常如下。

（1）属于诊疗过错行为相关医疗损害：①损害后果为死亡，通常表述为：本例医方存在医疗过错行为，与患者死亡存在因果关系，医疗过错行为在损害后果中的原因力大小为××原因。②损害后果为伤残，通常表述为：本例医方存在医疗过错行为，与患者残疾存在因果关系，参照《医疗事故分级标准（试行）》对应伤残等级为×级，医疗过错行为在损害后果中的原因力大小为××原因。③损害后果为其他后果，通常表述为：本例医方存在医疗过错行为，与患者××（后果）存在因果关系，参照《医疗事故分级标准（试行）》患者不构成残疾，医疗过错行为在损害后果中的原因力大小为××原因。

（2）不属于诊疗过错行为相关医疗损害：①专家组因医方没有医疗过错行为而认定为属于医疗损害，通常表述为：本例医方的医疗行为不存在过错。②医疗行为存在过错，但专家组因患者的损害后果不明显而未认定属于医疗损害，通常表述为：本例医方存在医疗过错行为，但患者无明确的医疗损害后果。③专家组因医疗过错行为与损害后果没有因果关系而未认定属于医疗损害，通常表述为：本例虽存在医疗过错行为，但与患者××（后果）无因果关系。

（三）结论性意见的书写要点

1. 格式规范、内容完整　结论性意见应当保持格式的规范性和要素的完整性，要按照中华医学会制定的格式和内容，做到用语规范、简洁、凝练，引用条文规范、准确，要素齐全。

2. 准确清晰　鉴定结论性意见应紧紧围绕鉴定书中“鉴定分析说明”的判定，做到前后呼应、一致，要避免出现与“分析意见”前后矛盾的错误。应注意不能画蛇添足，对“分析意见”中未加以分析说明的内容提出新的观点和判断结果。

3. 关于结论性意见与委托鉴定事项的关联　结论性意见是对委托鉴定事项的直接回应。在医疗事故技术鉴定中，鉴定事项一般固定为针对是否构成医疗事故、医疗事故等级、责任程度大小进行鉴定，结论性意见也基本固定为对上述几项内容的判定结果。

在医疗损害鉴定中，由于案情不同，委托要求也不尽相同，鉴定书结论部分的书写还会遇到一些特殊情况。如果委托人有合理的特定要求，且医学会已经确认作为鉴定内容的，结论性意见的表述应当根据实际情况进行调整。

4. 结论性意见应杜绝“但书” 但书是在表述鉴定结论性意见之后，再用“但是”转折，阐述与前面相反的评价。如鉴定结论性意见已表述“不属于医疗事故（医疗损害）”，又在鉴定结论之后但书为：“但鉴于医方存在（经验、技术、告知、管理……）不足，对……损害后果有一定影响，建议应承担……责任。”出现这种对鉴定结论性意见的但书行为，反映出鉴定人对鉴定结果的纠结矛盾心态。多见于鉴定人一方面不愿对医疗行为判定上升到“医疗过错”的高度，另一方面又希望从同情患者、化解矛盾的角度让患方当事人获得一定补偿；又或者出于善意对改善医疗技术或医疗质量进行提醒、促进等。无论是何种原因，但书行为都是一种错误的表述方式，不但令鉴定书的客观公平性大打折扣，导致整个医疗鉴定的严肃和权威性受损，也为当事人提供了合理质疑的理由，在书写鉴定结论性意见中应杜绝。

5. 几种特殊情形

（1）对于争议涉及多家医疗机构的：鉴定结论性意见应针对不同医疗机构的诊疗行为、因果关系、医疗事故等级（医疗损害程度）、责任程度（原因力大小）等作出的分析判定，分别表述是否构成医疗事故（医疗损害）、医疗事故等级（医疗损害程度）和责任程度（原因力大小）。

【示例1】

针对截瘫患者张×的鉴定涉及A、B、C三家医院，经鉴定A医院的医疗行为不构成医疗事故，B医院、C医院构成医疗事故，其中B医院、C医院共同造成患者截瘫。可以表述为：

根据《医疗事故处理条例》《医疗事故技术鉴定暂行办法》《医疗事故分级标准（试行）》等规定，A医院对张×的医疗行为不构成医疗事故；B医院、C医院对张×的医疗行为构成医疗事故，医疗事故等级为三级丙等，B医院、C医院共同承担主要责任；其中，B医院承担主要责任中的主要责任（或60%），C医院承担主要责任中的次要责任（或40%）。

需要说明的是，有的地区在探索以百分比的形式划分原因力大小的过程中取得了一些经验，但考虑到目前没有统一标准，故使用百分比的方式应当慎重，需要做好与委托人的沟通。

【示例2】

针对死者王×的鉴定涉及A、B两家医院，经鉴定A医院、B医院均构成医疗事故，其中A医院造成患者左手拇指完全缺失，B医院造成患者死亡，A医院造成的拇指缺失与患者死亡无关。可以表述为：

根据《医疗事故处理条例》《医疗事故技术鉴定暂行办法》《医疗事故分级标准（试行）》等规定，A医院对王×的医疗行为构成医疗事故，医疗事故等级为三级乙等，A医院承担主要责任；B医院对王×的医疗行为构成医疗事故，医疗事故等级为一级甲等，B医院承担次要责任。

（2）对于鉴定时治疗未终结的情形：对于鉴定构成医疗事故（医疗损害）而在鉴定时治疗未终结的患者，鉴定结论中医疗事故等级（医疗损害伤残等级）宜参考患者在申请鉴定时的损害状态进行判定，同时应综合考虑其病情的变化、发展、预后、转归的可能性，紧扣“分析意见”中对该损害后果的研判结果，准确定性医疗事故等级（医疗损害伤残等级）和责任程度（原因力大小）。

（3）关于无法作出鉴定结论性意见的问题：实践中，个别案例的鉴定书出现以“无法得出鉴定结论（意见）”为鉴定的结论。原则上，这种情形不应该在鉴定书中出现。当然，导致无法得出鉴定结论的原因有很多，如缺失必要的鉴定材料（尸检结论、病理切片、影像学资料片等）或鉴定材料的真实性不能判别；病历前后矛盾且医患双方对诊疗经过存在明显分歧，难以还原诊疗过程的；凭现有医学理论和专业知识难以解析、难以作出明确鉴定结论等种种情形。如无法作出鉴定结论，即使已召开鉴定会，也应通过中止鉴定的方式，对影响作出鉴定结论的原因进行分析研究，对于中止原因可消除的情形，可通过调查取证、进一步补充检查检验等鉴定材料、协调医患当事人进行质证等，以明确诊疗过程、损害后果后，再行重启鉴定。而对于原因确实无法消除的，应终止鉴定程序并函告委托方，说明不能鉴定的原因和理由。而不应因为召开了鉴定会，就书写制作鉴定书，以“无法得出鉴定结论（意见）”作为鉴定书的结论。

（李永丰）

九、医疗护理医学建议

考虑到因医疗事故给患者造成损伤后，其中一部分患者仍需要进行持续的医疗和护理，以保证患者基本的生理和功能需求，《医疗事故处理条例》第三十一条、《医疗事故技术鉴定暂行办法（试行）》第三十五条均要求医疗事故技术鉴定书中有医疗护理医学建议的内容，中华医学会在医疗事故技术鉴定书中设置了“医疗护理医学建议”的项目。

应委托人的要求，医学会也在探索开展医疗损害的“三期”鉴定和护理依赖的鉴定，有的地区单独出具鉴定意见书，有的地区作为医疗损害鉴定书的内容之一，目前并无统一要求。“三期”鉴定书书写要点见第五章第四节的有关内容。

（一）“医疗护理医学建议”的目的

鉴定书中根据需要撰写医疗护理医学建议，主要是让患者今后有正确的康复目标。尽管目前民事赔偿多以医疗损害鉴定为依据，但医疗事故技术鉴定中的“医疗护理医学建议”在调解或审判过程中仍可以发挥作用，作为医疗、护理费用的计算依据之一。

（二）需要书写医疗护理医学建议的情形

医疗护理医学建议的对象应当是属于医疗事故的生存患者，且该患者仍需要后续治疗、康复、护理等。对于死亡的患者以及在鉴定时经专家组判断患者与本次医疗事故相关的损害后果已不需要后续诊疗护理的，鉴定书中可以略去“医疗护理医学建议”一项。

（三）应注意的几个问题

1. 医疗护理医学建议的对象　医疗护理医学建议的对象是医疗事故生存患者，并非当事医疗机构。鉴定实践中有个别鉴定专家对于该问题仍存在错误理解，认为医疗护理医学建议是对涉事医疗机构为医疗事故患者提供的诊疗、康复、护理方案提出医学建议，或更有甚者，认为是对涉事医疗机构如何提高医疗水平、改善医疗质量提出建议。

2. 医疗护理医学建议的不同情况　对于医疗事故患者在鉴定时损害后果明确、病情相对稳定，其预后和转归相对可以预见的，且必须通过后续的诊疗才能改善或痊愈的，应当提出较为明确的治疗原则和治疗方案。对于患者后期病情变化转归并不明确（如可能长期维持现状、可能恶化、也可能好转），诊疗方案需随病情变化而调整的，医疗护理医学建议可针对患者鉴定时的病情状态提出诊疗及随诊方案。

3. 医疗护理医学建议的范围　医疗护理医学建议应当是针对本次医疗事故所导致的损害后果而提出的，对于患者与本次医疗事故无关的原有疾病或损伤需要继续诊疗的，鉴定书上不对此出具医疗护理医学建议。

4. 医疗护理医学建议的书写　医疗护理医学建议强调的是必要性和必需性，把握合理适宜、常规有效、经济实用的原则，在书写时应注重描述的是治疗原则和治疗的大致方案，而并非是鉴定专家对患者进行诊断、检查、诊疗计划、治疗措施、治疗用药等具体细致的诊疗措施，也不等同于一般医疗保健建议，不必要求面面俱到。

【示例】

某因骨科手术处理不当造成踝关节功能不稳定的医疗事故的案例，其医疗护理医学建议为：

可试行穿用矫形鞋×个月，如无效考虑行踝关节融合术。

（李永丰）

十、鉴定专家签名

关于鉴定专家在鉴定书上签名的讨论不是新问题。早在2002年《医疗事故处理条例》颁布实施时，就有人提出鉴定专家应当在医疗事故鉴定书上签名，并将专家签名制度与鉴定的公正性建立联系。随着医学会医疗鉴定工作的开展，其专业性、权威性得到社会的广泛认可，一度对专家在鉴定书中签名问题的争论有所淡化，但从未停止。

影响专家在鉴定书上签名的因素主要有两个方面，一是医学会的医疗事故和医疗损害两种鉴定法律要求并不完全一致，鉴定专家是否应当在鉴定书上签名一事目前还存在不同的规定；二是对鉴定人的保护措施能否落实到位存有顾虑。

中华医学会多次就此问题开展调研，征求有关部门、各地医学会和鉴定专家的意见。为做好诉前与诉中鉴定的衔接，在2021年的《医学会医疗损害鉴定规则（试行）》中，参照有关鉴定人签名的法律规定，建立了专家在鉴定书中的签名制度。

（一）鉴定书中鉴定专家签名的意义

1. 签名是专家作为鉴定人的法定义务　有多部法律法规的相

关条款中都涉及关于鉴定书中要求鉴定人签名的规定，如:《中华人民共和国民事诉讼法》第八十条规定，鉴定人应当提出书面鉴定意见，在鉴定书上签名或者盖章;《最高人民法院关于民事诉讼证据的若干规定》第三十六条规定，鉴定书应当由鉴定人签名或者盖章，并附鉴定人的相应资格证明。委托机构鉴定的，鉴定书应当由鉴定机构盖章，并由从事鉴定的人员签名。《医学会医疗损害鉴定规则（试行）》第二十四条规定，鉴定意见书由鉴定专家组成员签名或者盖章，载明其学科专业和职称，并加盖医疗损害鉴定专用章。

《医疗事故技术鉴定暂行办法》第三十三条规定，专家鉴定组成员在鉴定结论上签名。可见，医疗事故技术鉴定的专家需要在鉴定结论上签名，存档备查，而并非不签名。

医疗鉴定专家在医疗事故技术鉴定结论、医疗损害鉴定意见书上签名或者盖章既是大势所趋，也是法定要求。

2. 更好地体现医疗损害鉴定的专业性　医疗损害鉴定需要对具体的临床诊疗行为进行评价，鉴定人员的专业性是各方关注的问题。鉴定书中的“鉴定过程说明”中虽然有鉴定组专家学科专业学组和人数的说明，但不具体。鉴定书的专家签名，可以让委托人或有关单位、人员和社会能够直观地看到参与鉴定的专家是什么专业、什么职称，便于判断鉴定专家是否属于鉴定事项所涉专业，感受到鉴定专家的权威性，在一定程度上能够避免外行鉴定的可能。

3. 有利于增强责任意识　鉴定专家签名是对鉴定过程（包括作出鉴定结论的过程）及鉴定书制作的认可。将鉴定专家的姓名、专业呈现在鉴定书上，较以往鉴定仅盖有鉴定专用章是一大进步，有利于提高鉴定专家的责任心，促使专家全面、认真审查鉴定书中各项内容，充分调动主观能动性，在鉴定工作中做到权力和责任相统一。鉴定专家责任意识的提高，有助于医疗鉴定的科学性、公正性和客观性。

4. 便于审查鉴定人回避制度执行情况　回避制度是为消除医患双方当事人的疑虑，提高医疗鉴定的公正性和可信度，防止专家鉴定组成员利用权力徇私舞弊等而建立的。鉴定书中亮明鉴定组成员的身份，便于委托人事后审查鉴定人有无违反回避制度的情况。

（二）医疗损害鉴定书中签名的要点

目前，医学会的医疗损害鉴定书首页中留有专家签名的位置，包括签名或盖章、学科专业和技术职称等内容。

1. 签名或盖章人员　医学会的医疗损害鉴定采取专家合议形式，无论合议中作为多数意见的专家还是持少数意见的专家，均要在鉴定（意见）书上签名。

2. 签名或盖章要求　签名处由专家本人亲笔签名，一般用蓝黑墨水、碳素墨水；尽管法律允许使用盖章的方式，但考虑到多数地区医学会没有为专家定制鉴定用签名章，故不建议专家签名处使用盖章的方式。

3. 签名顺序　签名栏专家顺序并无特定要求，按姓名笔画、拼音首字母、专业顺序等均可以，医学会可以根据习惯自行决定。

4. 学科专业　“学科专业”栏中对应填写该专家本次鉴定所在的学科专业组，且要与《医疗损害鉴定学科专业组》中的标准名称一致，不要简写。

5. 签名或盖章文件　医学会存档和对外出具的医疗损害鉴定意见中每份都要专家组专家亲笔签名或盖章。

【示例】

姓名	学科专业	职称	签名/盖章
×××	×××	×××	×××
×××	×××	×××	×××
×××	×××	×××	×××
×××	×××	×××	×××
×××	×××	×××	×××

（李　星）

第四节　医疗鉴定书的形成与制作

鉴定活动的过程和结果最终体现于鉴定书，因此，也可以将鉴定书形象地比喻为鉴定活动的最终产品。医疗鉴定是集体智慧的结晶，鉴定书的形成制作过程也是如此。与前面章节所提到的鉴定原则、鉴定程序、鉴定方法以及鉴定书中各项内容书写相比，鉴定书的形成制作过程显得较为琐碎，但是，如果能够在制作流程中做到合理分工、职责明确，既可以提高工作效率，同时也对提升鉴定质量有很强的现实意义。

一、鉴定书形成与制作的相关规定

除对鉴定书内容方面的要求外，《医疗事故处理条例》《医疗事故技术鉴定暂行办法》《医学会医疗损害鉴定规则（试行）》等对鉴定书的书写和制作也有相应的规定，一些地区还有地方性规定或医学会的内部规定。

（一）医疗事故技术鉴定书

1.《医疗事故处理条例》第三十一条　规定专家鉴定组应当在事实清楚、证据确凿的基础上，综合分析患者的病情和个体差异，作出鉴定结论，并制作医疗事故技术鉴定书。鉴定结论以专家鉴定组成员过半数通过。鉴定过程应当如实记载。

2.《医疗事故技术鉴定暂行办法》第三十四条　规定医疗事故技术鉴定书应当根据鉴定结论作出，其文稿由专家鉴定组组长签发。医疗事故技术鉴定书盖医学会医疗事故技术鉴定专用印章。医学会应当及时将医疗事故技术鉴定书送达移交鉴定的卫生行政部门，经卫生行政部门审核，对符合规定作出的医疗事故技术鉴定结论，应当及时送达双方当事人；由双方当事人共同委托的，直接送达双方当事人。

3.《医疗事故技术鉴定暂行办法》第三十五条 规定医疗事故技术鉴定书格式由中华医学会统一制定。

（二）医疗损害鉴定意见书

《医学会医疗损害鉴定规则（试行）》第二十四条规定，医学会应当根据鉴定专家组的合议意见制作医疗损害鉴定意见书。鉴定意见书由鉴定专家组成员签名或者盖章，载明其学科专业和职称，并加盖医疗损害鉴定专用章。医疗损害鉴定意见书格式及书写要求由中华医学会统一制定。

二、鉴定书制作的过程和形成方式

鉴定书是集体智慧的结晶，需要鉴定专家和医学会工作人员共同制作。关于鉴定书制作方面的规定一般集中于格式和内容，很少涉及制作的具体流程。各地医学会在实践中采取多种方式进行探索，积累了一定经验。鉴定书制作的过程可以分为3个阶段。

（一）鉴定会召开前

鉴定书中的项目较多，如果全部放在鉴定会上完成，耗费专家组的时间过多，实际意义也不大。鉴定会会前可以按照鉴定书格式及书写要求，将委托鉴定内容、医患双方的基本情况、争议要点、鉴定相关材料、对鉴定过程的说明、诊断治疗的基本情况等进行初步归纳总结，为鉴定书书写打下基础。

鉴定专家组是鉴定书书写和制作的主力军，但考虑到鉴定专家（尤其是临床专家）并非专职从事鉴定工作，对鉴定的受理、提交材料、抽取专家、通知参加鉴定会等过程并不知晓，仅是在接到医学会参加鉴定会的通知后才参与进来，让专家书写这些项目并不合适。而医疗鉴定工作人员对鉴定程序及流程掌握得更为全面，也更适合在鉴定会召开前进行梳理、总结，撰写相关内容的初稿。

在既往工作中，一些专家收到鉴定材料后能够认真审阅，整理出鉴定要点并形成个人书面意见，既有利于鉴定会中分析讨论时能够做到条理清晰、重点突出、依据充分，也为鉴定书书写提供了大量素材，值得推广。

充分的会前准备可以使鉴定会时间得到有效利用，让专家精力集中在关键问题，既提升了鉴定工作效率，也对提高鉴定质量很有帮助。

（二）鉴定会召开过程中

在讨论过程中鉴定专家要有意识地为鉴定书书写整理思路，鉴定办工作人员应认真做好鉴定会记录。专家组合议得出鉴定结论性意见后，就可以着手撰写鉴定书。

撰写鉴定书耗费时间和精力最大的是“分析说明”部分，其次是“诊治概要”，而对鉴定书框架格式及其他项目在鉴定会前已有初稿，鉴定会中审核或撰写相对容易。

1. 鉴定书的起草　鉴定会中起草鉴定书一般有3种方式：专家组成员共同起草，专家组指定其成员起草，专家组委派医学会工作人员起草。3种方式各有优势，可以灵活运用。

2. 鉴定书文稿的制作　医学会鉴定实行专家合议制，将各个专业的专家召集在一起开会并不容易，很多医学会希望鉴定会中就能完成鉴定书的书写和制作，这样可以最大程度地发挥专家组的作用，工作效率也更高。常用的办法是专家组安排一人起草，大家面对投影大屏幕，逐项、逐条、逐句、逐字进行修改、补充、完善，直至鉴定组专家达成一致意见。医疗事故技术鉴定书由鉴定组组长签发，医疗损害鉴定意见书由专家组全体成员签字。

这种方式优点是效率高，专家参与感强。主要缺点一是鉴定会的时间有限，短时间内完成高质量的鉴定书对专家和医学会的要求都很高；二是专家的认识和写作风格不同，共同讨论时一旦存在不同意见，容易出现为了“求同”而使用较为原则的表述。因此，有的地方鉴定会中作出鉴定结论后，专家组现场完成鉴定书的主要内容，一些书写细节留待会后推敲。

需要注意的是，起草或撰写鉴定书的过程也是对鉴定结论反思的过程。鉴定专家或鉴定工作人员如果发现可能存在严重错误或自相矛盾的情况，应当及时提出，请专家组进一步讨论，必要时还要重新审视鉴定结论性意见是否客观、科学、充分，待确定后再继续进行鉴定书书写。可见，鉴定书的书写过程也是进一步梳理鉴定思路，提高鉴定意见科学性和公正性的过程。

（三）鉴定会后

鉴定会不是鉴定程序的终结，鉴定会后也有一些工作需要处理。医疗鉴定工作人员和部门负责人要对鉴定书文稿进行审读、校对，在不改变结论性意见的前提下就格式、内容、文字或表述方式等方面提出修改建议，征求专家意见，通过函件、电子邮件等方式交鉴定组专家及组长确认。如果会后发现鉴定书书写存在较大问题，必要时可以组织专家组再次开会讨论。鉴定书内容得到鉴定组专家的确认后，医学会制作正式的鉴定书，加盖鉴定专用章、骑缝章，按照发文流程发出鉴定书。鉴定书的份数应根据实际情况确定，保证医患各方和委托人均有1份鉴定书原件，医学会存档1份。

（原晓景）

第七章 医疗鉴定综合管理工作

医疗鉴定的综合管理工作是医学会工作人员围绕鉴定的技术性活动和鉴定的组织工作而开展的保障、服务等事务性工作的统称，对鉴定工作的高效、有序、协调运转起着极其重要的作用，同时也是医疗鉴定工作能力和水平的具体体现。综合管理工作虽然主要是内部管理，但其过程和结果必将反映到鉴定工作各个方面，因此也会关系或影响到学会的社会形象。随着鉴定工作不断深入，对医疗鉴定综合管理工作在依法、务实、高效等方面亦提出了新的要求。各地医学会在实践中积极探索，使综合管理工作的定位更加准确，思路更加清晰，措施更加有效，在制度建设、质量控制、信息化建设等办公室日常管理中积累了大量经验，并形成一套行之有效的工作制度和工作方法。鉴定综合管理工作涉及范围较广，一些内容较为琐碎，本章仅就制度建设、质量控制、信息化建设、接待来访、档案管理等几个各地医学会较为关注的问题做简要介绍。

第一节 制 度 建 设

“制度”的定义有多种，至今尚未统一。《现代汉语词典》的解释是：要求大家共同遵守的办事规程或行动准则；《辞海》对制度一词的解释为：第一含义便是指要求成员共同遵守的、按一定程序办事的规程。医疗鉴定工作的制度可以概括为：为了维护医疗鉴定工作秩序，保证医疗鉴定相关政策顺利执行和鉴定工作正常开展，特定的机关、组织或机构制定并公布的要求有关单位和人员共同遵守的一种具有指导性和约束力的规定的总称。制度具有权威性、规范性和稳定性的特征，是医疗鉴定工作正常运转所必不可少的因素。

鉴定工作关系重大，涉及各方利益，备受社会关注，需要充分的制度保障，对鉴定制度建设的要求也较高。中华医学会多次组织制度建设相关的培训、研讨活动，推广各地医学会制度建设中取得的成绩和经验，推动了医学会医疗鉴定工作的制度体系建设。医疗鉴定工作的制度建设则是一个制定制度、执行制度并在实践中不断检验和完善制度的动态过程。

一、制度建设的重要性

（一）通过制度建设可以实现鉴定工作制度全覆盖

鉴定工作的合法性、科学性、公正性均需要制度保障。医学会的鉴定工作源于制度——国务院《医疗事故处理条例》《医疗纠纷预防和处理条例》分别确定了医学会可以开展医疗事故技术鉴定和医疗损害鉴定。卫生健康主管部门制定并出台了一系列部门规章、规范性文件和有关制度对鉴定工作进行规范，地方行政部门、中华医学会也有相应的政策或制度。这些制度具有一般性和普遍性，不可能面面俱到，为保证鉴定工作正常运转，还需要各地医学会制定相对具体的规章制度，打通“最后一公里”。

（二）通过制度建设有效规范鉴定活动，提高工作质量和效率

健全的制度是提高制度执行力的前提，制度的最大功能在于规范工作程序和约束人员行为。而面对千头万绪的鉴定工作，需要忙而有序、有条不紊，做到规范化、标准化，确保鉴定有法可依、有章可循。建立一套完善的制度，明示工作流程和规范，让所有人围绕着一个标准、依据共同的准则行事，规范自身言行举止，确保各项工作依据既定的“轨迹”运行，有利于当事人合理设定预期，减少因人情、心情等因素带来的干扰，最大限度避免偏离目标和规避风险，从而达到“一切按照制度办事”的目标，体现出鉴定的公平、公正，为保证鉴定质量打下坚实的基础。可以营造遵守制度的

氛围，医疗鉴定有统一的程序、方法和标准，有利于实现科学管理，提高工作效率，确保鉴定活动正常顺利进行。

（三）通过制度建设加深对鉴定的理解，促进工作能力提升

制度制定过程是梳理鉴定流程、提升服务水平、防范鉴定风险的过程，也是将理论与实践紧密结合的过程。制定高水平的鉴定制度，需要吃透法律法规精神、了解实际工作需求、知晓各方权利义务，同时也要有良好的逻辑思维能力、文字表达能力和勇于担当精神。这就要求医疗鉴定工作人员不断加强学习，深入开展调研，全面提升鉴定工作能力。

二、鉴定工作制度的种类

由于观察和研究问题的角度不同，社会学、经济学、法学、管理学等各领域的专家使用的制度分类方法也有所不同。医疗鉴定工作涉及的制度，按照法律效力位阶可以划分为法律、行政法规、地方性法规、部门规章、规范性文件等；按照发布单位则有国家机关、主管部门、本单位、本部门之分；也可以按照内容分为行为规范、程序规范或标准规范；还可以根据适用范围、主要用途等多种方式划分。分类方式各有优势，相互也有交叉，很难找到一种能够满足各种需求的分类方式。在鉴定工作中，除了上级颁布的法律、法规、部门规章、规范性文件外，各地医学会也制定了大量实施细则、工作职责等制度，大家比较关注的制度如下。

（一）涉及职能职责方面的制度

《医疗事故处理条例》《医疗纠纷预防和处理条例》作为医学会具备医疗事故和医疗损害鉴定职能的“上位法”，在制度中处于顶端位置；法院及各地主管部门制定的含有鉴定管理内容的制度，对明确医学会鉴定的职能定位也很有益处，如，医学会根据工作需要

制定的《鉴定办公室职责》《医鉴办工作人员岗位职责》对机构及人员的职责有进一步阐述。

（二）涉及操作流程方面的制度

1. *鉴定工作流程*　为保证鉴定工作落实落地，确保鉴定工作有序、规范进行，原卫生部出台的《医疗事故技术鉴定暂行办法》和中华医学会制定的《医学医疗损害鉴定规则（试行）》对医学会开展医疗事故技术鉴定和医疗损害鉴定有很强的指导作用。由于《医疗纠纷预防和处理条例》提到的“医疗损害鉴定管理办法”尚未出台，部分省份人民法院和卫生行政部门共同（或分别）出台的规范鉴定的文件，当地医学会应当遵照执行。另外，医学会为了贯彻落实有关法律法规，制定的实施细则、收费管理办法、调查取证制度等，均属于此类。

2. *专家库建设流程*　为推动鉴定专家库的建立和管理，一些医学会制定了《专家库管理办法》，对专家聘任、培训和专家库的管理、使用等进行了规范。

3. *日常工作流程*　一些医学会制定了《鉴定办公室工作制度》《信息系统管理办法》《档案管理制度》《来访人员接待制度》《应急预案》等。

（三）涉及行为规范方面的制度

在前述的制度中，一些条款已经涉及有关人员行为规范的内容。为进一步明确医鉴办工作人员、鉴定专家和当事人的权利、义务及责任，一些医学会制定了《鉴定工作纪律》《鉴定会场纪律》《医鉴办工作人员行为规范》《廉政守则》等。

三、制度建设中需要注意的问题

在鉴定工作相关的制度中，一些重要制度是国家或者学会上级部门颁布实施的，学会在征求意见的过程中有建议权，但没有决定权。医学会在制度建设中更多的是实施细则、工作职责等的制定，在制定过程中需要注意以下几点。

（一）合法性

上级文件已有明确规定的，医学会制定制度时要在其框架下进行扩展、细化，在工作流程和要求等方面不能曲解上级文件的原意，也不能与之相冲突；上级文件没有规定，或规定不明确的，医学会可以根据法律或文件精神，参考有关做法，结合鉴定工作需要，在职权范围内制定相关制度。

（二）实用性

制度不是用来观赏的，而是为了防范风险、解决问题、指导工作，因此，制度实用与否，不仅关系到制度本身的生命力，而且直接涉及鉴定工作各方切身利益。在规划阶段要确认制度建立的必要性和可行性，认真、广泛调研和论证；制定过程中的条款设计要实事求是，以推动工作为目的，宜细不宜粗、宜严不宜松，不能“头痛医头、脚痛医脚”，同时也要避免将精力放在一些花哨无用的内容或提出过高的要求。

（三）系统性

鉴定相关的制度构成一个大的系统，可以理解为“鉴定制度体系”。制度建设要统筹规划、分类管理，做到广泛覆盖、架构清晰、层次分明，共同组成鉴定工作制度体系。制度之间要有机关联，做到“上有所依、下有所系”，减少重复或交叉性规定，注意统一性和互补性，避免同一问题规定不同的情况发生。

（四）严谨性

制度是落实在书面的要求，将一些概念、方法、要求和标准落实到文字并不是一件容易的事情。制度的主旨、条款设置、内容的逻辑关系、语句及用词，乃至标点符号，都要经过认真研究、字斟句酌，力图实现条款之间的互补性、制约性，做到准确表达。如果表述不清楚、模棱两可甚至存在漏洞，造成不同的人理解不一、各行其是，轻则使制度失去本当具有的严肃性和权威性，重则损害鉴定专家、医患双方或医学会自身的合法利益或造成鉴定无法顺利进行。

（五）发展性

制度的制定和制度的执行相辅相成，制度设计时要有一定前瞻和预判，使制度出台后能有一个相对长的稳定时间。另外，制度不是一成不变的，制度建设是一项长期、艰巨的任务，要经历从建立到不断完善的过程，制度出台后要建立执行情况信息反馈机制，畅通反馈渠道，及时了解掌握执行过程中存在的问题，要在实践中不断思考，不断总结，随着鉴定形势的变化适时进行修改完善，努力建立并保持适应鉴定需要的制度体系，为提高鉴定工作规范化水平提供强有力的制度保障。

（王松涛　吴勋仓）

第二节　质量控制

质量是一组固有特性满足要求的程度，满足要求的程度越高，质量就越好，反之就越差。质量概念所描述的对象早期大多仅限于产品，后来逐渐延伸到服务，而如今则不仅包含产品和服务，还扩展到过程、活动、组织、体系以及它们的组合。医疗鉴定作为提供专业鉴定意见的一种服务，质量高低涉及人民群众的生命健康利益，涉及医疗质量、医疗安全，涉及医学会和鉴定专家的影响力，在一定程度上还关系公平正义的价值实现，因此将鉴定工作质量比喻为生命线恰如其分。

质量管理是指建立质量方针和质量目标，并为达到质量目标所进行的有组织、有计划的活动；质量控制是质量管理的一部分，强调的是质量要求。医疗鉴定是一项系统性工作，鉴定工作质量既包括大家普遍关注的以鉴定结论性意见是否正确为核心的技术质量（又称为结果质量），也包括鉴定组织实施工作是否规范的功能质量（又称为过程质量）。各地医学会在医疗鉴定工作质量管理方面做了大量的探索工作，其中上海市自2011年起开展的医疗鉴定标准化建设项目最为突出。通过3年建设，上海市各区医学会医鉴办硬件建设全面落实，人才队伍建设得到提升，工作流程及规章制度进一步规范、完善，保障体系得到保证，鉴定数量及质量均有提高，医疗鉴定专业化工作能力和规范化管理水平得到明显提升。

国家卫生健康委在《关于加强医疗损害鉴定管理工作的通知》中要求中华医学会负责医疗损害鉴定质量控制工作，中华医学会将“在医学会系统内建成鉴定工作质量控制和评价机制”列入其事业发展“十四五”规划。从2021年下半年开始，中华医学会和各地医学会开展了鉴定工作质量控制的研究活动。考虑到各地医学会单位性质、组织结构、人员情况和发展规模等存在较大差异，目前尚无成熟的质量控制模式可以直接套用，加之质量控制工作的系统性、复杂性，短时间内形成完整的质量控制体系存在较大困难，需要不断探索，采取分步实施、重点推进的策略。

一、医疗鉴定工作质量控制的意义

相对于医学会的百年历史，医疗鉴定工作是相对新的项目，在过去二十年的发展过程中虽然得到各方面的大力支持，也积累了很多经验，但遇到的问题和困难也不少。医学会的医疗事故和医疗损害鉴定均具有社会公益属性，部分地区医学会基础薄弱，办公场地、人员配置、工作经费没有得到有效保障，鉴定体系建设不够完整，重视程度、管理水平和工作能力也相对不足，不利于保证鉴定的科学性、公正性。在完成政府交办的鉴定工作时，医学会不仅要做，更要做好，因此，开展质量控制工作具有重要的现实意义。

（一）质量控制是实现鉴定工作价值的内在要求

为提高医学会鉴定工作整体质量，建立合理有效的质量控制体系十分必要，通过分解任务、统一标准、落实责任，让参与人能够进行自我评价、自我控制，及时发现偏差或风险并予以纠正，全面提升鉴定工作效率和工作质量，避免发生鉴定质量“事故”，为正确处理医疗事故、医疗纠纷提供稳定、可靠的专业鉴定服务，并通过鉴定案例研究及推广促进提升医疗质量和医疗安全。

（二）质量控制是维护医学会鉴定良好形象的有力举措

虽然有行政法规层面的相应规定，也有规范性文件等要求，但社会对医学会医疗鉴定工作了解还不够充分，有时还会抱有怀疑的态度。全面开展质量控制工作，彰显了医学会高度重视鉴定质量的鲜明态度，也展示了行之有效的监督检查工作方法，体现出医学会工作作风和工作能力，有利于增强各界对医学会鉴定工作的理解和信任。另外，由于医疗损害鉴定不再划分层级，如果需要鉴定或重新鉴定，一般会选择鉴定质量较好的鉴定机构，而质量控制工作好坏可能会成为委托人选择鉴定机构的重要参考。

（三）质量控制是提升医疗鉴定队伍工作能力的有效工具

各地医学会在发展规模和鉴定工作量方面有很大差异，在学会内建立单独的质量控制部门并不现实。质量控制者常常就是工作实施者，这就要求鉴定专家、鉴定办工作人员能够树立良好的质量意识和责任意识，激发内生动力，准确掌握质量控制内容和指标的意义，按照标准开展工作，不断总结经验，提升鉴定素养，更好地胜任医疗鉴定工作。

二、医疗鉴定质量控制工作要点

（一）质量控制点

鉴定质量不仅包括结果质量，也包括过程质量，质量控制适用于对鉴定活动中任何质量的控制，涉及鉴定工作中几乎所有活动。医疗鉴定工作是一项系统工作，尽管条例、鉴定办法、鉴定规则等对鉴定工作有较为全面的要求，但实际工作中影响质量的因素纷繁复杂，合理确定质量控制点是进行质量控制的首要条件。设定质量控制点时应注意：一要突出重点，聚焦鉴定的合法性、科学性、公正性，关注容易引起质量问题的关键环节、重要环节或对鉴定工作有重大影响的环节，如办公基本条件、专家库建设、鉴定流程管理、鉴定理论和方法的运用、鉴定书书写、鉴定后有关事宜的处理和鉴定成果转化等；二要便于组织实施，质量控制点及其标准应当明确易懂，可操作性强，有利于工作中及时发现问题并及时纠正，避免造成难以弥补的损失；三要起到广泛动员的作用，以各级医学会、鉴定专家、工作人员为主体，吸引各方参与质量控制全过程，根据具体情况共同研究确定质量控制点，并制定各自的质量控制措施，明确职责；四要保持适度灵活，紧紧围绕鉴定工作的总体目标，坚持正确导向，根据实际情况对已设立的质量控制点进行必要的调整，不断提升质量管理水平。

（二）质量控制指标

质量控制的基础始于质量标准，医疗鉴定的指标设定本质上反映了质量管理的思想和理念。设定质量控制指标时，需要根据质量控制的基本原理，可以参考医疗质量管理的经验，将鉴定质量控制的指标划分为基础指标、过程指标、结果指标。

1. 基础指标　基础指标主要包括办公人员数量、办公场地面积及功能、办公经费来源及保障、专家库专业及人数、鉴定相关工作制度完备程度等方面。

2. 过程指标 过程指标反映了鉴定工作质量实时控制的管理思想，是质量控制中的关键，但其各控制点质量特性并不相同，其指标设计十分复杂。目前考虑到的指标主要包括：数量方面，如接案数量、结案数量、接待来访量、质证工作量、案例研究及培训覆盖情况等；效率方面，如平均审查周期、鉴定周期等；质量方面，如组织程序、专业设置、鉴定文书的合格率等。

医疗鉴定是医学会的法定职能，符合条件的医学会均要开展医疗鉴定。然而，大量医疗纠纷已经通过和解、调解等方式得到有效处理，即便进入鉴定程序，医学会和司法鉴定机构均可以委托，故医学会鉴定总量不高，部分医学会年鉴定不足10例。没有一定数量的支撑谈鉴定工作质量显得基础不牢，因此在质量控制时需要考查鉴定案例质量。当前质量控制工作重点应当是建立考察各质量控制点是否合格的指标，如所办案件是否符合受理（不受理）指标、鉴定材料齐备的指标、学科专业设置合理的指标等。另外，鉴定书是法定的证据，其中对鉴定程序有相对细致的描述，对鉴定意见的作出也有分析说明，可以说，鉴定书在一定程度上综合体现了鉴定质量，而且对鉴定书的检查相对方便，因此，设计好鉴定书的评价指标，或许是质控工作不错的选择。

3. 结果性指标 结果性指标是对鉴定效果的考察。鉴定工作成效如何，能否在案件处理中发挥应有的作用，最直观的指标就是鉴定的采纳率。考虑到鉴定书交予委托人后，医学会获取案件处理的信息较为困难，故以采纳率作为质量控制指标可操作性较差。现阶段，可以尝试针对鉴定合法性、专业性、有效性设置相应的指标，而这些指标是工作成果的重要组成部分，也是鉴定能否被采纳的基础。

（三）质量控制的组织实施

如前所述，质量控制工作是医学会开展医疗鉴定的内在要求，鉴定工作质量控制的主体应当是各地医学会。2022年，中华医学会已经开展了全国范围的医疗鉴定工作质量评估工作，各地医学会可以在中华医学会提供的质量控制点和质量控制指标上进行细化，制定适合本单位的质量控制方案，做好人员分工和责任落实，进行必要的宣传和培训，在工作中要树立对照标准执行的意识，发现问题及时纠正，在实践中不断提升鉴定质量。在开展医疗鉴定质量控制过程中，各地医学会可以发挥专家汇聚的优势，调动各地医学会的积极性，采用医疗鉴定质量控制专家委员会之类的形式开展量化评分，对鉴定工作进行定期或阶段性检查，各省内也可以自行组织区域性检查，就发现的问题进行研究，分析原因，提出解决问题的意见或建议，向当事单位或有关部门反馈，促进医学会医疗鉴定质量全面提升。

（齐瑞瑞　李国红）

第三节　信息化建设

互联网技术的飞速发展，对当下社会领域的方方面面都产生了整体推进作用，一个依托于信息网络的新型社会已经建立起来，信息化已成为创新驱动发展的先导力量。为推动医学鉴定与信息技术的深度融合，增强医学鉴定信息化的总体实力，有效满足多样化的社会需求，中华医学会组织开发了全国医疗鉴定信息管理系统，扭转了医学会鉴定系统长期处于低水平信息化的状态，逐渐成为医学会鉴定工作的得力助手，也为鉴定工作质量的提高提供了有力的保障。

一、医学会建立信息化建设的重要性

信息化是指应用以计算机为主的数字智能化工具作为工作助力提升工作效率，并使之服务于实际工作中的过程。与智能化工具相

适应衍生的工作模式，称为信息化建设。信息化以数字化技术、网络、数据库技术为基础，对所服务对象各要素汇总至数据库，供特定人群应用、工作、学习、辅助决策等，是我们工作相关的各种要素相结合的一种科技技术。使用该技术后，可以极大地提高工作效率，降低成本，并为推动鉴定工作的进步提供极大的技术支持。医学会信息化建设即鉴定工作的数字化、网络化、信息化，是通过数据库技术为各级医学会之间及所属各部门之间提供鉴定基础信息的收集、存储、处理、提取和数据交换以及管理，并满足所有授权用户的功能需求。

（一）信息化建设是医学会鉴定工作发展的必然要求

随着科技的发展和网络技术的革新，以及各级医学会承担的鉴定工作项目的多样化、模式的复杂性，给工作中产生的数据采集、数据比照、大数据分析等相关操作造成一定压力，网络信息化建设是时代发展的必然，也是鉴定工作发展的必由之路。鉴定网络信息化建设为鉴定工作统一化管理提供了可靠的技术基础平台，有效地实现了鉴定流程规范化、案件管理层次化、专家管理标准化、大数据分析精准化。

（二）信息化建设有利于提升鉴定工作效率，提高准确性，规范鉴定流程

随着鉴定案例增多，鉴定工作信息量越来越大。鉴定信息系统可以适应多用户同时操作，在不同电脑终端的操作可以记录到同一个数据库中，使数据库维护和案例汇总变得十分简单。这样，每个工作人员在自己的电脑上既可以管理自己负责的案例，也可以查阅其他案例的进展情况，有利于工作人员的分工协作和办公室工作的统一安排管理。通过网络对相关信息的管理、查询、统计和处理，可以大大降低工作强度，办公自动化明显减少了重复性劳动，避免了人为差错的发生，提高了工作效率，规范了鉴定工作，为鉴定的

工作质量提供了有力保障。

（三）医学会信息系统的建设使鉴定程序更为公开透明、公平可信

信息管理化下的专家抽取方式从形式上更具有随机性，整个随机抽取过程步骤清晰，有明确提示，缩短了工作人员对抽取过程的解释时间。经过对备选专家的两次随机操作（随机排序将专家序号打乱，再由各方随机抽取编号），使抽取过程透明、直观、公平，切实体现出随机抽取的原则，并可根据需要方便重复操作。医患双方也更乐于接受并认可其公平性，从而避免了抽取专家这一重要环节中不必要的误解，有利于维护医学会的良好形象。

（四）医学会鉴定信息化的建立有利于开展医学鉴定质量控制

医学会鉴定信息化的建立有利于各级卫生行政部门掌握本地案件鉴定情况，有利于开展医学鉴定质量控制，促进全国鉴定质量不断提高，增强各地鉴定的稳定性。其也有利于今后分析医疗鉴定工作情况，开展基于案例分析的医疗纠纷预防对策研究。医学鉴定信息化的大数据分析还可为制定医疗安全、疫苗安全等人民群众关心的政策提供决策依据，从而使鉴定工作创造更大的社会价值。

二、医学会信息化建设的发展现状

（一）建立全国统一的鉴定信息管理系统

2002年《医疗事故处理条例》颁布实施后，医学会便在信息管理方面进行了探索，但限于当时技术条件、发展思路、网络环境等因素的影响，所开发的多为单机版，各省使用的信息系统差别较大，因此当时虽解决了专家库管理、随机抽取专家及案件录入查询

等基本问题，但医学会间信息交流、专家共享、多用户使用等问题没有深入考虑。2010年前后，各地医学会开始研究网络版，然而由于各地发展不均衡，分类标准不同，网络环境不同，数据结构不同，使得网络版通常是在单位内网使用，其他医学会无法进入。尽管也有个别省份建立了省内统一的信息系统，但不适用其他省份，更无法在全国推广。

随着医学会鉴定工作的不断发展，单打独斗式鉴定信息化管理弊端显露，不利于鉴定质量提升，更不利于全国鉴定工作协调发展。鉴定信息互通、鉴定成果共享的需要不断提升，各地对中华医学会建立覆盖全国的鉴定工作信息管理平台寄予希望。中华医学会通过专家论证、技术座谈、需求调研等形式，吸收借鉴医学会、卫生行政部门、法院等多个信息系统的优点，2016年组织研发了“全国医疗鉴定信息管理系统”，并推广使用。医学会鉴定信息化建设坚持自主研发，以鉴定工作实际需求为依据，通过掌握大数据领域核心技术，为各级医学会多种医学鉴定的管理者提供端到端的完整解决方案，力求把全国鉴定工作信息系统打造成为实用、便捷、智能、高效、安全的信息化管理系统。

（二）信息系统建设的主要功能

根据医学会鉴定工作的需求及应用信息化的建设，信息系统包括：鉴定信息采集、鉴定信息管理、鉴定信息上报、鉴定信息统计分析以及安全防护等核心功能模块。

鉴定数据信息的精准采集确保了数据的真实性、有效性，信息系统目前已有完备的信息储备及抓取机制，可根据各级医学会鉴定工作的不同要求，实现个性化的制定方案，充分满足了不同鉴定的鉴定流程，做到实时可查阅、实时可操作，对未来的档案电子化管理和大数据分析提供了有力的支撑。鉴定信息管理主要分为案件信息和专家库信息管理，通过不同级别的管理账号，建立严格的权限管理机制，确保信息安全，案件信息管理针对案件起到进程追踪可寻化、材料收集标准化、流程操作规范化；专家库信息管理系统实现了学科划分统一机制、鉴定专家储备滚动机制及资质审核准入机制，同时支持专家数据多专业同时导入与导出。鉴定信息数据分析：通过鉴定信息数据采集和鉴定信息管理，信息系统实现了全国鉴定信息的有机整合，为鉴定工作的大数据分析、成果转化、纠纷防范对策研究等提供了有力的信息资源。通过信息的横纵向类比分析，对历年、各项鉴定工作重点提供了可靠的数据支持，为鉴定工作的未来走向提供了可靠的依据。

三、信息化建设中的注意事项

（一）注意使用权限，维护信息安全

出于信息安全的考虑，全国鉴定信息系统设有信息安全等级保护，建立有效的网络安全防御体系，防止数据信息泄露。同时信息系统还设有严格的权限管理，在各级医学会均有不同的管理及使用权限，用户管理采用中华医学会-省级医学会-地市级医学会的逐级审核制度，同一医学会根据工作人员的角色不同也可进行相应的权限分配。由于角色权限不同，用户所能够执行的操作及访问数据的范围和程度也相应不同。

（二）熟练使用、认真填写，确保信息准确

随着全国鉴定信息系统的推广使用，各地医学会已逐渐开始熟悉并应用到日常工作中，为使各地医学会能够熟练使用信息系统，更便捷地填写信息，提高填报质量，鉴定信息系统按案件办理的流程将案件基本信息、材料管理、专家抽取、鉴定会管理、鉴定结论、鉴定书内容等逐一分列，便于各环节填写。同时系统还将一套较为完整的鉴定工作程序模板文档嵌在案件各流程中，便于规范化使用。为更好地服务于各级医学会，信息系统采用多元化、个性

化配置，对在本地已有信息化基础建设的部分省市医学会（如上海市、浙江省），根据实际需求开放了跨平台数据对接功能，保证信息填报工作顺利完成。

信息系统的熟练使用能够有效提高工作效率，但在填写过程中也应注意数据的完整性和准确性，避免数据填写缺项、漏项问题。鉴定信息系统数据的准确完整不仅为鉴定统计汇总提供有力保障，同时也为制定政策提供决策依据，使鉴定工作创造更大的社会价值。

（三）发现问题及时反馈，提出意见建议，促进信息化建设不断完善

一套成熟的信息管理系统不是一蹴而就的，需要在使用中不断探索，不断提高，系统的安全、功能的完善、操作的便捷等方面还需要进一步提升。各地医学会随着鉴定工作逐步细化，承接鉴定类别不断增多，对信息系统也会产生许多新问题、新需求，医学会及时信息反馈，提出建议都有助于信息系统建设升级完善，进而增强医学鉴定信息化的总体实力。

（四）不断探索创新，充分发挥信息化建设的作用

随着互联网+、数字化改革等信息化建设的新需求，浙江、江苏、天津等省级医学会在本省原有鉴定信息化平台基础上不断积极探索，利用互联网开展线上委托、试行远程视频鉴定会，协助法院开展视频远程出庭等，推动医学鉴定与信息技术的深度融合，打造适应智能化、网络化发展的鉴定平台，有效满足多样化的社会需求，为信息技术在医学鉴定领域安全、均衡、可持续发展，更好地发挥医学鉴定在维护社会和谐稳定中的重要作用。

（文立平　齐瑞瑞）

第四节 接 待 来 访

鉴定工作是医学会与社会接触的窗口，接待和回复外单位或个人到访、信函、电话等方式的接洽工作、咨询沟通、反映情况、提出意见建议或者投诉请求等是鉴定日常工作的重要内容。做好接待来访工作是密切社群关系、体现鉴定公信力、树立学会良好社会形象的重要途径，也是了解情况、化解矛盾、防范风险、维护稳定的必要工作。

一、接待来访的基础建设

（一）建立接待来访制度

接待来访是工作人员面对社会各部门和各层次人群，如人民群众、医疗机构及医务人员、卫生行政部门、司法部门等。一是建立接待来访登记制度，制作来访登记表，针对比较特殊的来访接待，填写登记表以备日后查阅；二是及时回复制度，条件具备时应尽量现场解答，如当场难以回复或解决，应在规定时间或许诺期限内予以回复；三是疑难、重大、上访等特殊案件汇报制度；四是建立接待来访培训制度，建立学习、交流和讨论机制，加强人才梯队培养。

建立完整的组织架构，形成有层次的接待模式，这样既能保证日常接待，又能做好纵向横向配合。应设有专门的工作人员负责日常接待来访（来电、来函），在接待过程中一般要有两位工作人员在场，其中一位负责主要接待，医鉴办负责人全面负责与鉴定工作相关的接待工作。

（二）提升接待人员的综合能力

承担此项工作的人员要具备较高的政治素养、严谨的工作态度和饱满的热情、扎实的业务知识储备、敏捷的思维和妥善解决问题的能力。

1. *负责接待工作的人员应具备一定的政治素养* 要始终坚持以人民为中心的立场，强化宗旨意识和责任担当，树立正确的政治观念、法制观念、群众观念和发展观念。看待问题要有全局观。鉴定工作不仅仅是出具专业意见，更要为解决医疗纠纷、化解医患矛盾、维护医疗正常秩序和社会的和谐安定提供支撑和媒介。

2. *要有严谨的工作态度和饱满的热情* 由于鉴定工作性质，来访者大都会认为自己的权益是合法的，自己的诉求是合理的，心中都会感到委屈和不平，甚至有一肚子怨气和怒气，因而情绪难免会波动，言行也难免过激。此时接待工作人员的一个简单的微笑、一声亲切的问候、一句同情的话语，能起到春风化雨润心田的作用，会让来访者倍感温暖，进而理性表达自己的诉求。每位接待的工作人员都要对此项工作有着很强的责任心，要做到以情感人、以理服人、以法化人，及时引导当事人依法诉求解决问题。

3. *要有扎实的法律法规和临床专业知识储备* 目前，全国从事医疗鉴定工作的人员大多数具备临床和法学相关专业学习和工作经历，有着良好的业务基础，但由于该项工作的特殊性，法律法规、部门规章和诊疗规范都会随着社会和科学水平的发展不断更新，所以工作人员要将学习培训常态化，这样才能不断更新相关知识，在工作实践中灵活运用，融会贯通，举一反三。

4. *要有妥善解决问题的能力* 来访者到医学会的目的是解决实际问题，因此要求接待工作人员用心：一是要用心收集问题。注意从与来访者交谈中筛选线索，了解案件经过和来访者的诉求，避免忽略重要信息，力争在短时间内抓住要点。二是要用心分析问题。将所收集到的内容进行整合，判断来访性质，理清来访者的思路，判断所反映的问题是否能够解决、是否需要向上级领导汇报。三是要用心解决问题。解决问题并不意味满足来访者的所有要求，而是对其中应该解决、能够解决的那部分问题给予明确答复，能立即解决的当即解决，当时难以解决或需要汇报的，也应向来访者说明情况，争取对方的理解。

（三）合理配置设备设施

根据工作需求，接待工作最好安排在固定的办公场所，配备齐全的办公设备，包括实时监控（录音、录像）设备，以便对接待工作进行全程记录，这样既能留有第一手资料，又能在一定程度上起到保护当事人和接待人员的合法权益及人身安全的作用。有条件的地区，可以与当地派出所进行联网建设，如出现紧急情况可以及时报警。

二、接待来访的注意事项

接待过程中大多数来访者因文化修养、知识水平、思想认识、社会地位等方面的差异，形成不同的心理定势。对于接访人员来说，同样的问题，对存在不同心理定势的来访者处理方式要有所不同。在接访中做到因人而异、因事而异，注意讲话技巧，具体问题具体分析，明确来访目的，有针对性解答，提高来访者的获得感和满意度。纠纷处理进展到不同阶段，遇到不同的问题，接待的侧重点也应有所不同。

（一）正确引导，分类处置

医学会在处理来访工作时，除了对法律、法规及卫生政策进行解释外，还有一部分涉及技术问题，医鉴办的工作人员虽大多有一定的医学法学背景和鉴定经验，但在遇到不懂或拿不准的技术问题时，可向专家库中的专家进行咨询，由专家对其中的医学问题进行分析。接待的工作人员在运用符合医学常理的逻辑和通俗易懂的语言帮助来访者理解其中的医学概念和相关规定时，注意不发表倾向性意见，不对医疗行为是否存在过错进行评判。当遇到来访者咨询的并非医学会鉴定范畴的案件时，如公安伤害、交通事故评残、非医疗机构美容院的整形塑身等，要做好分类引导，向来访人明确说明此类问题不属于医学会鉴定的范畴，建议到相关职能部门咨询或通过法定渠道解决，做到“到位不越位”。

（二）细致耐心，真诚对待

接待工作人员在接访时，应始终保持精力集中、态度谦和、认真倾听、以诚相待，要善于换位思考，把握来访者的思想动态，真实想法和来访目的。接待工作中要有“四心”，一是真心，真心对待来访者，坚持做到站在来访者的角度思考问题，努力理解来访者的困难所在，真心实意为来访者解决问题；二是诚心，在接待过程中不能假意应承，背后拖延推诿，答应的事情就要按时给予回复；三是热心，对来访者的一杯水、来电群众的一句问候、来信群众的及时回复虽都是很平常的小事，但都可以让对方感受到温暖和关切，不仅可以稳定情绪，更重要的是可以增强信任感；四是耐心，来访人员以普通群众居多，其中一部分文化程度不高、地方口音浓重、医学知识匮乏、法制观念不强，接待时要耐心倾听来访人诉求，解答过程中要放慢语速，尽量做到让来访者听清楚、听明白。

（三）抓住关键，以措适人

基于来访者存在性别、年龄、文化层次、语言表达等方面的不同，接待人员应专注倾听，不要过早打断来访者的谈话，要适应来访者的语速和停顿。冷静观察，及时了解来访者的真实目的，在未充分听清以前，不作过多的评判，要保持客观性。通过仔细分析，高度概括和总结来访者的叙述，抓住时机，适时发言，用准确、精练的语言复述给来访者听，让来访者体会到善意和信任，这样有利于针对来访者不同的诉求，不同的个体差异，区分不同的层次，“因人施措、以措适人”，从而顺利解决来访者的诉求问题。

（文立平）

第五节 档案管理

档案是指过去和现在的机关、团体、企业事业单位和其他组织以及个人从事经济、政治、文化、社会、生态文明、军事、外事、科技等方面活动直接形成的对国家和社会具有保存价值的各种文字、图表、声像等不同形式的历史记录。档案管理应当做到收集齐全完整，整理规范有序，保管安全可靠，利用简捷方便。医疗鉴定档案管理是对医疗事故、医疗损害鉴定工作相关的档案实体和档案信息进行管理并提供利用服务的工作，主要包括收集、整理、保管、编目、检索、统计、提供利用等方面工作内容。管好医疗鉴定档案是提高鉴定工作质量和工作效率的必要条件，是保存案件处理过程真实面貌的重要环节，在鉴定工作管理和发展过程中起着重要的作用。

本节对档案管理的法律法规相关规定及要求、医疗鉴定档案特点及如何做好档案管理等方面进行简要介绍。

一、法律、法规的相关规定

《中华人民共和国档案法》（以下简称《档案法》）及《中华人民共和国档案法实施办法》是我国对档案管理宏观的法律规定。《档案法》第四条规定，档案工作实行统一领导、分级管理的原则，维护档案完整与安全，便于社会各方面的利用。

《医疗事故技术鉴定暂行办法》第四十三条规定，医学会应当将专家鉴定组成员签名的鉴定结论、由专家鉴定组组长签发的医疗事故技术鉴定书文稿和复印或者复制的有关病历资料等存档，保存期限不得少于20年。

《医学会医疗损害鉴定规则（试行）》第三十六条规定，医学会应当制作并保存医疗损害鉴定档案，档案保存期限不少于20年。

2019年1月1日起施行的《机关档案管理规定》(以下简称《规定》)适用范围为各级党和国家机关、人民团体、事业单位、社会团体可参照执行，其中明确了机关档案定义，机关档案工作的意义、体制和管理原则；明确了机关档案工作机构、人员的要求，确定了机关档案工作的基本任务；明确了机关应设置的各类档案用房及基础设施设备要求；明确了机关档案的门类和管理要求，提出了档案从形成到移交整个管理流程的各项要求；明确了机关档案信息化工作管理要求，对传统载体档案数字化和电子档案的管理作出了详细规定；明确了应予奖惩的各类情形。

二、医疗鉴定档案特点

医疗鉴定档案是医学会组织的医疗鉴定在依法进行受理、鉴定准备、组织及终结等鉴定各环节中形成的纸质、影像、音频、视频等载体形式的原始记录，是维护医患双方合法权益的重要凭证。鉴定档案涵盖范围广、形式多样化，其特点如下。

（一）特殊性

随着社会发展带动着人们价值观的变化，医患双方法律意识、维权意识增强，通过法律手段解决医疗争议的意识也越来越强。医疗鉴定从立案到结案整个过程中，产生的一系列材料就形成了介于医学技术和法律两个层面之间的特殊档案。对于这种医学技术性和隐私性并存，具有双重主体特征的专门档案的收集与管理，直接关系到档案法律凭证的效用价值。

（二）成套性

医疗鉴定活动都是围绕每一个独立的案件开展的，自接到案件的委托（或申请）开始，至出具鉴定意见书为止，在每一个工作程序进展中生成档案的各项内容，所有内容组合在一起，才能成为完整的“证据链”。常见的有鉴定的各种文书、鉴定资料等。

（三）复杂性

每一个医疗鉴定案件的情况均有所不同，有些涉及患者治疗时间较长，病历材料较多；有些涉及多家医疗机构，每家医疗机构提交的鉴定材料不甚相同；有些涉及跨年度结案的情况，导致医疗鉴定档案极具复杂性。

（四）使用及利用率高

医疗鉴定档案具有一定的凭证作用和参考作用，是司法机关审理案件、卫生行政部门作出行政处罚决定、医疗纠纷调解委员会对纠纷进行调解的科学依据，是医患双方维护自身合法权益的重要法律依据。在医患双方维护自身合法权益的过程中，裁决机构往往需要医学会配合提供医疗鉴定档案中的相关内容使用。

充分利用并发挥档案的作用。某些医疗鉴定案件可能会存在共通性，可以通过查阅档案从以往典型案件材料中进行反思，总结经验，对防范医疗风险，促进医患和谐起着至关重要的作用。

三、做好档案管理

（一）完善档案管理制度

档案管理制度是人们科学管理档案、做好档案工作的重要依据。为更好地实现鉴定档案的管理、保存，维护档案的完整与安全，充分发挥档案的信息作用，要结合原有鉴定档案管理规章制度（如立卷归档制度、档案保管制度、档案保密制度、档案工作制度等），不断完善更新，逐步总结出一套适合当前鉴定工作需要的档案管理规章制度，并做到严格遵守，制度上墙，确保档案管理工作规范化开展，同时应接受档案管理部门的统一管理。

（二）立卷归档

由于鉴定案件的复杂程度不同，处理时间有快有慢，跨年度处理现象时有发生，为保持同一个案件资料的齐全完整，准确地反映一个案件的鉴定情况，案件材料归档时应以“个案”组卷；为维护系统性，在编目排序时以受理案件文号顺序排列。编制鉴定档案的目录可以按照鉴定程序进行分类归档，即审查阶段、受理阶段、抽取阶段、鉴定会阶段、鉴定会后阶段等。为方便查找，光盘、声像等载体形式的原始档案应当随纸质档案一起存放。

（三）建立便捷的检索条件

医疗鉴定档案的使用率较高，建立便捷、实用性强的检索条件可方便使用者及时、精准地查到所需档案。检索条件除档案类型、时间、目录内容等方面的必要信息以外，还可根据鉴定档案的重点内容进行编制，如委托方、事故等级、责任程度、案件涉及主要学科、医疗机构信息等，更方便查找档案。

（四）档案管理与信息化建设相结合

《中华人民共和国档案法》第三十七条明确了电子档案与传统载体档案具有同等效力；第三十八条提出了国家鼓励和支持推进传统载体档案数字化。大数据时代的到来使得信息化建设迅速发展，大数据思维正在从多个方面改变着传统档案管理的思维方式，为鉴定档案收集、整理、保管及利用等环节带来颠覆性的变革。结合信息化建设，合理利用大数据的技术手段，凭借其数据管理方面的优势，可有效提高鉴定档案管理质量，优化档案管理模式，提升档案管理工作效率，保障档案数据的安全可靠性，实现优化建档，易于检索，通过档案现代化管理助力鉴定工作新发展。

（文立平）

参考文献

（扫描下方二维码获取）

附录

（扫描下方二维码获取）

一、医疗事故技术鉴定书格式

二、医疗损害鉴定意见书格式

学习培训及学分申请办法

一、《国家级继续医学教育项目教材》经国家卫生和计划生育委员会（现更名为国家卫生健康委员会）科教司、全国继续医学教育委员会批准，由全国继续医学教育委员会、中华医学会联合主办，中华医学电子音像出版社编辑出版，面向全国医学领域不同学科、不同专业的临床医生，专门用于继续医学教育培训。

二、学员学习教材后，在规定时间（自出版日期起 1 年）内可向本教材编委会申请继续医学教育Ⅱ类学分证书，具体办法如下：

方法一：PC 激活

1. 访问“中华医学教育在线”网站 cmeonline. cma-cmc. com. cn，注册、登录。

2. 点击首页右侧“图书答题”按钮，或个人中心“线下图书”按钮。

3. 刮开本书封底防伪标涂层，输入序号激活图书。

4. 在个人中心“我的课程”栏目下，找到本书，按步骤进行考核，成绩必须合格才能申请证书。

5. 在“我的课程”-“已经完成”，或“申请证书”栏目下，申请证书。

方法二：手机激活

1. 微信扫描二维码 关注“中华医学教育在线”官方微信并注册。

2. 点开个人中心“图书激活”，刮开本书封底防伪标涂层，输入序号激活图书。

3. 在个人中心“我的课程”栏目下，找到本书，按步骤进行考核，成绩必须合格才能申请证书。

4. 登录 PC 端网站，在“我的课程”-“已经完成”，或“申请证书”栏目下，申请证书。

三、证书查询

在 PC 端首页右上方帮助中心“查询证书”中输入姓名和课程名称进行查询。

《国家级继续医学教育项目教材》编委会